エッセンシャル
マーケティング

若林靖永・増谷博昭〔著〕
WAKABAYASHI, Yasunaga
MASUTANI, Hiroaki

Essential Marketing

中央経済社

は じ め に

時代とともに変化する「マーケティング」を
世代をこえた人たちが学び，実践するためのテキストとして

　マーケティングというコトバはよく目にしたり，聞いたりするようになりました。しかし，日常使うコトバのように，意味がはっきりしていて使いこなせるわけではないでしょう。教科書でマーケティングを総合的体系的に学ぶということは，マーケティングを理解し，マーケティングの枠組みでさまざまなビジネスを分析できるようになり，自分の生活にマーケティングを活用できるようになることをめざしています。

　本書は，まず，大学のマーケティングの授業で教科書として活用して学ぶ学生のために書かれました。ビジネス，経営，マーケティングについて具体的・体系的にはよくわからないという，初学者が読んで学べる，授業で教えられるものとして書かれています。

　本書は，さらに，企業や団体で働く社会人のためになるようにと考えて書かれました。断片的にトピックとしてマーケティングに触れることはあっても，なかなか体系的な学びができていないことが多いものです。変化するマーケティングの全体像をつかむようにとりくむ上で役立つよう書かれました。

　学生や社会人がマーケティングを学ぶことの意味は何でしょうか。

　マーケティングを学ぶことは，第1に，私たちの日常生活を分析，理解することにつながります。毎日，自分が購入消費している商品，スマートフォンなどによるネットサービスの利用，これらすべてがマーケティングによって私たちに提供されています。知る，知らないにかかわらず，私たちの生活はマーケティングによってできています（もちろんマーケティングだけではありませんが）。だからマーケティングを学んで調べて考えることは，とても面白くて楽しいことです。

　第2に，私たちの生活を支えるビジネスを成り立たせるものとして，マーケティングを学びます。ビジネスを対象とする学問である経営学の中でも，顧客

にとって価値あるものを提案提供するという視角からビジネスを設計・実施する活動がマーケティングです。社会に出て会社や非営利組織等で働く際に，顧客との関係でビジネス・活動が価値あるものとなっているか，がつねに関わる問題ですから，マーケティングを学ぶことはビジネスを理解し，ビジネスで活躍することにつながります。

　第3に，マーケティングを学ぶことは，個人として，自分の日常生活，社会的活動などにおいて，状況を分析し，意思決定して，計画を立てて挑戦していくというように応用することができます。知識として学ぶというだけではなく，スキルとして応用活用してほしいと思います。マーケティングは仕事でも日常でも役立つものなのです。

　マーケティングは社会的なものであり，歴史的なものです。人類が誕生する前にあったはずでもなく，高い生産力，商品流通市場が生まれていない経済発展段階でも成り立ちませんでした。マーケティングが生成されたのは150年ほど前のことです。歴史的にみるならば，マーケティングには変わらない本質というものがある一方で，社会も経済も大きく変化し，企業のマーケティング戦略も消費者の行動も日々変化しています。

　近年の大きな変化といえば，デジタル・テクノロジーの発展，つまり，インターネットの普及，そして AI の発展でしょう。スマホを誰もが使用するようになってからの企業活動や消費活動は，それ以前と大きく様変わりしています。そうした変化をさらに加速させるかたちで新型コロナウイルス感染症 COVID-19 が全世界で流行し，コミュニケーションのあり方や購買行動に大きな影響を与えました。

　一例をあげれば，ネット会議の日常化やデリバリーサービスの利用増，ネット配信の音楽コンテンツや動画コンテンツなどの急成長があります。こうしたネットを活用した商品やサービスの市場投入やユーザー需要の拡大は，マーケティングに対する考え方の変化や新たなマーケティング手法の開発につながっています。さらにまさに今，生成 AI をいかにマーケティングに活用するか，さまざまな開発がすすめられています。

　一方，ネット社会の進展やデジタル化は，私たちにプラスの側面だけをもたらすわけではなく，さまざまな負の側面もつきつけています。そうした状況の

中，企業の立場，消費者の立場，社会の立場で，マーケティングのあり方を今一度考え，行動しなければならないのではないか，と感じています。

　本書には以下の特徴があります。
1．これまでの古典的・標準的なマーケティング・マネジメントについておさえながら，SNSに代表されるデジタル時代，製品（モノ）からサービス価値提供へ加速する時代を視野に入れたマーケティングの全体像を示すように工夫しています。
2．既存市場をターゲットとした標準的なマーケティング・マネジメントとともに，起業・新市場創造の方法論であるエフェクチュエーションについてもとりあげています。
3．消費者向けのマーケティング，企業・団体向けのマーケティング，大企業のマーケティング，中小企業のマーケティング，非営利組織のマーケティング，地域を対象としたマーケティング，グローバル市場を対象としたマーケティング，社会的課題に取り組むマーケティングなど，多様なマーケティングを学べるように工夫しています。
4．ビジネスモデル・キャンバス，価値提案キャンバス，ペルソナ，カスタマージャーニーマップ，SWOT分析など，さまざまな「分析フレームワーク」をとりあげ，学んだ知識を応用活用できるように工夫しています。
5．最後に，マーケティングを歴史的な視角も取り入れ学ぶことを意識した構成としています。

　なお，本書で紹介されている「分析フレームワーク」についてそのデジタル版を購入者特典として提供します。テキストとしての知識の学修とレポート作成や企画書作成などの実践として活用してください。

2025年3月

若林　靖永・増谷　博昭

目 次

はじめに *i*

第1章　マーケティングを企業戦略的に考える

◆この章で考えたいこと，議論したいことのポイント　*1*

1　戦略的に考える ……………………………………… *3*

2　ミッション，ビジョン，バリュー ……………………… *5*

3　全社戦略と事業戦略 …………………………………… *6*

4　マーケティング戦略 …………………………………… *9*

第2章　マーケティングを起業家のように考える

◆この章で考えたいこと，議論したいことのポイント —————— *13*

1　コーゼーションとエフェクチュエーション ……………… *15*

2　エフェクチュエーションの5原則 ……………………… *18*

3　企業の成長とエフェクチュエーション ………………… *22*

4　個人とエフェクチュエーション ………………………… *23*

| 第3章 | マーケティングをビジネスモデルとして考える |

◆この章で考えたいこと，議論したいことのポイント ——————— 25

1 ドラッカーの自己評価手法 ……………………………………… 28

2 ビジネスモデル ………………………………………………… 31

3 多様なビジネスモデル例 ……………………………………… 34

| 第4章 | マーケティングにおける情報について考える |
——マーケティング・リサーチ

◆この章で考えたいこと，議論したいことのポイント ——————— 37

1 マーケティング・リサーチ …………………………………… 39

2 調査の種類 ……………………………………………………… 39

3 データ・サイエンス …………………………………………… 45

4 マーケティング・リサーチのプロセス ……………………… 46

5 科学的方法 ……………………………………………………… 47

| 第5章 | マーケティングの対象としての顧客理解について考える |

◆この章で考えたいこと，議論したいことのポイント ——————— 49

1 個人としての消費者 …………………………………………… 51

2 社会的な消費者 ………………………………………………… 55

3 組織購買行動 …………………………………………………… 58

II

4 ペルソナとカスタマージャーニーマップ *59*

第6章 顧客価値の創造・共創について考える

◆この章で考えたいこと，議論したいことのポイント ──────── *61*

1 顧客にとっての価値 *63*

2 ニーズ *65*

3 ジョブ *66*

4 サービス・ドミナント・ロジック *67*

5 マーケティング近視眼 *70*

6 価値提案キャンバス（VPC） *70*

第7章 製品・サービスと価格について考える

◆この章で考えたいこと，議論したいことのポイント ──────── *73*

1 製品（プロダクト） *75*

2 製品開発 *76*

3 製品ミックス（製品アソートメント） *77*

4 サービス *78*

5 サービスマーケティング *80*

6 価格設定 *82*

7 取引と価格 *83*

III

第8章　マーケティング・コミュニケーションについて考える

◆この章で考えたいこと，議論したいことのポイント ——————————— 85
1 マーケティング・コミュニケーションの目的 ································· 87
2 マーケティング・コミュニケーションの手段 ································· 88
3 ネットメディアを活用したマーケティング・コミュニケーション ··· 90
4 コミュニケーションモデル ··· 92
5 顧客とのタッチポイント ·· 94

第9章　セールス（営業・販売）について考える

◆この章で考えたいこと，議論したいことのポイント ——————————— 97
1 顧客創造と営業の役割 ··· 99
2 営業の分類 ·· 100
3 パーソナル・セリング（個人） ··· 103
4 セールス・マネジメント（組織） ·· 104
5 セールス・マネジメント（組織）における顧客との関係 ············ 106

第10章　マーケティング・チャネルとプラットフォームについて考える

◆この章で考えたいこと，議論したいことのポイント ——————————— 109
1 流通の役割と供給連鎖／価値連鎖 ·· 111

IV

目　次

| 2 | 企業間連携 | 114 |
| 3 | プラットフォーム・ビジネス | 116 |

第11章　ブランドについて考える

◆この章で考えたいこと，議論したいことのポイント ———— 121

1	ブランドに関する時代的な傾向	123
2	ブランドとは何か	124
3	ブランドの主な要素と機能	128
4	ブランド構築（戦略）とブランド・マネジメント	128
5	ブランド・マネジメントと課題	131

第12章　ローカル・マーケティングとグローバル・マーケティングについて考える

◆この章で考えたいこと，議論したいことのポイント ———— 133

| 1 | ローカル・マーケティング | 135 |
| 2 | グローバル・マーケティング | 140 |

第13章　マーケティングと社会について考える

◆この章で考えたいこと，議論したいことのポイント ———— 145

| 1 | CSR，SDGs，ESG とマーケティング | 147 |

V

2	非営利組織のマーケティング	150
3	マーケティングの倫理的問題	152
4	ソーシャル・マーケティング	154

補章　マーケティングの歴史について考える
——P&G 社（アメリカ）とセブン-イレブン（日本）の事例

◆この章で考えたいこと，議論したいことのポイント ——————— 157

1	歴史をなぜ学ぶのか	159
2	マーケティングの歴史をどのようにとらえるのか	160
3	マーケティング・コンセプトの変遷	163
4	アメリカにおけるマーケティング生成の事例　—P&G 社	166
5	日本におけるコンビニエンスストアの登場とその発展	167

CASE

- ●シャンプーのマーケティング（第1章）　2
- ●コラレアルチザンジャパン「Bed and Craft」（第2章）　14
- ●アマゾン（第3章）　26
- ●ニュー・コーク（第4章）　38
- ●「推し活」（第5章）　50
- ●鉄道と自動車（マーケティング近視眼）（第6章）　62
- ●サ・リッツ・カールトン・ホテル（第7章）　74
- ●メタバースを活用したマーケティング・コミュニケーション（第8章）　86
- ●営業のノウハウ（第9章）　98
- ●サプライチェーンの協力が必要な「サーキュラーエコノミー」（第10章）　110
- ●産業財企業の BtoB ブランディング（第11章）　122
- ●"おもてなし"を台湾で実現した「日勝生加賀屋」（第12章）　134
- ●非営利組織による寄付募集のマーケティング（第13章）　146

VI

目　次

●50年，100年と顧客から愛されるロングセラー商品・ブランド（補章）　*158*

おわりに　*171*
参考文献　*175*

用語説明＆索引　*183*

VII

第1章

マーケティングを企業戦略的に考える

◆この章で考えたいこと，議論したいことのポイント◆

　マーケティングは，企業の経営活動として生まれ発展してきたものであり，経営機能の一部である。ビジネスをすすめていくためには，資金を調達し，オフィスや工場，店舗などに投資し，社員を採用配置し，商品を開発し，製造し，販売し，会計記録をつけるなどを行わなくてはならない。その中でマーケティングは，ビジネスはお客さまがあって成り立つというところに注目した活動であるといってよい。

　さらに今日では，企業だけではなく，NPO，大学，医療機関や，行政においてもマーケティングは行われるようになっている。

　本章では，経営戦略の一部として実行されるマーケティング戦略，マーケティング・マネジメントについて学んでいく。

　マーケティングが目標の達成に向けて，いかにさまざまな活動を組み合わせて展開されているか，そうしたことを考える，議論するきっかけにしてほしい。

CASE　シャンプーのマーケティング

　シャンプーという製品は典型的な包装消費財（パッケージに包まれていて消費者が購入する商品）であり，多くの消費者が日常的に購入使用する製品である。多数のメーカーが複数のブランドを展開し，それぞれ特定の市場セグメントをターゲットにしたマーケティング戦略を展開している。それぞれの製品・ブランドが，誰の，どんなニーズをターゲットとしているのか，考えてみよう。

① 性別による市場細分化

　シャンプーは女性用，男性用に分かれて開発提供されている。男性は女性よりも油脂が多くべたつく，フケ，においなどの悩みがあるため，それらにこたえる男性用シャンプーが展開されている。

② 年齢による市場細分化

　年齢ごとに特有の髪の課題，悩みがある。加齢によって髪のコシやハリが少なくなってきたことなどに対応するシャンプーが開発されている。いわゆるエイジングケアシャンプーである。

③ 価値観やライフスタイルによる細分化

　日常生活において価格やコスパを重視するというグループも存在するであろう。また，価値観・ライフスタイルの変化として，エシカル（倫理的）消費，サステナビリティ，ナチュラル志向，オーガニック（有機）等を重視するグループもある。

④ 特定の悩みを強く持つ市場セグメント

　乾燥肌，脂性肌，アレルギー体質，アトピー肌など，地肌にトラブルをかかえている消費者のニーズにこたえる低刺激シャンプーなどの機能的な製品が提供されている。

第1章　マーケティングを企業戦略的に考える

　マーケティングという言葉を聞くことは今日めずらしくない。もともとはビジネスの専門用語であるにもかかわらず，普通に日常の会話で使われるようになっている。その一方で，マーケティングという言葉がなにを指すか，意味するか，については語る人によって大きく異なることが多い。使われる言葉が何を意味するか，とりあえずでも一応の共通了解がなされていないと，同じ言葉を使いながら別のことがらを考えていて，話がかみ合わないだろう。本章ではまず，「マーケティングとは何か」という問いについて企業の戦略として考える。

1 戦略的に考える

　目的，目標に向けた取り組み方をめぐって，戦略と戦術という2つのレベルがある。もともとは軍事用語であるが，今日では企業経営[1]等にも広く使われている。戦術というのは，目的，目標を達成するための具体的な手段，方法，手順を指す。英語能力試験に合格するために問題集に取り組むなどが戦術と言えよう。

　マーケティングについて言えば，「マーケティングは広告だ」「マーケティングでは調査（マーケティング・リサーチ）が大事だ」「営業とマーケティングの協力がうまくいっていない」などとイメージされていることが多い。これらは，マーケティングをすすめる上での特定の機能，活動であり，目的を達成するための具体的な手段，つまり，戦術レベルの諸要素である。マーケティングの戦術レベルの活動は広く，マーケティング・リサーチ（市場調査を含む），製品開発・管理，価格設定，ブランド管理，顧客管理，広告，販売促進（SP），PR（パブリック・リレーションズ），ホームページ制作，SNSの運用，包装，営業・販売管理，配送・倉庫管理，流通チャネル管理（販路の設計や管理），アフターサービスなど，さまざまである。

　こうした手段，戦術を思いつくままに，個別ばらばらにすすめたらどうなるだろうか。互いに調整されていないとうまく結果に結びつかないだろう。さま

1）経営とは，企業や組織が持続的に発展するために行う計画，遂行，管理の総合的な活動を指す。具体的には，目標設定，戦略立案，資源配分（ヒト，モノ，カネ，情報など），人材育成，業務プロセスの最適化など，組織全体の最適化をめざす活動全般を指す。

3

ざまな活動，戦術要素を相互に連携，調整してすすめること，すなわちマーケティングにおいては「統合」（integration）が重要である。これについては後で，マーケティング・ミックス，「4 Ps」として説明する。

　戦術に対して戦略は特別で独自なものである。英語能力試験に合格するために，対象の試験の範囲やレベルを分析し，自分の現在の到達度等を評価し，合格点と自分の今の実力とのギャップを明らかにし，そのギャップを埋めるための課題や障害を特定し，自分の特性や限られた時間，自分の持っている手段で課題達成や障害の克服が可能か困難かで優先すべき課題の選定をすすめ，取り組むべき順番を決めて，スケジュールを具体化し，取り組み状況を点検改善するという一連の取り組み方，これが戦略的に取り組むということである。

　このように戦略的に考えるとは，与えられた状況において，目的を達成するためにどこをねらうべきか，取り組むべき目標や課題を設定し，自分の持つ限られた資源を有効かつ最大限活用して取り組むことを意味する。経営戦略とは一般的に，組織が環境に適応するためのパターンを指している。

　マーケティングにおいては，無差別あるいは適当に顧客にアプローチするのではなくて，標的顧客を設定して，限られた資源や手段を最大限活用して，望ましい顧客の意識と行動（反応）を獲得するように働きかけることが戦略的なアプローチである。コトラー＆ケラー（2014）では「マーケティングとは人間や社会のニーズを見極めてそれに応えることである。」「マーケティング・マネジメントを『ターゲット市場を選択し，優れた顧客価値を創造し，提供し，伝達することによって，顧客を獲得し，維持し，育てていく技術および科学』と考える。」（5ページ）と定義している。

　これについてドラッカー（2012）では「真のマーケティングは，顧客，人口構造，顧客の現実，ニーズ，価値からスタートする。『われわれは何を売りたいか』ではなく，『顧客は何を買いたいか』を考える。『われわれの製品やサービスにできることはこれである』ではなく，『顧客が見つけようとし，価値ありとし，必要としている満足はこれである』と言う。「マーケティングの理想は販売を不要にすることである。マーケティングがめざすものは顧客を理解し，顧客に製品とサービスを合わせ，ひとりでに売れるようにすることである。」（171ページ）と主張している。

第1章 マーケティングを企業戦略的に考える

2 | ミッション，ビジョン，バリュー

　ビジネスは経営者・起業家の意志にもとづくものであり，なんのためにビジネスを行うのか，ビジネスを通じてなにをめざすのか，というミッション（使命，経営理念）がその出発点にある。実際には，ミッションが明確でなくてもビジネスは可能である。事後的にやっていることや結果からミッションが見えてくることもある。しかし，意識的にビジネスを生み出し，リードしていくためにはミッションを明確にしようと心がけることが有効である。それは私たちが何のためにがんばるのかという問いに答えることである。

　ビジョンとは，夢，将来像を生き生きと描くことであり，そのことにより夢を具体的なかたちあるものにしていくことであり，そのことで多くの人々を導き巻き込むことである。まるでタイムマシンで見てきたように未来のありたい姿を語ることである。そのためには，ビジョンは単なる思いつきにとどまらず，いま私たちがどのような時代に生きているのかという歴史感覚や，未来に対していまの私たちにはなにが求められているのか，なにをすべきなのかという社会的使命感がビジョンを基礎づけるものとして大事になる。

　バリューとは，経営組織の構成員において大切なものとして共有される価値観や行動原則などである。同じようなビジネスを行う場合でも，「人には優しく，ウソはつかない」というアプローチもあれば，「チャンスは見逃さず，圧倒的に勝利する」というようなアプローチもあるだろう。どのような経営組織をつくっていくか，その組織文化，組織アイデンティティ，組織風土にバリューは深く関わっている。

　ミッション，ビジョン，バリューを明確に設計定義して，組織構成員や取引先など関係者と共有してマネジメントを行うというのは，現代のマネジメントの基本的なあり方である。現代社会をとりまく諸課題に向き合い，企業がその責任を自覚して積極的に関与することが求められる現代において，顧客や社会に対して明確なメッセージを持つ，従業員や取引先の理解を得て積極的に協力参加してもらう，などをすすめていくために，「パーパス経営」が強調されるようになっている。「パーパス」とは，目的，志などと訳されているが，企業が存在することの意味を自ら問いかけているものと言ってよいだろう[2]。

5

3 ｜ 全社戦略と事業戦略

　現代の企業は，複数の事業を多角的に展開しているものが少なくない。このような場合には，複数の事業全体をどう戦略的に展開していくか，という会社全体の視点にもとづく全社戦略を検討することが求められる。

　全社戦略においては，会社全体のミッション，企業をとりまく環境分析，会社全体の経営業績目標，事業ポートフォリオ（複数事業の組み合わせ），事業リストラクチャリングの戦略（継続すべき事業（強化する事業）・廃止撤退縮小する事業，新たに始める事業の設定），そのためのM&A計画などを含む行動計画といったような内容が含まれるだろう。

図表1-1　事業戦略の概要

1	事業のミッション
2	外部環境分析（機会/脅威分析）
3	内部環境分析（強み/弱み分析）
4	目標設定
5	戦略策定
6	主要な行動計画
7	予算 売上等見通し 投資計画
8	環境の変化等によるプランB

（2, 3の右側に）SWOT分析

　これに対して，特定の顧客や特定の技術を中心とした関連性でまとめられたものが事業である。事業戦略では下記のような内容を具体化すべきだろう。

　事業のミッションの定義は，ミッションの実現に向けて集中して取り組むために基本的に具体的であるべきだが，創造的に発展することを視野に入れるならば，ある程度あいまいな方がよいかもしれない。事業の定義の基本点は，①顧客は誰か，②顧客が求める／顧客に提供する機能，③機能を実現する技術

2）ミッション，パーパスを掲げることで，自らを「善」なる存在であると示すことになる。しかしそれは欺まんであり，単にそうありたいと宣言しているだけに過ぎない。そうではなく，ミッション，パーパスを重視する経営とは，自らのありようを問い直し，自らが「善」なる存在ではないと自覚し，そのギャップを直視して，挑戦し続けるプロセスであるべきであろう。

（エーベル　2012）が含まれていることである。

　つぎに事業をとりまく外部・内部環境分析を行うフレームワークがSWOT分析（**図表1-2**）である。

　外部環境は，事業にとってプラスに作用すると思われる機会（Opportunity）と，マイナスに作用するかもしれない脅威（Thread）に分けて評価する。たとえば，輸出に力点のある製造業やインバウンド観光客を受け入れる観光業などの場合，円高は商品価格を上げることになってしまって価格競争力を失い経営業績の悪化をもたらす可能性が高いので，脅威とみなされる。逆に円安は機会となる。輸入される食料品や原材料等を加工販売する国内向けの事業では，円高が機会で，円安が脅威である。このように事業によって外部環境のなにがプラスあるいはマイナスになるかは異なるという点には留意する必要がある。

図表1-2　SWOT分析

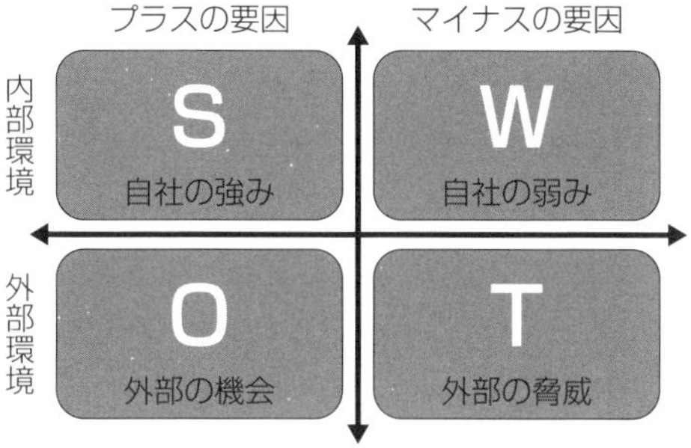

	プラスの要因	マイナスの要因
内部環境	**S**　自社の強み	**W**　自社の弱み
外部環境	**O**　外部の機会	**T**　外部の脅威

（出所）　筆者作成

　内部環境は，事業をすすめる上での自社の強み（Strength）と弱み（Weakness）を同じく列挙して評価する。これも事業によってなにが強みになり，なにが弱みになるか異なる点に留意しなければならない。定時運行を求められる電車やバスなどの交通業では，安定した組織や雇用は強みとなるだろう。逆に変化の早いネットサービスやネットゲームの開発提供などでは，組織は流動的であり，雇用の流動性が高いことが強みとなるだろう。

　このように外部環境と内部環境をある特定の事業の観点から検討するSWOT分析を行うことによって，その事業についての良い面も難しい面も両方評価することができ，その上で適切な戦略判断を行うことができる。

環境分析をふまえて具体的な目標を設定する。目標設定では一般にSMART
の原則が求められる。SMARTな目標とは，①具体的（Specific），②測定可能
（Measurable），③実現可能（Attainable），④関連性（Relevant　目的やアウ
トカムの達成と関連が強いか），⑤タイムリー（Timely　現実的な時間設定）
である。これら5項目すべて重要な原則であるが，特に目標は明確であればあ
るほど，達成への動機づけも課題も明確になる。あいまいで達成したかどうか
が示せないような目標設定は無益であるどころか害悪になりかねない。「数値
化できないものは改善できない，管理できない」と言われる。数値化が困難な
成果目標もあるだろうし，数値化することで切り捨てられることもあるという
欠点もあるけれども，それでも数値化すれば明確に成否を評価でき，改善・管
理を断固としてやりとげることにつながるであろう。

事業における目標としては，利益，利益率，売上，成長率，市場シェア，環
境への負荷（サステナビリティ），人権（DE&I）などが考えられる。現代の
経営では，利益などの経済的目標だけではなく，社会的責任にもとづく目標，
マルチステイクホルダーとの関係での目標が求められる。また非営利・協同組
織等の事業は収入や利益を中心に評価されるべきではない[3]。非営利・協同組
織等では，社会課題に取り組むというミッションにもとづいて，社会課題を解
決するインパクトについて測定尺度を設定し数値目標化するべきである。

目標を達成するための基本プランが戦略であり，それを具体的に実行するた
めのプランが行動計画（戦術）である。いったん戦略・行動計画が立案される
と，その通り実行することが正しいというようになりがちである。戦略・行動
計画がその通り実行されないと目標は達成されないだろうし，戦略・行動計画
の妥当性を評価することも難しくなるので，戦略・行動計画に真剣に取り組む
ことは大事なことである。しかし，あくまでも戦略・行動計画は目標を達成す
るための手段であり，目標―結果，手段―原因として因果関係にもとづく合理
的な意思決定が求められる。戦略・行動計画を実施してみて，目標達成にあま
りつながらないならば，その戦略・行動計画はやめるか，見直さなくてならな
い。

プランBとは，考えられる大きな環境変化などにより，策定した既存の戦

3）非営利組織については，13章を参照のこと。

第1章　マーケティングを企業戦略的に考える

略・行動計画では対処できない場合に採用すべき「もう1つのプラン」のことを意味する。希望的観測のみによって戦略判断しないという点から，プランBをつねに用意しておくことは有用である。あるいは，シナリオ・プラニングを採用して，環境の変化や結果予測についていくつかのケースを想定して，それぞれのケースで採用するシナリオを準備しておくことも有用である。

4 ｜ マーケティング戦略

　企業・組織の経営戦略の一部として，マーケティング戦略が策定・実行・評価される。マーケティング戦略では，標的市場の設定とそこに働きかけるマーケティング・ミックスの計画が中心となる。

図表1-3　マーケティング戦略

1	ミッション/ビジョン/バリュー（大前提）
2	環境分析
2-1	マクロ環境分析
2-2	ミクロ環境
3	戦略
3-1	セグメンテーション
3-2	ターゲッティング
3-3	ポジショニング
3-4	目標
4	行動計画
4-1	製品
4-2	価格
4-3	流通
4-4	プロモーション
5	組織/予算

　標的市場の設定についての標準的なアプローチが「STP」（セグメンテーション，ターゲッティング，ポジショニング）である。このアプローチにもとづくマーケティング戦略（セグメント・マーケティングとも言う）ではつぎのような内容を具体化すべきだろう。

9

マクロ環境分析では政治，経済，社会，技術という巨視的な環境を論じる PEST 分析をすすめ，ミクロ環境分析では事業を直接取り巻く環境である 3 C 分析などをすすめる。

つぎに標的市場の設定とマーケティング戦略の基本コンセプトについて「STP」を説明する。

まずセグメンテーション（Segmentation）とは，市場細分化とも呼ばれ，市場を何らかの切り口で区分・分類しグループ化してとらえることである。たとえば，年齢や世代，性別，地域や職業・所得などで区分することができる（デモグラフィックスによる市場細分化）。これは伝統的にもっとも活用されてきた切り口である。あるいは，ライフスタイル，好みや価値観などで区分することもできる（サイコグラフィックスによる市場細分化）。これは，同じ年齢や性別であったとしても，今日，異なるライフスタイル，価値観，行動規範を持つようになってきていることに注目するものである。さらに使用頻度，ロイヤルティ，オケージョン，ヘビーユーザーかライトユーザーかなどによって区分することもできる（行動による市場細分化）。これは消費者の直接的なマーケティングへの反応等にもとづくものであり，より結果と結びつくものとして重視されつつある。

今日，多くの製品のマーケティングにおいては，このようなセグメンテーションにもとづいて戦略策定されている。セグメンテーションの切り口はけっして決まっていない。それは自由であり，独自の切り口でアプローチできれば，競合企業がない，新たな市場を見出すことができるかもしれない。

セグメンテーションによって市場がいくつかに区分された後に，その中でどこを標的市場として設定するか，ターゲッティング（Targeting）を行う。いくつかに区分された，1つひとつの市場セグメントについて，大きさ，成長性，収益性，競合などの観点から比較評価し，自社にとって望ましい市場セグメントを選択する。標的市場を設定する場合，狭く単一のセグメントに集中してもよいし，広くいくつかのセグメントにまたがってもよいし，市場全体をカバーするように設定することもできる。誰にでも喜ばれる万人向けの製品というものはむずかしく，基本的には，市場セグメントごとに，顧客ニーズも，利用する情報メディアも，市場アクセス手段なども異なるため，標的市場を絞ってフォーカスしたマーケティング戦略が効果的である[4]。

第1章　マーケティングを企業戦略的に考える

　たとえば，シャンプーの中で，髪のエイジング，加齢により髪のコシやハリ，ボリューム感が不足していくという課題を解決するという特殊なニーズ，ターゲットに絞るという製品群がある。このようなアンチエイジング・シャンプーの製品は，標的市場は明確で限定的であり，かつそこにフォーカスしたマーケティング戦略が展開されている。

　実際の事業展開では，競合他社が存在しており，顧客はすでに競合製品を使用している。したがって，顧客が自らの基準にもとづいてどう評価し，他の競合製品とどう違いを認めるか，がマーケティングの成功失敗，実際に自社の製品・サービスが選ばれるかどうか，売れるかどうかを左右する。そこで，ターゲッティングのつぎに企画検討するポイントがポジショニング（Positioning）である。ポジショニングとは，企業の提供物である製品・サービスについて顧客のマインドの中でどのような位置をとるかということをねらうことである。第1に，顧客のマインドの中での評価の軸，切り口を明確にする（ポジショニングマップ，知覚マップ）。製品を判断評価する基準についての思い込みを廃して，顧客の頭の中でどのような基準で評価されているのか，を理解することが重要である。第2に，そこで自社製品はどこをねらうか，を競合製品との比較の中で設定する。競合製品が顧客の頭の中にどのように分類配置されてとらえられているか，自社の製品はどうか，まずはこれを明らかにした上で，マーケティング戦略として，自社の製品をどう顧客に評価され，顧客の頭の中に整理され位置づけてもらうかというねらいを設定する。ここで重要なのは，実際の製品の特徴や差異というよりも，顧客，消費者のイメージ，マインド内でどのように整理され位置づけられているか，ということである。

　その結果「だから顧客は自社の製品を選択購入する」というロジック，ストーリーを作り出すのがポジショニングである。売れる商品には理由がある。その1つは，顧客自身が当該製品を選択購入し他の商品を選択購入しない理由が明確に提示されているかどうかである。

　つぎに，マーケティング戦略は，事業目標，マーケティング目標を達成するために，企業自身による変更が基本的に不可能な環境等に対応して，企業が使

　4）設定したターゲットがいったん成功しても，顧客のニーズや行動は変化し続けるものである。その意味で変わりゆく消費者（ムービング・ターゲット）に変化適応していくことが求められる。

11

用可能な手段を組み合わせ，総動員して標的市場に働きかける。これらの手段の組み合わせをマーケティング・ミックスとも言う。マーケティング・ミックスは，企業が利用可能なすべての手段を可能性としては含むものであり，企業の持つ資源や歴史的な技術発展などによっても異なるものである。

　その中で，一般にメーカー，特に包装消費財メーカー，つまり飲料品やシャンプーなどの日用品などを消費者に大量生産・大量流通・大量販売するメーカーのマーケティング・ミックスは「4Ps」と定式化されている。「4Ps」は，①製品，②価格，③流通，④プロモーションの4つである[5]。

> ① **製品（Product）**
>
> 　標的市場に提供する製品の品質や機能，特徴，パッケージ，デザイン，さらにはアフターサービスや保証など。（7章参照）
>
> ② **価格（Price）**
>
> 　価格設定，希望小売価格，ディスカウント（値引），アロウワンス，リベート，サブスクリプションなど。（7章参照）
>
> ③ **流通（Place）**
>
> 　流通チャネル，店舗立地，物流など。（10章参照）
>
> ④ **プロモーション（Promotion）**
>
> 　広告，営業，販売促進（SP）など。マーケティング・コミュニケーション戦略とも言う。（8章・9章参照）

　4Psの枠組みでマーケティング戦略を立案検討することは有用である。しかし，そのまま暗記して機械的に適用することは適切ではない。今日，さまざまな新しい手段，テクノロジーも生まれている。サービスやエンタテイメントや社会問題など，マーケティングの取り扱う領域が変われば，使える，使うべき手段も変わってくる。あくまでも使えるすべての手段をうまく組み合わせて結果を出すことが求められるのであって，現代のマーケティングにおいてはもっと自由に考えることが求められる。

5）顧客視点に立って4Psを「4C」としてとらえ直す提案もなされている。「4C」の構成要素は「顧客価値（Customer Value）」「顧客のコスト（Cost）」「顧客にとっての利便性（Convenience）」「顧客とのコミュニケーション（Communication）」で，4Psの構成要素とそれぞれ対照している（Lauterborn, B（1990））。

第2章

マーケティングを起業家のように考える

◆この章で考えたいこと，議論したいことのポイント◆

　この章では，戦略としてのマーケティングとは異なる，もう1つのマーケティングと言ってもよいエフェクチュエーションについて学ぶ。

　はじめたときには誰も成功するとは思っていなくても，成功してしまえば事後的に成功することは明らかであったと正当化してしまう。成功するかどうかわからないときに人はどうやって挑戦するのだろうか。成功した起業家は，ギャンブルだと思って起業していない。できることから始めて，学び試していくことで大きな成功を実現してきた。

　このようなエフェクチュエーションという起業の思考・行動はどういうものなのか。そうしたことを考える，議論するきっかけにしてほしい。

CASE　コラレアルチザンジャパン「Bed and Craft」

　建築家の山川智嗣氏は，株式会社コラレアルチザンジャパンを設立し，富山県南砺市井波で観光客が内外からわざわざ訪れて滞在する新たな宿泊事業「Bed and Craft」を展開した。観光客もほとんどいない場所で宿泊事業をゼロからスタートし成功させることがなぜできたのだろうか（鎌田直美・若林靖永 2023）。

Bed and Craft TATEGU-YA の写真（https://bedandcraft.com/properties/tategu-ya/）

① 「手中の鳥」の原則　中国で建築家として経験を積んだ山川氏は，帰国し，出身県であり，幼い頃から好きだった富山県井波で，その経験等を活かすことを考えた。
② 「許容可能な損失」の原則　自宅を改装し宿泊施設にするために必要な投資額について市の補助金を活用し，どれぐらいで回収できるかを計算した。その他の収入もあり，大きなリスクがないことを確認した。
③ 「クレージーキルト」の原則　井波彫刻の彫刻家・田中孝明氏と出会い，宿泊施設に作品をギャラリーのように展示し，宿泊客のクラフト体験を受け入れてもらうまでに発展した。
④ 「レモネード」の原則　コロナ禍で稼働率が大きく下がる中で，従業員と徹底してサービス向上に取り組み，逆に価格を上げた。
⑤ 「飛行機のパイロット」の原則　コロナ禍で，社員とともにいまできることに集中して，次々と新しい取り組みを企画し具体化した。

　「Bed and Craft」は発展をし続け，現在，井波エリアに6棟まで広がっている。それはまさにエフェクチュエーションのプロセスと言ってよい。

第2章　マーケティングを起業家のように考える

　起業・新規事業を展開する場合，新規顧客，新市場，新製品，不明な競合というように多くのことが未知であるという状況では，計画的で総合的で戦略的にアプローチするということは不可能であるし，不適当である。わかっていることがほとんどないという状況で，何かを生み出す，始めるというのはどういうことなのだろうか。本章では，もう1つのマーケティングと言うべき，起業家のように考え行動する方法論であるエフェクチュエーションについて学ぶ。

1　コーゼーションとエフェクチュエーション

　大企業の事業戦略，マーケティング戦略を策定実行する際には，1章でとりあげたように，**図表2-1**のように新しい市場機会を特定するところから出発する。市場機会をめぐって，市場調査を実施し，競合他社の動向を調べるなど，情報を収集分析する。つぎに調査結果から未来を予測して，それに合わせた事業計画を策定する。策定された事業計画を実施するために，必要な手段である資源を獲得し，利害関係者を説得する。こうして事業計画を実施するために十分な資源や利害関係者の協力が得られることになれば，事業は実施され，事業計画を計画通り実行して結果を出していく。その後の環境の変化には，事業計画を変更するなどして適応していくことになる。このような思考法は，目標＝

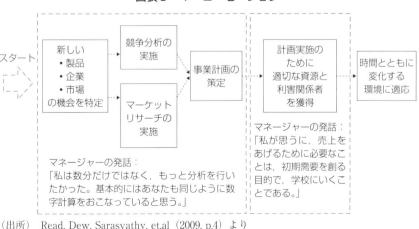

図表2-1　コーゼーション

（出所）Read, Dew, Sarasvathy, et.al（2009, p.4）より

結果，手段＝原因という因果関係にもとづいている。これを「コーゼーション（causation）」（**図表2－1**）という。ビジネススクール（MBA）[1]で体系的かつ実践的に経営学を学ぶ内容は，まさに経営学の諸分野（戦略，組織，マーケティング，会計，ファイナンスなど）のコーゼーションの知識とスキルである。ビジネススクールは企業の経営，事業のマネージャーとして活躍するための人材育成となっている（近年のビジネススクールは新規事業を創造するなどの，コーゼーションとは異なる経営学についても学ぶことがめざされている）。

　ところが「0→1」の新市場，新規事業の創造に関わる起業においてはコーゼーションではうまくいかない。そういう状況では，因果関係で予測，推論するのに十分な情報は与えられていない。ではどうアプローチしたらよいのだろうか。2008年，バージニア大学ビジネススクールのサラス・サラスバシーは，成功した連続起業家（シリアル・アントレプレナー）に対する研究を通じて，「エフェクチュエーション（effectuation）」（**図表2－2**）という独特の思考・行動プロセスが採用されていることを明らかにした。

　成功する起業家はターゲットとする市場やゴールから出発していなかった。**図表2－2**の通り，まず「自分」から出発する。「自分は何者か」「何を知っているか」「誰を知っているのか」という「自分が持っているもの」から「なにができるか」を考える。自分の中から多くの可能性を探索する。できることが浮かんだら，その事業アイデアについてすでに知っている人からアドバイスをもらったり，知らなかった人を紹介してもらって相談したり，という出会いをすすめる。人との出会いの中で，自分の事業アイデアに「コミット」する人を見出し，交流や交渉を通じて彼らの「コミット」，自らの意思で関与関係しようという関係を引き出す。こうして彼らパートナーの「コミット」によって，新しい資源を獲得して事業アイデアは確実なものとなったり，あるいは事業アイデアは否定され，新しい目的，新しいアイデアに変更したりするだろう。これを繰り返し，まるでいきあたりばったり，試行錯誤のように見えることを続

1）MBA（Master of Business Administration：経営学修士）は，経営学の学位。欧米では主に実務経験を有する社会人を対象としたマネジメントプログラムを提供するビジネススクール（経営大学院）。専門職学位課程によるものと，従来の修士課程によるものとの2通りがある。専門機関による学位の認証を受けていない場合は両者とも「MBA」と呼ばれることもある。なお，前者の専門職学位課程では一般的に経営管理修士（専門職）との表記，後者の大学院修士課程で授与されるものは修士（経営学）と表記される。

第2章　マーケティングを起業家のように考える

図表 2 - 2　エフェクチュエーション

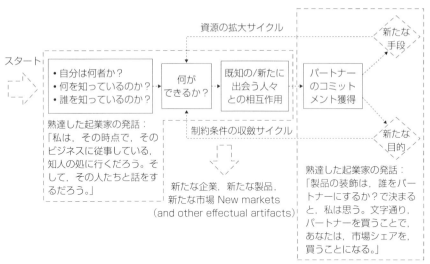

（出所）　Read, Dew, Sarasvathy, et.al（2009, p.4）より

けていってその先に想定を越える成果を生み出すのである。

　現代ビジネスの経営の基本コンセプトはコーゼーション，因果関係ロジックによる合理的思考であるとされてきた。優れたマネージャー，経営者になるためには，情報を分析し予測して計画して行動して結果を出すという能力が求められてきた。しかし，このような能力を高めて最適化していけばいくほど，新たな変化に独創的な対応を図るという創造的思考と行動は弱まってしまいがちである。すでにわかっていること，正解があるものについては効率的で効果的な対応ができても，未知のこと，新たに何かを生み出すことにおいては無力無能になってしまうのである。このような意味でサラスバシーが，コーゼーションのみが経営の唯一の基本原理ではなく，起業においては真逆のアプローチであるエフェクチュエーションを発見し，位置づけたことの意義は大きい。

　サラスバシーは発見したエフェクチュエーションの特徴的な原理原則を5つにまとめている。以下，それを1つひとつみていこう。さきほどのエフェクチュエーションのプロセスの図に，5つの原則を重ねたのが**図表2 - 3**である。

17

図表 2 - 3　エフェクチュエーションのプロセスと 5 原則

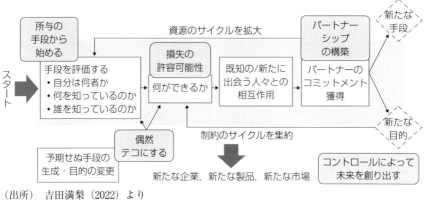

（出所）　吉田満梨（2022）より

2 ｜ エフェクチュエーションの 5 原則

　「手中の鳥」（Bird in Hand）の原則

　論理的に戦略的思考を行うためには，最初に目的・目標を設定する。目的を実現するために合理的な手段を考えるというようにコーゼーションで戦略が立案され行動することになる。つまり「目的主導」である。

　エフェクチュエーションは逆で「手段主導」である。まず「なにができるか」「なにができそうか」というアイデアを出していく。そのために，最初に「自分はなにものか」「自分はなにを知っているか」「自分は誰を知っているか」という問いから始める。

　「自分はなにものか」（Who I am）という問いについては，たとえば，自分がなにに強い関心ややりがい，怒りや喜びを持つのか，自分はどんな価値観や行動特性を持っているのか，ほかの人と比べてどんなユニークな，ほかのひとにはない個性を持っているのか，というような問いについて率直に見つめよう。あなたが本気になれることを見つけることが重要である。自分の中からやる気が出てこないような目的・目標を設定しても，やらないし，やっても続かない。

　「自分はなにを知っているか」（What I know）という問いについては，自分の専門性，自分の持つ知識や経験を明らかにする。どんな教育を受けてきたか，

18

どんなキャリアを歩んできたか，どんな趣味等にとりくんできたか，といったことを整理して棚卸しして，自分独自の強みを明らかにする。

「自分は誰を知っているか」（Whom I know）という問いについては，自分の家族や友人・知人，学校や職場や趣味や地域コミュニティなどのつながりなど，自分の持つコンタクト可能なネットワークについてリストアップする。自分の知っている人々はそれぞれ，独自の関心を持ち，知識や経験や財産，そしてさらなるネットワークを持っている。自分が持たない関心，知識，ネットワークについても，自分の知っている人が持っているかもしれない。

これらの問いをおさらいすることで，自分はけっして無力ではなく，自分がいかに多くのことを持っており，それを「手段」として「なんでもできる」（実際になんでもできるわけではないが）という可能性からできることを創造的に考えてみよう。「できない」「無理」という，最初から断念してしまうという自分がつくってしまった制約，壁を乗り越えていこう。英語のことわざで言う「草むらの中の2羽の鳥より，いま自分が持っている手の中の1羽の鳥の方が，価値がある」（A bird in hand is worth two birds in the bush.）のであって，いまの自分の手中の鳥から料理を考えるのである。

 「許容可能な損失」（Affordable Loss）の原則

戦略的に意思決定する際は，企画した戦略でどれだけの利益が期待できるかという利益目標を計算して設定する。投資収益率を計算して投資の意思決定の判断を行う。

しかし，期待利益というのは想定外の事態には無力である。これはあくまでも想定通りの状況でうまくいった場合の利益であって，確実ではない。エフェクチュエーションにおいては，利益ではなく損失に注目する。しばしば，起業家とは，いちかばちかで失敗したら夜逃げしないといけない，などの賭け，ギャンブルに挑む冒険主義的な性格を持つものだと思われている。冒険して「運が良かった」人のみが起業で成功するとも考えられている。しかし，実際に起業して成功した人，連続起業家はけっして冒険的なギャンブラー，向こう見ずでもなければ，ただ運が良い人ではない。うまくいかなくても再出発できるという可能性を十分に残した意思決定であれば，けっしてギャンブルではないし，怖くない。だから行動できるのである。

「許容可能な損失」の範囲は多様である。代表的なものは金銭や財産の損失だが，それ以外にも友人や名声，信頼など失うことによるリスクはさまざまある。これらの許容可能上限をよく見定めて，失っても前を向ける，再挑戦できる状況を確保しておく。

❸　「レモネード」（Lemonade）の原則

　コーゼーションでは環境を分析し，予測にもとづいて意思決定を行う。予測の範囲におさまる状況であれば，意思決定は妥当であり，用意した計画を実行することでうまくいくだろう。しかし，想定外の事態が起きれば，計画は無意味となり無効となる。

　しばしばビジネスにおいて予測は裏切られる。確実な予測ができることは限られている。エフェクチュエーションでは予測にもとづく行動はしない。想定外の事態はいつでも起こりうると考えておく。そして想定外の事態が起これば「偶然をテコとする」という観点から，想定外の事態を利用する，新しい対応策を創造的に生み出してのりきっていこうとする。まさに「もしレモンが酸っぱかったら，レモネードにしたらよい」のである。

❹　「クレージーキルト」（Crazy-Quilt）の原則

　自分だけでできること，自社だけでできることは限られている。事業をすすめていく場合には，他者の理解や協力が欠かせない。コーゼーションで事業計画にもとづいてすすめる場合は，事業計画で必要な利害関係者を説得し，報酬等の約束にもとづき協力してもらうことになる。この場合の協力者は，委託等の契約にもとづくものであり，この契約もまた損得にもとづく合理的な意思決定の範囲である。

　これに対して，未知の，不確実性が高いと思われる事業の成功確率をあげていくためには，多くの人の力を借りて集めることが有効である。成功するかどうかわからないことにも協力してくれるようになるには，自らすすんで，しっかりと一定の範囲で関与するという「コミットメント」をパートナーとの関係でつくりあげていく。そのためにパートナーとなるべき人たちに問いかけ（Asking），交渉して関係を築いていく。パートナーが主体的に「コミット」することで，新しい資源が獲得されたり，新しい目的，事業アイデアが生み出

される。それはコーゼーションのようにすでに計画された通りにすすめるのではなく，パートナーの「コミット」によって新たな可能性を広げていくのである。

　イメージとしては，つぎつぎといっしょにプロジェクトに取り組む「なかま」をつくり，「なかま」の力を活かして新しい展開をすすめていくというものである。この「なかま」は給与等金銭的利益だけで結びつくものではない。給与や謝金を支払わないというわけでは必ずしもないけれども，「なかま」は気持ちで，こころざしでつながる人たちである。互いに困難や想定外があっても，ともに乗り越えていこうとする人たちである。

❺　「飛行機のパイロット」（Pilot-in-the-Plane）の原則

　コーゼーションでは，環境の変化を予測して戦略を策定し，それをその通り実行することに集中しがちである。もちろん，予測とそれに対応した戦略が妥当であれば，その実行に集中することは有効である。したがって，優れたコーゼーションでの状況対応では，最初から起こりうる状況，けっして確率的には高くなくても重大な影響が出ると思われる状況，などについて検討し，それぞれへの対応マニュアル，どのように対処して事態を改善するか，についてのプランが定められている。

　それに対してエフェクチュエーションのアプローチは違う。しばしば未来は不確実であり，さまざまな変化，課題，問題が引き起こされる。想定できる未来も一部あるだろうが，多くの未来は想定外であり，想定外を前提にどうしたらよいかを考えなくてはならない。そういうとき，エフェクチュエーションでは，自分たちでいまできることに集中して，なんとかコントロールして，やりくりして望ましい結果にしてしまうということに取り組もうとする。もともとの計画にはけっしてこだわらず，望ましい結果を獲得するためにもてる力すべてを活用する。こうして，未来を予測するのではなく，なんとかして自分で未来をつくってしまうのである。

　飛行機のパイロットが，雷雲に飛び込んでしまった，2つあるエンジンの1つが壊れてしまった，などという非常事態に遭遇したとき，想定外のことが起きた，私のせいではない，などと考えていたら飛行機は墜落してしまうかもしれない。パイロットはそういうとき，自ら操作可能な，すべての操縦術を駆使

して，飛行機を安全に飛ばす，人命第一の運航を実現しようと，なんとかしようとする。このように状況の変化に対してとにかくなんとかするという行動をやり続けてなんとかしてしまうのである。

3 ┃ 企業の成長とエフェクチュエーション

コーゼーションとエフェクチュエーションはどちらかが正しい経営というものではけっしてない。

企業の成長の段階によってもコーゼーションとエフェクチュエーションの位置づけが異なると言われている。まず新事業が誕生する「0から1」という探索重視の状況においてはエフェクチュエーションが決定的に有効に機能するだろう。なにを始めたらよいかがはっきりとはわからない中で，自分ができることや出会った人たちと新たな可能性を探っていき，新事業を生んでいくのである。この段階では，しばしば，産業は未成熟で開発提供されている製品やサービスもかなり多様性があり，どれが顧客に支持されるか，まだわかっていない，確立していない。したがって，コーゼーションですすめようとしても十分で確実な情報というものはなく，論理的に計画を構築することが難しい。

その後，事業の成長に伴って，事業を「1から10」に大きくする際にも，エフェクチュエーションで新たな方向性を見つけて飛躍したりするなど，事業の新展開が行われたり，生き残ったりすることもあるだろう。一方，コーゼーションで事業を拡大していくために必要な人員の拡充や将来予測にもとづく投資や対策などによって，計画的に成長を図っていくこともあるだろう。この段階では，産業は大きくなり，一部の企業は方向性を誤り脱落し，生き残った企業は全体としては似通ったパターンの製品やサービスを提供するようになる。

そして，事業が成熟し，組織が大規模になったときには，おおむねコーゼーションで戦略的意思決定がすすめられるだろう。すでに一定の市場規模があり，市場から評価や支持もされており，それにこたえるために何をやらなくてはいけないか，などが明確で，そのためによく準備された組織をつくって対応していくというような場合は，論理的に戦略を実行していくことが望ましい。こうして大企業ではコーゼーションの論理が支配的になるのである。

しかし，事業の拡大はいつまでも続かない。予想外の環境の変化も起こるだ

22

ろう。そこで，そこからまた新たな新規事業を探索するという必要性が出てくる。起業家が新たに新事業を生むというだけではなく，大企業も新事業を生んで変革をすすめようという動きが出てくるのである。持続的に成長する大企業は変革をすすめるものである。このとき大企業においてもエフェクチュエーションが再登場するだろう。とはいっても，大企業は全体として，コーゼーションの組織として経営されており，それで既存事業がうまくいっているため，その中でエフェクチュエーションをすすめることはとても難しい。いわゆる「イノベーターのジレンマ」（クリステンセン）もその一例といえる。既存の組織の影響を受けないために，社内に「出島組織」[2)]のように独立したエフェクチュエーションをすすめる組織をつくったり，CVCファンド[3)]で社外の企業に出資してすすめるなどが行われている。

4　個人とエフェクチュエーション

　個人でもいろいろであろう。個人の意思決定や行動で，実際には，あるときはコーゼーションで，あるときはエフェクチュエーションで行動するということは普通のことであろう。私たちはコーゼーション，エフェクチュエーションという原理を学んでいなくても，日常生活や仕事などで，あるときは因果関係を重視して考え判断したり，あるときはできることから始めたりしようとしたり，しているものである。日常で意識せずにやっているのである。しかしながら，認識して実行していないので，コーゼーションが求められる状況なのにできることからとりあえず始めてしまったり，エフェクチュエーションが求められる状況なのに成功のためのエビデンスを求めたりするなど，誤った思考・行動プロセスを採用してしまい，うまくいかないということもあるかもしれない。私たちは，2通りの，真逆の思考法があることを理解し，それを意識的に使いこなす，使い分ける，というようにして，そのときどきの状況で判断して行動できるようになることが求められよう。

　また，いろいろ調べて考察してしっかり準備するというコーゼーションが得

2）倉成ほか（2024）参照。
3）CVC（Corporate Venture Capital）は事業会社がつくるファンドで，未上場の新興企業に出資して提携することで，本業の強化やオープン・イノベーションを追求する。

意という人もいれば，とにかくできることからまずやってみて，だめならやり
直すというエフェクチュエーションが得意という人もいて，人によって向き不
向きが異なるかもしれない。もちろん，コーゼーション，エフェクチュエー
ションはともに学んで理解して練習して実践して熟達できるものであるから，
けっして先天的にできる，できないが決まっているわけではないだろう。しか
し，それと同時に，合理的に考えるのが好きで得意という人もいるし，いまで
きること，新たなアイデアを思いつくこと，他者とともに何か生み出すこと，
などがとても好きで得意で楽しいという人もいるだろう。人には個性があり，
学ぶことで得意なことを伸ばしたり，苦手なことをある程度克服したりするこ
ともできるが，それ以上に，自らの個性が活かせる環境を探し，そこで個性を
大いに発揮していくというプロセスを歩んでいくのだろう[4]。

　誰もが起業家にならなくてはいけない，企業経営者にならなくてはいけない，
などと考えることは明らかに間違っている。しかし同時に，私には起業家は無
理，企業経営者は無理などと決めつけてあきらめてしまうこともおそらく間
違っている。私だって起業家になれる，企業の経営者になれるのであって，私
たちはそのために意識的に学ぶことが大事である。さまざまな選択肢が私たち
にはある。エフェクチュエーションは，私たちの可能性を拡げる未来の希望で
ある。

4）安藤（2023），ほか行動遺伝学研究を参照。

第3章

マーケティングをビジネスモデルとして考える

◆この章で考えたいこと，議論したいことのポイント◆

　この章では，ビジネスを分析する，立案する上で重要かつ有用なビジネスモデルについて学ぶ。

　さまざまなビジネスがあるが，それには共通のパターン，利益を上げる仕組みというものがある。ビジネスについて考え，議論し，検討するためには，ビジネスについて考えるものさし，フレームワークが重要である。それがビジネスモデルである。

　インターネットの登場等により，今日，新たなビジネスがつぎつぎと生まれ，古いビジネスを駆逐している。

　どのようにして利益を上げるビジネスになっているのだろうか。ビジネスを見直し，改善するにはどうしたらよいのか。新たなビジネスを立案構築するには，なにを考えたらよいのか。そうしたことを考える，議論するきっかけにしてほしい。

CASE	アマゾン（Amazon.com, Inc.）

　事業は最初の計画通り順調にすすむとは限らない。いや，そうでないことが多いと言っても過言ではない。企画を立てて実行し，実行する中で機会を見出しそれに合わせて事業を変えていくことで事業は成長する。

　その一例としてアマゾンをとりあげてみよう。

① 　1994年，創業者のジェフ・ベゾスはインターネットの登場で既存のビジネスはリセットされる，今が起業のチャンスだと考え，アマゾンを創業し，本のネットショップを始めた。これは倉庫を持たず，ネットで注文があれば出版社に発注し，運送業者経由で消費者に配送するというものであった。

② 　書籍の品揃えを大きく拡大し，どこのリアルの巨大書店より多くの書籍を取り扱うようになり，本の愛好家ほどアマゾンを利用するようになった。この品揃えの巨大さがもたらす効果は「ロングテール」と命名された。

③ 　注文してから消費者に配送されるまでの日数が長くかかることが多いことが消費者の強い不満として浮かび上がり，アマゾンはこれまでの無在庫経営を転換し，全米に（現在は世界各地に）巨大物流倉庫を構えて，物流ネットワークを構築することとした。翌日・即日配送という圧倒的な物流サービスで顧客にとっての価値を大きく高めた。

④ 　音楽CD，ビデオDVD，ゲームソフト，PCソフトや，日用品，食品，玩具，衣料品，靴などあらゆる分野の物販に進出した。最近は，住宅のリフォームや自動車の販売も取り扱っている。

⑤ 　「1-Click注文」を発明し，特許を取得した。また，カスタマーレビューや，購買履歴等を活用した「リコメンデーション」を提供し，個別消費者にカスタマイズされたウェブサービスに進化した。

⑥ 　2003年，他事業者にも優れたフルフィルメント（注文処理等）や物流倉庫等の資産の活用を認める「マーケットプレイス」事業を追加した。

⑦ 　2005年，配送に対する特別なサービスなど優良顧客を囲い込む，有料会員「アマゾンプライム」を開始し，年会費収入を獲得するようになった。

⑧ 　電子書籍，音楽・ビデオ・ソフトなどのダウンロード販売，電子書籍端末Kindleの提供など，デジタルコンテンツビジネスを本格的に展開するようになった。最近は定額動画配信サービスや定額音楽配信サービスにも進出した。

⑨ 2006年，自社のEC事業のために構築していたITシステム資産を他事業者も利用できるよう外販を始めた。「アマゾン・ウェブ・サービス（AWS）」は企業等が安価にシステム構築できるようになるもので，特に「Pay as you go」（従量課金：使った分だけお金を払う），スケーラブル（性能も規模も要求通り向上可能）といった顧客にとっての価値を提供している。

⑩ その後もアマゾンのイノベーションは止まらない。ドローン配送や，注文する前に注文するだろうことを予測した配送や，生鮮宅配にも取り組み，専用のバーコード等を読む，あるいは音声で入力する注文端末等も開発提供している。生成AIなどをビジネスに利用できるサービスも開発提供している。
アマゾンは，顧客の希望や不満に対しビジネスを圧倒的なスピードで発展させていく，そのために構築した資産を活かした戦略展開をすすめる，新たな事業分野でナンバーワンをめざす，そのために構築した資産（強み）…というようなサイクルで進化し続けている。その中心が，集められたデータ資源の分析活用（AI），とデータ資源を記憶運用するIT資源の集積活用ということになる。

図表3 - 1　Amazonのビジネスモデル

Key Partners 主要パートナー	Key Activities 主な活動	Value Propositions 提供価値	Customer Relationships 顧客との関係	Customer Segments 顧客セグメント
・商品メーカー ・小売店 ・物流企業 ・IT技術パートナー	・各種商品調達 ・サイト／アプリの運営 ・物流と配送 ・顧客データ等分析 ・マーケティング	・豊富な品揃え ・迅速なデリバリーサービス ・Amazon Prime ・AWS（Amazon Web Services）	・自動化と人による顧客サービス ・ユーザーに最適化されたレコメンド機能	・老若男女の幅広い顧客層 ・企業 ・開発者
	Key Resources 主な資源 ・物流ネットワーク ・データセンター ・消費者行動データ ・AIを含めた先端テクノロジー		Channels チャネル／販路 ・オンライン ・セルフサービスの「Amazon Hubロッカー」 ・Amazon Hubカウンター	
Cost Structure コスト構造　・商品調達コスト ・物流コスト ・データセンター運用 ・マーケティング費用	・プロモーション費用 ・ITオペレーションの費用		Revenue Streams 収益の流れ　・広告収入 ・商品やサービスの販売収入 ・Amazon Prime収入 ・AWS（Amazon Web Services）収入	

マーケティングを全体としてデザインするための新しいフレームワークとして，既存の事業を分析したり，新規事業を立案するためにビジネスモデルが活用されている。本章ではドラッカーの自己評価手法とビジネスモデル・キャンバスをとりあげ，事業の分析，事業計画の立案についての方法を学ぶ。

1 ┃ ドラッカーの自己評価手法

　事業を見直す，事業を新たに始めるときにはどのようなステップですすめたらいいのか。この問いについての実践的なアプローチの1つとして「ドラッカーの自己評価手法」をとりあげよう（**図表3-2**）。

　P. ドラッカーは，非営利組織においても持続していくためにはマネジメントが必要不可欠であるとして，非営利組織の役員たちが自らの組織を評価して改革していく手法を提案し，非営利組織のマネジメント改革を指導した（ドラッカー／スターン　2000）。それはつぎの5つのステップによって構成されている。また，ドラッカーは営利企業のビジネスにも類似の問いをまとめて事業構想の枠組みとして提示している。

図表3-2　ドラッカーの自己評価手法

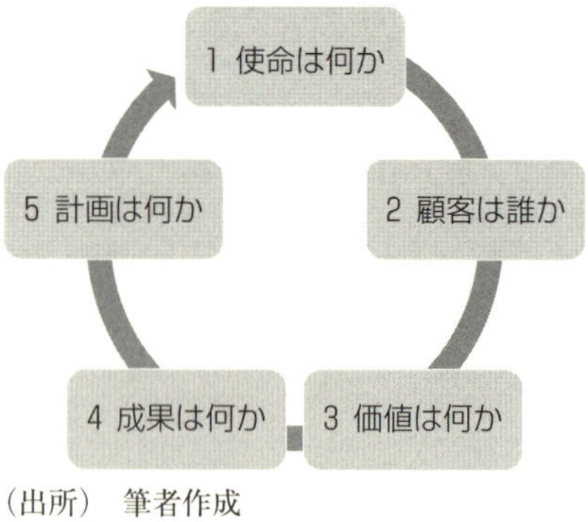

（出所）　筆者作成

第3章 マーケティングをビジネスモデルとして考える

 第1の問い　われわれの使命は何か？

- 現在の使命は何か
- われわれの課題は何か
- われわれの機会は何か
- 使命を見直す必要があるか

　組織をつくる，組織を見直す際の原点は，そもそも組織が何のために存在しているのか，というミッション（使命）である。非営利組織はそもそも社会的課題の解決という問題関心から生まれるものであり，事業の存在意義であるミッションはその組織の存在理由である。営利企業でも，事業が存続するのは社会的に価値を提供しているからであり，ミッションは重要である。

　変化する環境（外部環境・内部環境）の中で，組織は新たな課題に直面する。ミッションとしていた存在理由が環境の変化により失われてしまうこともあるだろう。変化する環境の中で見えてくることで，これまでのミッションを見直す必要があるかどうかを再確認することができるのである。

 第2の問い　われわれの顧客は誰か？

- われわれの「第1の顧客」は誰か
- われわれの「支援してくれる顧客」は誰か
- われわれの顧客はどのように変化しているか

　企業であれ，非営利組織であれ，何らかの対象（顧客）に対して働きかける，何らかの対象（顧客）に購入・利用・参加してもらうことが事業の目的である。顧客が企業の提供する製品やサービスを購入し利用するから，企業は収入が得られ経済的に成立する。企業を利用する顧客が存在しなければビジネスは成立しない。非営利組織においても，問題を抱える人々を支援し，問題を解決するために，問題を抱える人々が参加，利用し，行動変容することが追求される。この問題を抱える人々が「第1の顧客」である。

　また，顧客は広い意味では，購入利用参加する人や組織だけではない。事業を「支援してくれる顧客」というように考えるならば，企業であれば従業員や

取引先，非営利組織であればスタッフ，ボランティア，協力団体なども「支援してくれる顧客」といえる。

そして，変化する環境の中で「第1の顧客」も「支援してくれる顧客」もともに変化するものであり，その変化を認知・理解することが組織の見直しにおいて重要である。かれらの変化に対応した方針，行動をすすめなければ，「第1の顧客」にも「支援してくれる顧客」にも見放されてしまうだろう。

 第3の問い　顧客は何を価値あるものと考えるか？

- われわれの第1の顧客と支援してくれる顧客は何を価値あるものと考えるか
- われわれは顧客から何を学ぶ必要があるのか
- 顧客からどのように学ぶのか

「第1の顧客」が事業に注目し購入利用参加してくれるためには，顧客にとっての価値がなんであるか，を明らかにし，その価値を提案提供するように努めなくてはならない。同様に「支援してくれる顧客」が事業に協力してくれるためには，「支援してくれる顧客」にとっての価値を見定め，彼らが積極的に事業に取り組むようにする必要がある。

この視点はまさにマーケティングである。マーケティング視点に立つならば，顧客のニーズ，顧客の背景・コンテクストを理解することを出発点にすえなければならない。すなわち，顧客にとっての価値は何かをつねに探り続ける必要がある。そして，そのために顧客から何を学ぶか，それをどのように学ぶか，顧客理解をすすめる方策を具体化し，日々の事業活動の中に組み込み，実践し続けなければならない。

 第4の問い　われわれの成果は何か？

- われわれは成果をどのように定義しているか
- われわれは成功しているか
- 成果をどのように定義すべきか
- われわれは何を強化し，何を放棄すべきか

ミッションにもとづく事業が成功したかどうか，その基準が不明確であれば

事業そのものの成否，善し悪しを評価することができない。成果指標は今日，けっして単純ではない。企業でもROI（投資収益率）などの財務指標だけではすまされず，従業員のウェルビーイングや持続可能な地球社会への責任などが考慮されるべきだろう。非営利組織においても社会問題解決などのミッションの達成度合いについてその社会的インパクトが明確になるような成果指標がつくられるべきであり，さらにスタッフなど関係者の状況，持続可能な地球社会への責任など，考える必要があろう。

このように成果指標が明確になれば，それにもとづき，成果に直接間接効果がない，有用でない事業等については放棄する，逆に効果的な事業を強化するなど，事業のリストラクチャリング（再構築）をすすめることができる。成果を明確に定義し測定するからこそ，計画をつくることができるのである。

 第5の問い　計画は何か？

マネジメントの役割は計画，実行，評価，対策であり，その第一歩は計画策定である。事業が大きな困難に直面している，以前のような成果をあげられないのであれば，これまで通りの計画をそのまま実行しても有効ではないということを意味している。したがって，以上の4つの問いにもとづいて総合的根本的に事業を問い直して，その上での計画策定が求められるのである。

2　ビジネスモデル

「ビジネスモデルとは，どのように価値を創造し，顧客に届けるかを論理的に記述したもの。」（オスターワルダー＆ピニュール 2012）であり，ビジネスの基本的な要素をすべて論理的に明確にしたものである。ビジネスモデルを考えるとは，誰になにをどのようにつくって提供して利益を獲得するかという，ビジネスの全体システムの基本を明らかにすることである。ビジネスの各要素をつながりがあるもの，相互に影響・制約・促進するものとしてとらえるのがビジネスモデルである。

ビジネスモデルをデザインする上で有用なフレームワーク図が「ビジネスモデル・キャンバス」である（図表3－3）。この図解を使用することで，ビジネスの各要素，要素間のつながりを検討することができ，積極的にアイデアを

出してプランを構想することができる。「ビジネスモデル・キャンバス」によれば，ビジネスモデルはつぎの9つの構成要素から成り立っている。

図表3－3　ビジネスモデル・キャンバス

Key Partners 主要パートナー	Key Activities 主な活動	Value Propositions 提供価値	Customer Relationships 顧客との関係	Customer Segments 顧客セグメント
	Key Resources 主な資源		Channels チャネル／販路	

| Cost Structure コスト構造 || Revenue Streams 収益の流れ |||

（出所）　オスターワルダー＆ピニュール（2012）より

 顧客セグメント（CS：Customer Segments）

顧客は誰か，「顧客セグメント」とあるように，どのようなセグメント，どのような特性，どのようなペルソナの顧客なのか，具体的に明確にすることが重要である。いくつかありえる場合は，それぞれの顧客をあげるべきである。

 価値提案（VP：Value Propositions）

顧客にとって価値あるものとして何を提案するのか，そこを明確にデザインするのが「価値提案」である。「顧客セグメント」に対して提供する「価値提案」こそがビジネスモデルの中心である。

 チャネル（CH：Channels）

「顧客セグメント」に対してどのような経路，流通を通じて「価値提案」を

第 3 章　マーケティングをビジネスモデルとして考える

実際に顧客に提供するのか，が「チャネル」である。インターネットで直接販売をする，広く卸売や商社を通じて小売店で販売してもらう，などがある。

④　顧客との関係（CR：Customer Relationships）

ビジネスを通じて顧客（対象者）と生まれた関係を一回性の，その場限りとするのではなく，顧客との継続的な関係性を育むという「顧客との関係」について，どのように構築していくかという仕組み仕掛けが重要である。

⑤　収益の流れ（R$：Revenue Stream）

顧客に対して価値提案を行ってビジネスが成り立つことで得られる「収益の流れ」をここで明確にする。一般には受益者，価値提案を直接に訴求する顧客が製品・サービス等を購入することで収入となる。

⑥　リソース（KR：Key Resources）

施策・ビジネスをすすめるにあたって活用するものが「資源（リソース）」である。これは自社が持つものを指し，土地，建物，工場や店舗，従業員，ノウハウや知識などである。

⑦　主要活動（KA：Key Activities）

「主要活動」とは「価値提案」する製品・サービス等を生産・提供するための「活動」である。「主要活動」は「リソース」と「パートナー」を活用して展開され，その経費支出は「コスト構造」に反映される。

⑧　パートナー（KP：Key Partners）

「価値提案」する製品・サービス等を生産・提供するために，自ら不足しているところを補完する，あるいはともに助け合って相乗効果を出す「パートナー」を選び，「パートナー」と良好な関係をつくっていくことが重要である。

⑨　コスト構造（C$：Cost Structure）

「主要活動」「パートナー」「リソース」に関わって発生する経費が「コスト構造」である。「収益の流れ」と対比して，コスト・パフォーマンスがよいか

33

どうかを検証する必要がある。

このようにビジネス全体を総合的論理的にとらえるフレームワークであるビジネスモデル・キャンバスの中で，マーケティングはおもにその図解の右半分，つまり価値提案から顧客への流れのところに当てはまる。顧客，価値提案，チャネル，顧客との関係性，収益の流れは，マーケティングに関わる部分である。

3　多様なビジネスモデル例

 広告モデル

買手が無料で製品・サービスを利用できるモデルとして生まれたのが広告モデルである。民放テレビ局は視聴者に無料でテレビ番組を提供する。テレビ局は広告主（スポンサー）をもう1つの顧客として，広告枠を販売し，広告主はそれを購入して，テレビCMを視聴者に提供する。視聴者はテレビCMを見て広告主の製品・サービスを購入する。今日では，インターネット上での多くの無料サービスが広告モデルを採用している。こうして無料で利用できるかたちをフリーミアムともいう。フリーミアム・モデルでは，広告モデル以外にも，プレミアム会員モデル（特別な追加のサービス等を有料会員のみに提供することで，全体として無料モデルは継続しつつも，ビジネスとして成り立つようにする）なども行われている。

 従量制課金（アズ・ア・サービス）

製品販売モデルの場合は，購入後の製品は顧客の所有物である。しかし，顧客が欲しいものは製品ではなく，製品の便益であるとするならば，製品の所有権は売手がそのまま保持し，顧客は利用した分だけ代金を支払うという従量制課金のモデルに転換することもできる。これを「製造業のサービス化」，これまで製品として販売したものをサービスとして提供するという「アズ・ア・サービス」モデルという。たとえば，複写機ビジネスでは，複写機そのものはメーカーや代理店がそのまま所有権を保持し，メンテナンスや故障対応サービスとともに，複写の使用枚数に応じて課金するという販売モデルも採用されて

34

第3章　マーケティングをビジネスモデルとして考える

いる。ソフトウェアの場合であればSaaS（サース：Software as a Service）と呼ばれ、クラウド上で提供されるソフトウェアのサービスは、いまや一般的である。

 サブスクリプション

　Spotifyなどの音楽配信サービス、Netflixなどの動画サービスでは、1ヵ月定額の課金で聴き放題、見放題というサブスクリプションモデルが提供されている。サブスクリプション契約者は、利用者にとっては個別の購入取引で相対的に高い価格という負担、購入するかしないかの意思決定という面倒を減らして、好きなときに好きなだけ利用できる。企業にとっては売り切りモデルだとバージョンアップや新製品投入時には売上が伸びても、その後大きく売上が減少するなど、売上が乱高下しかねないビジネスから、安定収入を確保し、サービスの質を高める投資や人材育成投資ができる。

図表3-4　Spotifyのビジネスモデル

Key Partners 主要パートナー	Key Activities 主な活動	Value Propositions 提供価値	Customer Relationships 顧客との関係	Customer Segments 顧客セグメント
・大手レコードレーベルのソニー、ユニバーサル、ワーナー等との提携 ・独立系のアーティスト ・クラウドプロバイダー ・ネットサービスの開発会社 ・広告提供企業	・コンテンツライセンシング ・ライブラリ管理 ・プラットフォームでのアプリ開発 ・新音楽コンテンツの取得 ・データ分析 **Key Resources 主な資源** ・8000人超の従業員 ・ブランド力 ・月間6億人超のアクティブ・ユーザー ・1万強以上の楽曲	＜コンシューマー＞ ・いつでもどこでも音楽が楽しめる ・数多くの音楽 ・巨大な記憶容量 ・ポッドキャスト ・プレイリストと好みの音楽をストックできる ・オフライン再生 ＜企業＞ ・さまざまな形態の広告	・カスタマイズされたプレイリスト ・レコメンド機能 ・カスタマーサポート **Channels チャネル／販路** ・Spotify.com ・Webやモバイル、アプリ等 ・Spotifyのコミュニティ ・Spotify Family ・世界主要都市のビルボードチャート ・スマートスピーカー等	＜コンシューマー＞ ・音楽好きな人 ・ポッドキャスト等のリスナー ・音楽の勉強をしたい人 ・プロのアーティスト ＜企業＞ ・サイトの広告主

Cost Structure コスト構造	Revenue Streams 収益の流れ
・オフィスの管理費 ・従業員の人件費 ・ライセンス料 ・著作料 ・マーケティング費用 ・プロモーション費用 ・ITオペレーションの費用	・広告収入 ・プレミアムバージョンにアップグレードしたいユーザーの有料サブスクリプション収入

35

❹ 消耗品モデル

ジレット・モデルとも言う。ジレット社のひげそりの製品を購入した場合，カミソリの刃は消耗品のため，継続的に利用するためには買い換えが必要である。ジレット社のひげそりは他社とは異なるデザインであり，それにマッチするカミソリの刃も独自のデザインである。そのため，ジレットのひげそりを使用する消費者はジレットのカミソリの刃を継続購入するしかない。このようにして消耗品の継続購入によって収益を得るというのが消耗品モデルである。プリンタや複写機のインク，トナーカートリッジなども同様のビジネスモデルと言える。顧客の囲い込み，ロックイン効果[1]が生まれることが重要である。

❺ コミュニティ形成

ビジネスが提供する顧客価値を高めるために，顧客間のコミュニティを形成するというファンを軸としたビジネスがある。提供する製品そのものの価値に加えて，顧客間のコミュニティが顧客にとって自分たちのアイデンティティやライフスタイルを明らかにし，同好の士であるなかまとつながり，感情的社会的にも満たされるという価値をうむ。

❻ BOP モデル

BOP モデルとは「Base of Pyramid」からきており，経済階層で底辺にある低所得者層に注目したビジネスモデルである。世界では年間所得が3,000ドル未満の低所得者が多数おり，人口でみればボリュームゾーンである。しかし，所得，購買能力がない。そこで，貧困層の生活改善という社会課題の解決とビジネスとして成り立つ仕組みを結びつけるために，低所得者層をパートナーにしてイノベーションを行う（プラハラード 2010）。ノーベル平和賞を受賞したムハマド・ユヌス氏が創設した，グラミン銀行などがあげられる。

1）ロックイン効果とは，顧客がある製品やサービスの利用をやめることが難しくなり，継続的利用となるものを指す。このような効果をもたらすものはいろいろあり，たとえば，学習によって苦労して新たなやり方を学んだ場合，他のやり方を選ぶとこれまでの学習・経験がムダになるのでなかなかスイッチできないというケース（Mac から Windows PC に変えるなど），ある企業特有の設備やシステムを導入したために他の企業の設備やシステムへの変更が難しくなってしまうケース（ベンダーロックイン）などがある。

第4章

マーケティングにおける情報について考える
——マーケティング・リサーチ

◆この章で考えたいこと，議論したいことのポイント◆

　この章では，情報収集と分析についてとりあげる。目標をもってなにかを成し遂げようとする場合，つねに重要なのは情報である。マーケティングを成功させるためには，成功するマーケティングにはなにが求められるのか，それを明らかにするための情報が必要である。

　できるかぎり，客観的で予測に役立つ情報を系統的に収集し分析してマーケティング戦略に活かす。なんのために情報を集め活用するのか。どのような情報を収集するか。どのような方法で情報を収集するか。収集した情報をどう分析して活用するか。そうしたことを考える，議論するきっかけにしてほしい。

CASE	ニュー・コーク

　マーケティング・リサーチの限界，課題を示す歴史的事例として，ニュー・コーク事件をとりあげよう。コカ・コーラは知らない人はいない，世界中で販売され愛されているロングセラーのトップブランドである清涼飲料水である。

　コカ・コーラはトップシェアのコーラ飲料であり続けているが，1970年代後半にはペプシとの競争の中でシェアを落としていた。ペプシは味を改良して，新しい時代のペプシであることをアピールしていた。そこで，コカ・コーラ社首脳陣はコカ・コーラの味の改良に着手した。大規模なマーケティング・リサーチが実施され，多くの消費者が好ましいとする味に仕上げ，1985年4月に新しいコカ・コーラを「コカ・コーラ」として発表販売した。

　新しいコカ・コーラは販売直後，大きく話題になって売れていったが，その後，元のコカ・コーラの廃止に反対する顧客からの苦情電話が広がり，訴訟の動きやデモ行動なども生まれ，メディアの注目が集まった。当初は，新製品への切り替えに伴う一時的なことに過ぎないと思われていたが，けっしてそうではなく，騒動は広がり続けていった。味の変更に苦情を述べたのではなく，自分の人生の一部であり，自分とともにあるコカ・コーラが失われることを，まるで自分を失う，自分を傷つけるものとして受け止めたのである。

　そこでコカ・コーラ社首脳は3ヵ月後の7月，方向転換した。元のコカ・コーラを「コカ・コーラ・クラシック」として販売することを決めた。これは熱狂的に支持され，結果的にコカ・コーラの売上を大きく伸ばした。

　たかがコカ・コーラ，されどコカ・コーラである。コカ・コーラは単に喉を潤すものであるならば，味をその時代の消費者の好みに変えるというのは，適切な判断だっただろう。実際にコーラの味の評価，好みを調査するマーケティング・リサーチでは，新しいコカ・コーラの味は高く評価されていた。しかし，コカ・コーラはそのようなブランドではなかった。コカ・コーラは，コカ・コーラを愛する多くのアメリカ人にとって，魂のブランドであった。

第4章　マーケティングにおける情報について考える

　マーケティングとは顧客から始まるものであり，したがってマーケティングとは，しばしば顧客を理解する手段である市場調査，マーケティング・リサーチを意味する。本章では，マーケティングに関する情報を取り扱う調査やデータ分析について学ぶ。

1 ┃ マーケティング・リサーチ

　マーケティング・リサーチは一言で言えば，マーケティングに関する意思決定への支援である。マーケティングの問題や課題を発見し，その問題や課題を解決するためにどうしたらよいかという方針を見出すことである。

　マーケティング・リサーチは，マーケティング戦略の策定・実行・レビューの各段階において有用な役割を果たすことが期待される。

① 　戦略策定段階では，経済や社会の変化，市場，競合他社についての情報，自社の製品のシェアやブランド評価についての情報，などがある。

② 　具体的なマーケティング施策の実行においては，製品開発で顧客が重視評価する要素，価格に対する顧客の反応，効果的な広告や販促，パッケージ，利用する流通チャネルについての情報などがある。

③ 　マーケティング戦略のレビューでは，製品シェア，利益率，ブランド力などについての基本情報と，それを分析評価するための情報が求められる。

2 ┃ 調査の種類

① 調査の目的

　調査研究はまず目的によって分類される。第1のタイプは探索的リサーチであり，なにが問題か，なにを調べるべきかがまだ明確でない際に，広く情報を集めて絞り込んでいく，新たな仮説を立てることを目的とした調査である。

　第2のタイプは記述的リサーチであり，特定の時点，特定の環境，特定の市場，特定の製品についての状況を把握するための調査である。毎年など定期的に実施するものも多く，継時的な変化を追うために，同じ調査・質問項目で継続して実施していくことが望ましい。

39

第3のタイプは因果的リサーチである。これはある結果が生じる原因を特定することを目的としたリサーチで、精密な設計が求められる。

 調査でのデータ

　データ源（データソース）にもとづいて、データは1次データと2次データに分類される。1次データ（primary data）とは、何らかの目的・方法で新たにリサーチャーが直接収集したものである。2次データ（secondary data）はすでに存在する、リサーチャー以外のものによって収集されたデータである。

　2次データとしては、まず組織内部がもっている「内部記録」を収集すべきである。組織内には業務によって得られた多くの記録があるにもかかわらず、系統的に整理されて活用されていない。今日ではDXによって記録収集された膨大な内部記録、POSデータ（販売時点データ）やウェブのアクセス記録などのビッグデータも存在する。

　さらに2次データとして、政府や企業・団体がまとめた「外部データ源」がある。基本的なものとしてはセンサス、国勢調査、工業統計調査、商業統計調査、サービス産業動向調査、家計調査などの政府統計がある[1]。それ以外にも業界団体によるもの、データバンクとして提供されているもの、有料で提供されている定期的な調査レポートなどがある。

　リサーチャーは、まずこれらの2次データを収集して検討すべきである。疑問や仮説が2次データで検証、確認できる場合もあるだろう。それでも疑問や仮説が明確にならず、検討のためのデータの不足がある場合に、問題意識を明確にして、自らによる1次データ収集に取り組むべきである。

　同時に、リサーチャーは、できるかぎり1次データにふれるべきである。店舗であれば、実際の店頭に立ってお客様の行動や表情などを見るなど、観察から多くの気づきがあるかもしれない。現場にできるだけ行って、現地現物で確かめることが重要である。私たちの身体性、直感から来る確からしさや疑問を大事にしよう。出張訪問は面倒などと手間ひまを惜しんではいけない。

　1次データは、定性データ（質的データ）と定量データ（量的データ）に分

1）「政府統計の総合窓口　e-Stat」(https://www.e-stat.go.jp) を見れば、多くの統計データが整備されているので、ぜひ活用してほしい。

けられる。定性データは，名義尺度（性別や所属，出身地などの固有のカテゴリーによる分類），順序尺度（好きな順番に並べるなどの順位がつけられたデータ）がある。定量データには，間隔尺度（西暦，温度，偏差値のように，何倍とかに意味がない数量データ），比例尺度（長さや重さや個数など何倍とか何分の1とかがある数量データ）がある。

　時間軸で分類すると，横断的データ（クロス・セクションデータ）という，ある時点でのデータ（ワンショットデータ）と，継時的データという，同じ調査対象を複数時点で観測を行ったデータ（時系列データも含まれる）がある。

　さらには，これまで統計的な分析が困難であった，聞き取り調査の文字起こしされたテキストや音声データや動画データなどについても，現在ではテキストマイニング，機械学習などによる処理が可能である。

 質的研究の方法

　リサーチの方法は**図表4－1**のように質的研究（定性研究）と量的研究（定量研究）に分けることができる。両方を結合させた混合研究法などもすすめられている[2]。まず，ここでは質的研究の方法についてとりあげる。

　質的研究とは，少数サンプルについてくわしく観察したり，聞き取りしたりするなどの，量的ではないデータを収集する調査研究手法である。データの量が少ないこと，研究者の解釈が大きく働くことから恣意的主観的であるとみなす見方もあるが，そのような弱点を乗り越え，少ないサンプルから有用な知見を得ることがめざされている。代表的なものをつぎに紹介する。

① **事例研究（ケーススタディ）**

　事例研究では，特定の個人や組織を対象に，事例を調査し，記述し，考察する。なにを研究課題とするのか，調査対象の設定は妥当か，研究課題に迫るためにどんなデータを集めたらよいのか，聞き取り調査などから得られたデータを組み合わせてどう信ぴょう性を高めるか，などが求められる。

2）質的研究の全体像や混合研究法についてはサトウタツヤほか（2019）などを参照。定性的マーケティング・リサーチについては，ベルクほか著（2016）を参照。少数の質的データから因果推論をすすめる質的比較分析については，メロ著（2023）などを参照。

図表4－1　定性研究と定量研究

分類	定量研究	定性研究
分析データ	数値データ	数値化できないデータ（言語） インタビューや行動観察データなど
調査の対象数	多数	少数でも可
仮説との関係	仮説検証	仮説立案・発見（一部検証を含む）
代表的な手法	ネットリサーチ 会場調査 郵送調査など	デプスインタビュー グループインタビュー オンライン・インタビュー 行動観察調査など

（出所）　筆者作成

② 聞き取り調査（インタビュー）

　マーケティングで注目される聞き取り調査は，深く個人から話を聞き取る「個別デプスインタビュー」である。これは，最初から質問項目を準備してその通り問うというだけでなく，回答者の反応をみながら，適切な問いかけをして，調査テーマについて深く掘り下げていくというものである。

③ フォーカスグループインタビュー

　少人数のグループを対象にインタビューする。一人ではないので安心できるし，複数の回答者がお互いの発言に「共鳴」「刺激」し合って，共感とか，気づきが得られるというプロセスが生まれる。そのためには，適切なグループメンバーの選抜が重要である。

④ エスノグラフィー

　エスノグラフィー（ethnography）とは，人類学や民俗学で使用されている研究手法で，近年はビジネス分野でも使用され，新たなニーズや課題を発見することに役立てられている。エスノグラフィーでは，基本的に調査対象者の生活に入り込み，その行動等を詳細に記録することで，調査対象者の文化や行動様式をつかまえようとする。

第4章　マーケティングにおける情報について考える

④　量的研究の方法

つぎに量的研究の方法についてとりあげる。まず1次データである数量デー
タの収集方法にはサーベイと実験などがある。

①　サーベイリサーチ

サーベイでは調査票（質問紙）を使用する。収集方法については面接調査法，
電話調査法，郵送調査票（郵送で質問紙を送付して回収），インターネット調
査（電子メール等で依頼，または事前に集められた回答者パネルに調査票への
回答を依頼）がある。

調査票の作成においては，調査したいテーマについてどのようなデータを集
めるべきかを検討し，わかりやすいコトバでの質問文を作成し，オープンエン
ド質問（自由回答）か，クローズエンド質問（あらかじめ用意した選択肢の中
から選んでもらう）などの質問タイプ，シングル回答（回答は1つだけ）か複
数回答（回答はいくつでも，あるいは回答は3つまで）という回答形式を選択
し，最後に回答者が答えやすい，最後まで答えることがしやすい順番に質問を
並べるということなどが求められる。

②　実験

より科学的に因果関係を明らかにするためには，実験が選択される。原因と
想定する変数は独立変数または説明変数と呼び，その結果影響を受けるであろ
うと考える変数を従属変数または基準変数という。実験では，問題となる独立
変数以外のことが実験に影響を与えないように，コントロール（制御）する。
そして処置（treatment）とは影響を与える原因として考える独立変数の値を
変える，介入することを意味し，介入が行われたグループ（実験グループ），
介入が行われていないグループ（コントロールグループ：対照群）とに分ける。
この2つのグループで実験を実施し，統計的因果推論で処置が従属変数に影響
を与えたかどうかの効果を明らかにする。

＜統計的手法の例＞

量的データを分析するための代表的な統計的手法の例を挙げよう。詳細は関

連図書等で学んでほしい。また PC を使って統計分析を実際に行うためには，専門のソフトや R や Python などのプログラミング言語が使用される[3]。

---

① **1変量分析**
平均　メジアン　モード　分散　標準偏差　歪度　尖度

② **2変量分析**
相関　カイ2乗検定　平均値の差の t 検定　分散分析　単回帰分析

③ **多変量分析**
主成分分析　因子分析　多次元尺度構成法（MDS）　コレスポンデンス分析
重回帰分析　クラスター分析　コンジョイント分析　判別分析　パス解析
共分散構造分析（SEM）

④ **テキストマイニング**
特徴語抽出　共起分析　階層的クラスタリング

　1つの変数のみを取り扱って分析するのが1変量分析で，代表的なものとしては平均値があるだろう。しかし，平均値付近にもっとも多く分布しているとは限らない。そこで下から順番に数えてちょうど中央の値をメジアンという。それが平均値より上か下かをみるといい。もし平均値よりも下にメジアンがある場合，データの分布は下に偏り，上に薄くのびているかもしれない。平均値中心に集まっているか，それとも広く上下にのびているかをあらわすのが分散である。分散が大きいほどばらつきが大きいと言える。

　2変量データの例として，わかりやすいのは体重と身長だろう。おおむね身長が高い人ほど体重も多いと言えるので，相関関係にあるといってよいだろう。一方の変数が増加すれば，もう一方の変数も増加するのが正の相関であり，もう一方の変数は減少するのが負の相関になる。

　多変量データとは3つ以上の変数を取り扱うもので，潜在変数を明らかにする因子分析や，グループ分けをめざすクラスター分析や，因果関係を検討しようとする重回帰分析などがある。さらに変数間の関係をモデルにして分析する共分散構造分析（SEM）もよく使用されるようになっている。

3）PC を使って統計分析を実際に行うためには，Chapman & Feit 著　鳥居弘志訳『R による実践的マーケティング・リサーチと分析　原書　第2版』共立出版，2020年，などを参考に学んでほしい。

44

第4章　マーケティングにおける情報について考える

　大量のテキストデータの分析は難しいものがあったが，これらを数量データ化して分析するのがテキストマイニングである。テキストの中で特定の単語などがいっしょにあらわれる頻度を分析する共起分析がよく使われている。

図表4－2　共起分析によるテキストマイニングの例（製造業）

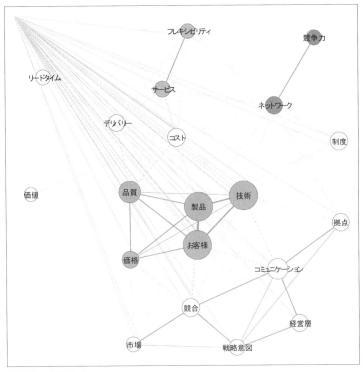

（出所）　筆者作成

3　データ・サイエンス

　以前は，データはわざわざ記録をとったり，アンケートをしたりするなどして，コストをかけて実施するものであり，データ数は相対的に小規模であり，貴重であった。手計算には限界があり，大型計算機を活用する統計処理は限られた機関・専門家しか利用できなかったし，PCが普及しても限られた量の

45

データ分析しか十分にできなかった。今日では，さまざまな電子機器が自動的にデータを収集し，ビッグデータと呼ばれる大規模大量なデータが収集蓄積され続けている。大規模データを蓄積分析するデータセンターが運用され，統計分析に加え，機械学習，ディープラーニングなどを活用したデータ分析がすすめられる。いまはデータの時代であり，社会を改良し，事業を成功させる上で，データをどう収集活用するかということが大きく作用する。そのため，データ・サイエンスに精通した専門家であるデータ・サイエンティストの育成が高校，大学，産業界ですすめられている。

　このようなデータ・サイエンスの応用領域として，マーケティング・リサーチは位置づけられている。そのため，今日のマーケティング施策においては，データの収集分析活用をどのようにすすめるか，ということも合わせて設計準備しておくことが求められる。

　マーケティング関連でのビッグデータとしては下記のようなものがある。

- 店頭での POS レジやポイントカードなどでの購入時の取引データ
- ホームページなどインターネットによるコンテンツやネット広告の閲覧や商品購入などによる情報行動に関するデータ
- スマートフォンの企業・店舗アプリの利用データ
- SNS などでのクチコミ，個人発信のテキストや動画データ
- 観光地や商業施設などでの人流をカメラ等で収録したデータ
- 観光地等でのスマートフォンでの移動の GPS 位置情報データ
- AI チャットボットでの問い合わせ，やりとりの音声やテキストのデータ

　現代のビジネス，マーケティングでは，ビッグデータを分析活用し，未来を予測して対応するなどが戦略的競争優位を生み出す源泉となるだろう。一方でマーケティングの新しい切り口やストーリーは，これからもマーケティング担当者の直感，洞察による創造性にもとづくだろう。両者のアプローチが対立，刺激，協働することがすすんでいくだろう。

4 ｜ マーケティング・リサーチのプロセス

①　まずは，なぜ調査研究をするのか，という問題の定義である。マーケティ

第4章　マーケティングにおける情報について考える

ングの意思決定に関わって，なにが問題かという，問題意識が出発点になる。

② つぎにリサーチ課題の設定をすすめる。ここも重要で，実際に調査を始める前に，解決したい問題にアプローチする上で，なにがわかれば判断・解釈できるのか，をよく検討して明確にしておく必要がある。

③ リサーチデザイン，調査計画書を立案する。具体的には，調査目的，リサーチ課題の設定に続けて，リサーチ対象の調査協力者をどう集めるか，どのような調査手法でどのような調査項目で調査をすすめるか，集められたデータをどのような手法で分析するか，などをまとめる。さらに具体的な手順，スケジュール，予算などを策定する。

④ 計画にもとづいて実際にリサーチを実施し，データを収集する。リサーチ対象にアポイントメントをとって聞き取り調査をしたり，アンケートを実施する。調査が計画の通りすすまない場合は，可能な限り対応する。

⑤ 収集されたデータを整理し，分析し，解釈する。調査計画書で定めた方法で分析等をすすめる。前もって使用する分析手法に合うようにデータ形式のデータを集めないと，うまく分析できない場合があるので注意する。

⑥ 分析結果とそれにもとづく勧告（意見）を含めて，リサーチの報告書をまとめる。関係者にプレゼン報告などを行う。また，反省点などをまとめてつぎのリサーチに活かす。

　報告書の基本的構成としては，冒頭に，要約（エグゼクティブ・サマリーなどともいう），つぎに，調査目的，リサーチ課題，調査対象，調査方法，分析方法，分析の結果，考察，勧告等，について記載する。

5 ｜ 科学的方法

　マーケティング・リサーチにおいては，リサーチャーの思い込みや偏見，期待にできるかぎり左右されないよう，科学的方法を尊重することが求められる。科学的方法では，観察，実験と論理を組み合わせる。

　観察によって私たちは疑問を持つ。疑問をもとに問題を定義する。その問題への仮の解答を考える，これが仮説である。仮説にもとづいて予測し，それについて調査や実験で検証する。大事なことは，問題を説明できる仮説を立てる

47

こと，仮説について検証して確認することである。

　そこでは論理として3種類が利用される。まず，観察にもとづいてそこから推論を行うのが帰納法である。帰納法で導かれた推論，一般化は，検証されたものではなく，あくまでも仮説である。たとえば，ゾウも犬もクマも飛べない。だからほ乳類は空を飛べないと推論する。残念ながらこれは間違いで，ほ乳類で唯一空を飛べるコウモリを見落としている。このように帰納法は，推論を否定する事実が観察される場合がある。

　帰納法の逆が演繹法で，真であると思う仮説から論理的に矛盾しない事実を予測するものである。原理原則から起こりうることを想定する。よく知られている三段論法も演繹法の1つである。つぎの例は有名なアリストテレスの三段論法である。

（大前提）　すべての人間は死すべきである。
（小前提）　ソクラテスは人間である。
（結論）　　ゆえにソクラテスは死すべきである。

　3つめの論理的思考がアブダクションである。アブダクションは遡及理論（リトロダクション）とも呼ばれるように，観察からはわからない，隠れた原因，前提を探索的に推論するもので，多くの観察結果をもっともよく説明できる仮説を探す。たとえば，帰納法にもとづいて，リンゴは木から落ちる，ボールも地面に落ちる，などの観察結果から，ものは上から下に落ちるという一般化，仮説を導くことができる。しかし，ニュートンは，リンゴが木から落ちるという観察から，それはリンゴと地球という2つの物体の間に引力が働いている（万有引力）からだという仮説を提起した。このようにしてニュートンは力学，物理学に革命を起こした。アブダクションは論理的に正解を探すものではなく，今まで知られていない，新たな説明を生み出すという創造的思考である。科学の発展やビジネスにおけるイノベーションなどにおいて，アブダクションが重要な役割を果たしている。

第5章

マーケティングの対象としての顧客理解について考える

◆この章で考えたいこと，議論したいことのポイント◆

　この章では，マーケティングが，望ましい反応や行動をとるよう働きかける対象である顧客（ターゲット）について学ぶ。

　顧客には，消費者もいれば，組織（企業や政府など）もある。顧客の購買行動を理解することは，どのようなマーケティングが効果的か，への解答，示唆を与える。消費者は，どのようにして情報を受け取って解釈するのだろうか。消費者はどのようにして意思決定を行うのだろうか。消費者は自らのアイデンティティをどのようにみているのだろうか。消費者は属する集団や文化にどのように影響するだろうか。

　企業や団体などの組織での購買行動はどんな特徴があるのだろうか。企業や団体などの組織の購買行動に影響するものはなんだろうか。企業や団体などの組織はどのように意思決定しているのか。

　そうしたことを考える，議論するきっかけにしてほしい。

CASE 「推し活」

　昔からあると言えばあるのだが，近年注目されている消費行動に「推し活」がある。なんらかのことに意欲的に目標をもって取り組むことを「○○活」，たとえば就活，婚活，妊活，終活などという。その中で推し活とは，芸能人やアニメ等のキャラクター，鉄道や動物などを応援し，そのためにお金を使うものである。推し活をする消費者は，積極的にSNS等で「推し」を発信し，遠方で開催されるライブイベント等にも参加し，関連グッズを購入する。推しを応援するために複数回イベントや映画を参加鑑賞し，大量にグッズ購入する等，売上に貢献することがイコール推し活であると言える。

　なぜこのような推し活，推し消費が広がっているのだろうか。正解があるわけではないが，背景として，日常の生活，学校や家庭，仕事などでストレスを感じ，満たされず，自分が生きているという実感も持てず，ただただなんとかサバイバルしているというような状況にあったとしたら，推し活に取り組んでいるときだけが「自分の時間」になるかもしれない。そして，多くの人が推し活でリフレッシュすることで，また退屈な日常に向き合えるのかもしれない。

　自分への劣等感，コンプレックスから芸能人などの推しに強くあこがれるということもあるだろう。あこがれの対象に近づきたい，同一化したいという欲求もあるだろう。

　推しのために使う時間やお金は，推し活にとりくむ個人にとって単なる商品の購入や消費ではない，特別な精神的充足，精神的価値をもたらすのである。そして推し活はともに同じ推しなかまと出会い，コミュニティを形成する。なかまとともに行動し，誰が一番推しを理解し応援しているのか，競り合い，推しを否定する人たちを攻撃する。こうして自分の居場所，自分が肯定的に認められる場所をつくりだすのである。もし推し活をやめてしまったら，自分はひとりぼっちになってしまうという不安すらあるだろう。

第5章　マーケティングの対象としての顧客理解について考える

　マーケティングの目的は顧客の行動変容をもたらすというところにあるので，効果的なマーケティングを実行するためには，顧客行動を理解することが重要である。本章では，マーケティングの出発点としての，顧客理解のモデル，消費者行動論や組織購買行動論などについて学ぶ。

1 個人としての消費者

① 知覚

　消費者が外部から刺激を受けて反応することに注目するのが「知覚」である。知覚とは，五感（視覚・聴覚・嗅覚・味覚・触覚）によって与えられた刺激を情報として処理するプロセスである。広告やパッケージ，店頭陳列など，有効なマーケティングを支えているのが知覚プロセスへの対応である。
　消費者は，みずから「いま」関心があることに関連する刺激に反応しやすい。これを選択的注意といい，効率的に生存生活するために有用な情報処理である。加えて，刺激は，事前にもっていた記憶やイメージなどを活用して解釈される。たとえば，お気に入りのブランドや芸能人などであれば，それについての情報は大きく上方に評価するだろう。これを選択的歪曲という。さらに多くの広告刺激もブランドも忘れられてしまう。その中で記憶されるものは，消費者にとって主観的に有用，重要であると思われるものである。これを選択的記憶といい，記憶ですら大きく偏る。
　解釈において，私たちはスキーマ，すなわち，あることに関するひとまとまりの知識やイメージの集合にあてはめている。「何か飲む？」と聞かれた際に，飲むもののリストに入っているものは，人や地域，シチュエーションによっては，緑茶だろうし，コーヒー，紅茶ということもあるだろう。

② 学習

　学習というと「勉強」のことを想像するだろうが，心理学などにおける学習とは，個人が新たな行動を獲得する，行動を変化させることをいう。
　学習の1つの例が条件反射などとして知られているレスポンデント条件付け（古典的条件付け）であり，刺激によって自動的に誘発される行動のことであ

る。有名な歴史的事例は「パブロフの犬」と呼ばれているものである。

　もう1つの学習がオペラント条件付けであり，これは報酬や罰に適応して自発的な行動を変容させることである。これは応用行動分析学（ABA：Applied Behavior Analysis）とも呼ばれ，刺激によって「良い」行動（早起きする，勉強する）をより自発的に行うように，逆に「悪い」行動（食べ過ぎる，夜ふかしする）をとらないようにするものである。

　オペラント条件付けには4パターンがある。

1．報酬による行動変化（正の強化）
　　好ましい刺激を与えられて行動が増加する
2．罰による行動変化（正の罰・弱化）
　　悪い刺激を与えられて行動が減少する
3．罰の消失による行動変化（負の強化）
　　悪い刺激が取り除かれたことで行動が増加する
4．報酬の消失による行動変化（負の罰・弱化）
　　好ましい刺激が取り除かれたことで行動が減少する

　たとえば，報酬による正の強化の例としては，問題集などで学習する際に1つの項目を終えたらシールを貼るというものがある。たかがシールであるけれども，ドリルに取り組んだらシールを貼るということがうれしい，たくさんシールが貼ってあるのを見ると「自分はがんばっている」とさらにうれしくなり，より自発的に問題集に取り組もうとするようになる。

❸　記憶

　マーケティングにおいては，商品名，ブランドを記憶してもらえるかどうかが決定的に重要である。記憶には2通りある。1つめは再生（recall）である。これはそのまま思い出されたもので，知っている化粧品のブランドをすべてあげてくださいという問いに何も参照せずに思い出されるものである。2つめは再認（recognition）である。これは化粧品のブランド名や写真を提示した上で知っているものを尋ね，思い出されたものである。一般に再生の方が難しく，再認ではなく，再生で出てくるブランドが強いブランドである。

　人間がどのように記憶しているのか，ということについて，脳科学的にさま

第 5 章　マーケティングの対象としての顧客理解について考える

ざまな情報（安い，うまい，早いなど）がネットワークを形成してひとまとまりの記憶となっていることが明らかになっている。ブランディングとは，ブランドについての認知度を高め，さらに個人の頭の中にブランドについての明確で強い連想ネットワークをつくることと言い換えることもできよう。

 態度

　消費者はある特定の商品やブランドなどについて一定の信念を持っている。この信念のうち好き嫌いなどに関わるものを態度という。態度とは「このブランドは好き」「嫌い」などという好意，非好意の心理的傾向の程度で，個人の内的反応であり，なんらかの行動を決めるための準備状態である。

　態度の形成に影響を与えるものが「関与」である。関与とは，なんらかの対象と消費者の中心的な価値の結びつきを意味する。代表的な関与が製品関与である。自動車や化粧品など，高い製品関与を持つ場合，広く情報を収集検討して代替品比較の後に意思決定をするという問題解決的情報処理行動をとる。これに対して，乾電池などについては特にこだわりも知識もあまりないというように，製品関与が低い場合，製品の品質や特性などに注目せず，価格や店頭の陳列，自宅近くでの販売，ということで購入する。特に商品の評価は行われないため，いったん購入すると，その後も同じブランドを単なる習慣として購入し続けることになりがちである。

　私たちは既存のイメージ，社会的に共有された常識，先入観に大きく支配されている。たとえば，どの国で製造生産されたものかということで評価が影響を受ける（カントリー・オブ・オリジン：原産国効果）。

　また，自分の行動や考えと自分が認知していることとが矛盾している，対立しているという場合に，人は強い不快感，ストレスを感じ，その際にストレスを減らすように，自分が選択した行動を正当化する。これを認知的不協和（フェスティンガー）という。たとえば，評判などに影響されて高い買い物をしてしまった場合，高い買い物をしたから良い製品のはずという認知と，本当は価格の高さほどは良い製品ではないのではないかという認知が矛盾し，ストレスを感じるようになる。その際，人はしばしば買い物後に購入した製品のテレビ CM やカタログなどをよく見るようになるなど，自分は良いものを購入したという確信を強め，不安をやわらげるように行動したりする。

53

情報処理モデル／意思決定モデル

　消費者の購買行動での情報処理／意思決定にはさまざまなモデルがある。ヒューリスティック処理モデルとは，面倒な情報処理を避けて，直感や経験などで判断するものである。思考コストを下げるため判断を「自動化」する。逆にシステマティック処理モデルでは，系統的に情報を収集解釈評価して判断する。解釈レベル理論では，対象や出来事への心理的距離の遠近によって意思決定が異なるとする。

　また，「精緻化見込みモデル」では，2通りの意思決定ルートを提案する。

図表 5 - 1　精緻化見込みモデル

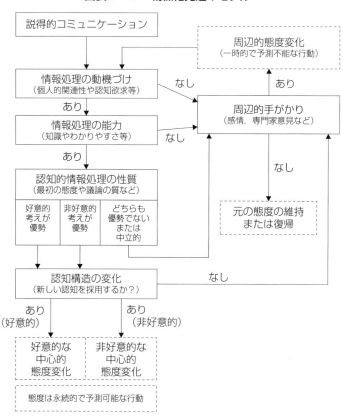

（出所）　Petty, R. E., & Cacioppo, J. T.（1986, p.5）を元に筆者作成

1つめは、関心度が高くくわしい知識を持つ際には中心的ルートで情報を分析して論理的な処理を行うものである。2つめは、そうでない場合に周辺的ルートで感情的な手がかりによって判断する。中心的ルートでは、論理的な分析に有用な、確かな情報を提供すること、周辺的ルートでは、感情に訴えかけるようなイメージやストーリーを提示することが説得に有効だろう。

2 社会的な消費者

自己

自己とはなにかをめぐっては哲学、心理学、脳科学などさまざまな研究や立場がある。自分にとって自己というものはあるように感じられるが、どういうものなのかはよくわからないし、なぜ自分が自分であるという自己意識を持っているのか、ということもわかっていない。現代人にとっては、「自分らしさ」「個性」「自己実現」というように、自己を最大限尊重することが望ましいとされる。しかし、自己そのものは自分でもよくわからないものである。

自己はよくわからないということを前提に、自己をとらえようとする際に参

図表5-2　ジョハリの窓

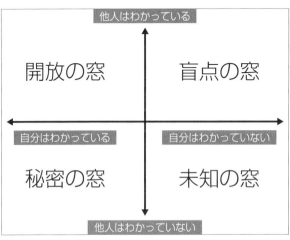

（出所）　筆者作成

考となるのが「ジョハリの窓」(開発したジョセフ・ルフトとハリ・インガムの名前から)がある。ジョハリの窓は４つの自分というものを提案する。

　第１の自分は「開放の窓」で，他人も自分も知っている，オープンになっている自己である。第２の自分は「秘密の窓」で，自分は知っているけれども他人は知らないという秘密にしている自己である。内緒にしている片思いだとか，隠しているコンプレックス（劣等感）などである。第３の自分は「盲点の窓」で，逆に，他人は知っているのに自分は知らない自己である。自分の気がついていない強みやクセなどを周りはわかっているというのは結構あるものである。だから，自分をより知るためには，他人から自分について教えてもらうことが有用である。第４の自己は「未知の窓」で，自分も他人も知らない自己のことで，自分というものはつねに未知の可能性があるということを強調するものである。人は異なる状況，たとえば外国に行くと性格や行動が変わることもある。

　自己は自分にとっての自己もあれば，他人からみた自己もある。人は一般に他人によくみてもらおう，承認してもらおうと期待して，他人に与える印象を意識的につくろうとする（印象管理）。さらに，自分に対しても，自己イメージ，アイデンティティを形成するために，自分の外側にあるものに自己を投影する（拡張自己）。それは服装や車，家族，住んでいる地域，参加している趣味やコミュニティなどに自分らしさを見出す。

 ## 年齢，世代，性別

　人は年齢が違えば異なる生活ニーズ等を持つので，まず年齢で分類して考えることは有効である（年齢効果）。つぎにある時代に同じ体験をした（たとえば大地震やコロナ禍など）ことで影響を受ける（時代効果）。最後に，同じ年齢のときに同じ体験をしたということが積み重なっていく同じ世代ということでまとめられる（世代効果）。たとえば「Ｚ世代」（1990年代半ばから2010年代序盤に生まれた世代）論は近年，さまざまにとりあげられている[1]。

　また，性が違えば，異なる生活ニーズや価値観を持つし，社会的に存在する性役割期待もある。しかし，現代においては性役割期待の押しつけは否定され，

1）「Ｚ世代」については，牛窪恵『若者たちのニューノーマル：Ｚ世代，コロナ禍を生きる』日本経済新聞出版，2020年，舟津昌平『Ｚ世代化する社会：お客さまになっていく若者たち』東洋経済新報社，2024年，などを参照。

LGBTQX，SOGIESCとさまざまな性的志向・性自認などが認められるようになってきている。

 準拠集団

人間は社会的存在であり，その属する集団の規範や行動スタイルをふまえて考え行動する。そのような意味で，人の態度や行動に影響を与える集団を準拠集団という。代表的なものは，家族，学校，地域社会，会社，趣味仲間などがある。準拠集団は，個人に態度や判断，行動の見本を示し，それと類似の行動をとるようにプレッシャーを与え，それと異なる行動をとると非難されるというように，同質化し，周りの集団と対立するという傾向を持つ。

さらに，人は複数の準拠集団に属している。人はそれぞれの相手，状況，準拠集団に合わせて，異なる態度や言動をとって適応する。各状況で生まれる複数の人格を認めて，「本当の1つの自分」というものにこだわらなくていいのではないか，という問題提起が「分人主義」（平野啓一郎 2012）である。

 文化

文化の定義にはさまざまな議論があるが，ポイントとしておさえておきたいことは，①後天的に学習できること，②集団的社会的に共有され世代を越えて継承されていくこと，③ものの見方，慣習，生活様式，儀式，表現・産物など，ということである。国，地域，民族などによって大きく価値観や消費行動が異なっており，それぞれの消費者が属する国，地域，民族の文化を背景としている。私たちは，購入・利用する製品・サービスが役に立つかどうか，問題を解決するかどうか，という機能的合理的な理由で，購買・消費行動を行うことが多いが，それだけではない。年賀状，お歳暮，クリスマスなどは，けっして機能的行動だけでは説明できない，儀礼的要素がある。このように消費を理解するためには，機能のみならず文化についても注目する必要がある。

ある社会での固有の，支配的，伝統的な文化と対抗するのがサブカルチャー（日本で「サブカル」と言うとマニアックでとんがった趣味嗜好を指すが，元の意味は支配的文化に対するマイノリティの文化を意味する）である。サブカルチャーは，支配的文化を時代遅れだと否定し，新しくかっこいいもの，カウンターカルチャーとして積極的な意味合いでとりあげられることもあるし，逆

に「スティグマ」(ゴッフマン 2001) として，つまり「差別」「偏見」「汚いもの」など，周囲，社会から不当な扱いを受けてしまうこともある。

3 組織購買行動

 組織購買行動の特徴

　マーケティングの顧客には企業や団体，さらには政府や自治体など（組織）も含まれる。ここでは組織購買行動の一般的特徴についてみてみよう。

　組織購買行動の第1の特徴は，購買目的が合理的で明確なことである。組織の目標，利益に合致するように購買活動は合理的に実施される。

　第2の特徴は，公式的なプロセスであり，記録が残され，監査されることである。組織は，不正が行われていないかを確認する必要がある。

　第3に，複数の関係者による複雑な意思決定プロセスがとられることである。購買担当者，発注提案を承認する上位者が存在する。注意すべきは，使用者，購買担当者，承認者，上位組織などが異なる評価基準を持っていることであり，それぞれの評価基準を満たさない限り，購買発注は決定されない。このような複雑な意思決定構造を持っているために，営業担当者は，購買側の窓口の担当者にのみ積極的に売り込んで説得することができても取引成立には不十分である。

　第4の特徴は，継続的購買にしばしばなることである。重要でない一般品であれば，その都度の価格や納期を重視したスポット取引も行われる。しかし，自動車産業におけるサプライヤ関係のように，重要部品やソリューションが求められるもの，共同開発など，継続的取引関係が望ましい。

　第5に，産業によって規制する法律等が異なり，産業や企業によって歴史的に形成された独自の取引形態や商慣行，業界特有の取引用語があるなど，多様で複雑なことである。業界特有のルールや隠れた慣習等を理解しないと取引がすすめられないなどという，わかりにくさが存在する。

　第6に，近年，組織購買行動においてもインターネット環境により，オープンに情報が共有されるプラットフォームが生まれ，オープンな取引への移行がすすんでいる。その結果，業界特有の取引慣行は薄れ，BtoB マーケティング

第5章　マーケティングの対象としての顧客理解について考える

のデジタル化は産業を越えて一般化の方向にすすんでいる。

　組織購買行動のプロセス

　組織購買行動のプロセスは，新規購買か再購買かで大きく異なる。

　組織にとって，事業目的の遂行にあたって重要な価値を持ち，かつ，高価な物品・サービスを新規に調達する場合には，十分に精査された購買を行うことになる。なんのためになにが必要なのか，どのような製品仕様が必要なのか，該当する製品を製造販売する供給業者として妥当なところはどこなのか，販売者とコンタクトをとって相談確認したり，見積提案書の作成を依頼したり，営業によるプレゼンテーションを行ってもらったりと，段階的かつ総合的に情報を収集し，比較評価し，組織内のさまざまな意思決定関与者の意見をとりまとめて，製品および供給業者を選定し，発注手続きに入ることになる。

　これに対して，過去に購入調達したことのある製品の再購買については，多くの段階，意思決定が省略できる。単に不足分を発注する場合は，価格等の見積見直しもなく，そのまま発注する（単純再購買）こともある。再購買であっても，より安価な製品，より品質が高い製品，より納期等が確実な供給業者など，製品や供給業者を見直す可能性を考慮する場合もある（修正再購買）。

4　ペルソナとカスタマージャーニーマップ

　顧客理解の手法としては，ペルソナとカスタマージャーニーマップがある。

　これまでマーケティングでは対象顧客（ターゲット）を市場セグメントでとらえてきた。しかし，市場セグメントは平均的な像であり，具体性がやや欠けていて，効果的なマーケティング戦略の立案が難しい面がある。これに対する解決策の1つとして生まれたのがペルソナである。

　さまざまな角度，ことがらについての既存統計データや顧客についての調査などをふまえて，架空であるが，実際にいそうな個人をつくりあげる。その個人の誕生日，住所，勤めている会社や担当する仕事，好きな音楽，使っているスマートフォンやお気に入りのアプリ，学歴や過去の体験，性格や価値観，生活スタイルと全面的に徹底的にとらえるのである。こうすることで，なにを重視して製品を評価するか，どのようなマーケティング施策をしたらどのように

59

反応するか，どのようなメッセージが有効で，どこに広告したら効果的かというようなことが明確に浮かび上がってくる。

　カスタマージャーニーマップは，**図表5-3**のように，顧客の購買行動プロセスを時系列で図解したものである。顧客が製品・サービスの購入に至るプロセスを，認知・興味段階，情報収集・比較段階，来店段階，購入段階，購入後段階というように段階的に記述する。企業は顧客の購入プロセスにおける顧客の行動・心情が明確となるため，タッチポイント（顧客と企業との接点）をデザインできる。近年はネット・コミュニティを通した商品購入やサービス利用が起きている。こうしたネット購買のカスタマージャーニーマップに関しては，5A理論と呼ばれる新しい考え方が示されている（8章参照）。

図表5-3　カスタマージャーニーマップの例（化粧品）

ペルソナ	・女性　28才　東京都内在住　独身　金融機関勤務　趣味：ゴルフ				
ステージ	認知（出会い）	興味・関心	比較・検討（リサーチ）	購入（来店・登録）	共有
顧客行動	・Web広告を見る ・交通広告等で知る ・TV，新聞，雑誌の広告 ・知人からの紹介	・利用顧客の声を調べる ・無料トライアルを試す	・競合や類似サービス／商品と比較する ・店舗情報や企業情報を調べる	・申し込む／会員登録する ・実物を確認する ・トライアルキットを試す ・支払い方法等を確認	・SNSなどで拡散 ・ユーザーコミュニティ参加
顧客接点	・SNSやメルマガ ・セミナーや展示会 ・新規ユーザーキャンペーン	・SNSや広告 ・Webサイト(機能詳細や事例紹介等) ・無料トライアル	・友人紹介 ・キャンペーンの案内 ・ユーザー向け案内 ・チャットボッド利用	・対面での機能紹介／使い方例の提示 ・アフターフォローの説明 ・ランニングコスト説明	・アンケート ・ユーザーレビュー ・ファンマーケティング
ユーザー感情変化	当初は興味関心がないかもしれないし，広告などに嫌悪感を持っているかもしれない	適切な広告コミュニケーションによって興味関心が湧く	比較によってニーズとマッチしていることに気づく	対応の良さ　　　良さを拡散 対応の悪さ　　　悪さを拡散	
企業の対応策	・広告手法の選定 ・広告の効果測定 ・ターゲティングの再考 ・ユーザーニーズの把握 ・アプローチ方法の選定	・Webサイトの改善（導線の整備，ユーザビリティ等） ・ユーザー別の懸念事項の整理，解決	・他社との差別化ポイント紹介 ・ユーザー別の利用イメージ例紹介	・対面の場合，社員研修強化 ・クロスセル／アップセル	・新製品や新機能の情報を提供 ・LTV，解約率など各指標のチェック ・顧客体験などを通し，ロイヤルティの向上

60

第6章

顧客価値の創造・共創について考える

◆この章で考えたいこと，議論したいことのポイント◆

　この章では，ビジネスモデルの中心であり，マーケティング戦略の中心といってよい顧客にとっての価値をデザインすることを学ぶ。

　「顧客のニーズにこたえる」というけれども，顧客のニーズってなんなんだろう。それは人間や組織，社会について考えることにほかならない。だからこそ，マーケティングは奥深くおもしろい。

　人間の欲求ってなんなんだろうか。顧客にとっての価値ってなんなんだろうか。価値はどのようにして生まれるのだろうか。価値を提案するためにはどうしたらよいのだろうか。そうしたことを考える，議論するきっかけにしてほしい。

CASE	鉄道と自動車（マーケティング近視眼）

　T. レビットの提起した「マーケティング近視眼」（マーケティング・マイオピア　後述）の事例として，鉄道業がとりあげられている。19世紀後半のアメリカでは，全土に鉄道網がしかれ，鉄道業は花形の巨大産業であった。鉄道業の経営者は，より安くより速くより多くを運ぶ鉄道業のサービス改善に取り組んだ。しかし，20世紀初頭にフォードT型車が登場し，自動車が普及すると一転して鉄道業は衰退産業になってしまった。アメリカ全土にフリーウェイ（高速道路）が整備され，モータリゼーションが急速にすすんだのである。レビットは問いかける。もし鉄道業の経営者が，自らの事業を鉄道業と定義せず，人が移動するサービスを提供しているととらえていたのであれば，資金を鉄道業にばかり投資せず，自動車や飛行機などの輸送関係の事業にも投資あるいは買収合併して転換していくこともできたのではないか。あるいはボイラーやモーターの開発提供というようにとらえていたのであれば，鉄道以外の用途での機械部品の開発提供という方向での事業展開もありえたであろう。

　デジタル・ディスラプション（デジタル化による産業破壊）も同じように考えられる。デジタル化，インターネットの普及でさまざまな産業が大きく影響を受け，変容を遂げた。たとえば，音楽業界は，以前はレコードやカセットテープ，CD，MD などの媒体を販売することが音楽ビジネスの中心であった。「推し」への応援消費などの例外を除き，私たちが楽しみたいのは音楽 CD ではなく，音楽を聴くことである。音楽を聴き楽しむための手段としてレコードや CD を販売するというように事業を定義するのではなく，音楽を聴き楽しむというサービスを提供するというように考えるならば，音楽コンテンツのデジタル販売，音楽のストリーム配信という事業展開もありえただろう。

　いま，生成 AI の登場が大きな話題となっており，大学でも，さまざまな仕事やビジネスにも大きく影響を与えはじめている。変化や影響はまだまだ始まったばかりである。このようにマーケティング近視眼という問題提起は，生成 AI の登場などに直面する現代こそ受け止めなくてならない。

第6章 顧客価値の創造・共創について考える

　経済活動，経営行為の中でのマーケティングの目的は，ビジネスにおける売手と買手の交換を成立促進させることであり，買手に購入利用してもらうことである。そのため，マーケティングでは，顧客にとっての価値に焦点を当てる。
　本章では，顧客にとっての価値をめぐって，さまざまな見方があることをとりあげるとともに，顧客価値をデザインする価値提案キャンバス（VPC：Value Proposition Canvas）について学ぶ。

1 ｜ 顧客にとっての価値

　顧客には消費者も企業・団体・政府なども含まれるが，ここでは消費者を例に考えていこう。私たち，人は消費者として，自分の目的を満たすために消費活動を行う。食品を食べる，服を着る，家に住む，自動車に乗る，髪を切る，など，さまざまな消費を行う。このような具体的な消費行為についてみたとき，その対象・手段である，食品・衣服・住宅・自動車，そして髪を切ってもらうサービス（美容院など）には顧客にとっての価値があるということになる。そして，自由な市場経済，商品交換においては，商品に顧客にとっての価値があるから商品交換，あるいは売買が行われる。
　価値とは何かについてはさまざまな見方がある。商品使用が目的で交換が行われるという意味では，価値とは使用価値である。使用価値は，商品使用によって得られる価値であり，それは人間の基本的欲求にもとづいている。たとえば，3大欲求と呼ばれる食欲，睡眠欲，性欲や，それ以外の呼吸や排泄など，生物としての本能的な欲求がある。もちろんそれだけではない。マズローの欲求5段階説（マズロー 1971）によれば，人間の欲求は「生理的欲求」「安全の欲求」「社会的欲求」「承認欲求」「自己実現の欲求」の5つの階層に分かれている（なお，マズローはこれをピラミッドのような階層でとらえ，より低い階層の欲求が満たされた後，より高い段階の欲求が求められるようになるというように，段階的に欲求が発現・発展すると考えた。しかし，実証研究では否定されている）。「生理的欲求」は，先にあげた本能的欲求と同じである。「安全の欲求」は，身体的に，経済的に安全な環境の生活を求めるものであり，衛生的で健康を追求でき，外敵等から守られた住居，安定した収入の確保などがあげられる。「社会的欲求」は，人間が社会的動物であるという特性から来てい

63

るものであり，家族や宗教，企業や組織などの社会集団に所属するという欲求である。自分の「居場所」，自分を受け入れてくれる社会関係，親密な他者を私たちは必要とするのである。「承認欲求」は，人から認められる，承認される，高く評価されることを求める欲求である。他人からほめられ賞賛されたいという欲求である。「自己実現の欲求」は，他者との関係というよりも，自分の理想を実現達成するという「自己の完成」をめざす欲求である。このように，私たちの欲求は多様に広がっており，個々人の特性，そのときどきの状況，歴史的条件などによって成立する。

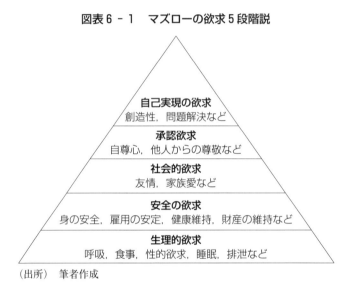

図表6-1　マズローの欲求5段階説

(出所)　筆者作成

　別の整理も紹介しよう。私たちが生活や労働をしていく中での問題や課題を解決していく手段，道具を求めるという欲求がある。これは機能的価値，あるいは道具的価値があると言える。そうではなくて，さびしさや孤立感を癒やしたり，喜びを与えられたりといった，私たちの感情をめぐる欲求があり，これは情緒的価値ということができる。さらに私が私である，あるいは私ではない超越したものとつながり，なんらかの存在意義，アイデンティティを確立するといった欲求があり，これはスピリチュアルな価値ということができる。

　価値や欲求をめぐる議論は，「人間や社会とは？」という問いでもあり，この

第6章　顧客価値の創造・共創について考える

問いへの関心はマーケティングを理解し展開する上で避けられないものである。

2 ニーズ

「ニーズ」（Needs）という用語もまた人によって多様な意味で使用されているが，ここではマーケティングの教科書（コトラー＆ケラー　2014　17-18ページ）の定義にもとづいて説明しよう。「ニーズとは，人間の基本的要件である」，つまり，私たちが求める，食料や，レクリエーションなどの基本的欲求，あるいは抽象的欲求である。ニーズは「欠乏」と訳すことができ，何かが欠けていて満たされない状態のことである。これに対して「ウォンツ」（Wants）は，ニーズを満たす，特定のものに向けられた具体的な欲求である。お昼におなかがすいたから，何か食べたいという「ニーズ」に対して，だからハンバーガーを食べよう，マクドナルドのお店に行こうというのは「ウォンツ」である。ウォンツは「欲求」と訳すことができ，具体的なかたちをとったニーズである。さらに，マーケティングにとって決定的に重要なのは，実際の購入可能であるところの潜在顧客市場である。この意味で，「ディマンド」（Demand，需要と訳す）は，支払能力をもっていてウォンツを実行できるものを意味する。ポルシェやフェラーリにあこがれて欲しいと思う人は多くても，実際に購入対象として検討吟味する消費者はきわめて少ない。

コトラーは，このようにニーズ，ウォンツ，ディマンドを定義し，一般にマーケティングはニーズをつくるわけではなく，ニーズはマーケティングの前に存在しており，ニーズを満たす特定の製品としてどれを選ぶか，というウォンツに影響を与えるものとして説明する。

「ニーズ」論は，顧客がすでにそれを持っていて，それを知っているということを前提にしている。しかし，その前提は本当だろうか[1]。第1に，顧客は自らのニーズを具体的に説明できるとは限らない。顧客は自ら確かにニーズがあるとわかっていても，どういう製品が欲しいのか，どういう要望を持っているのか，具体的な要件，仕様について明瞭に示すことは容易なことではない。

1）石井淳蔵はマーケティングにおける交換が自明のことのようにすすめられるという理解への疑問，批判を投じた（石井淳蔵　1993）。

第2に、そもそも顧客は自らのニーズを自覚自認していないこともある。た
とえば、まだ生まれていない未来の商品、まだ見たことのない商品について、
消費者が「こういう機能、特性、デザイン等を持つ製品がほしい」と具体的に
言えることはまずない（もし具体的に語れるとしたら、その消費者はクリエイ
ター、プロシューマー[2]と言ってよく、自ら開発提案すべきだろう）。だから
市場調査には限界がある。たとえば、現代の主流となっているスマートフォン
である iPhone だが、その開発は市場調査にもとづいて消費者の希望によって
そのようにデザインされたわけではない（もちろん消費者の意見を無視すると
いう意味ではなく、iPhone もまた開発販売後はユーザーからのフィードバック、
不満や使い方を学んで改善改良に活かしている）。

第3に、消費者（顧客）の側が一方的に自立してニーズを持つというのは本
当だろうか。私たちはみな、自らの資質と環境とをなんとか調和させて生きて
いこうとしている。人の内的環境と外的環境との相互作用があり、それがスト
レスなくやっていけるパターンができていればそれを続けようとし、ストレス
を強く感じ、うまくいかないのであれば、別のやり方や見方でなんとかしよう
とする。このようなことを生まれてからずっと続けて成長し、変わっていく。
このように見るならば、個人のニーズはそれ自体自立して個人の内面にあった
わけではない。個人のニーズ、個人が価値あるものとみなすことは、外部環境、
周りのさまざまな人、企業や団体の働きかけなどとの相互作用の中で生み出さ
れ、変わっていくものである。つまり、価値とは共創されるものである[3]。

3 ジョブ

ニーズではなく、「ジョブ」（Jobs-to-be-done：顧客が片付けたい仕事）に
よって顧客の行動をとらえることを提案したのが「イノベーションのジレン
マ」を提起したクレイトン・クリステンセンである（クリステンセンほか
2017）。ジョブとは「ある特定の状況下で人が遂げようとする進歩」と定義さ

2）プロシューマー（prosumer）とは、producer と consumer を合成した造語で、消費者
　であるにもかかわらず、プロ並みに知識と経験、創造性を持って製品を開発・改良したり、
　新たな使用法を開発したりすることを言う。
3）「4　サービス・ドミナント・ロジック」の項を参照。

れる。つまり，顧客がなんとかしたい，処理したい，片付けたいなどと考える用件，状況であり，「進歩」と言われるとわかりにくくなりかねないが，顧客が「前に進む」ためにやらなくてはならないことがジョブである。

たとえば，ハンバーガーショップを利用するケースを考えてみよう。直接的には，食事のために利用するというニーズとして理解できる。しかし，これでは不十分である。昼に小さい子どもが楽しめる外出をしたいとか，ほかの小さい子どもを持つ親といっしょにおしゃべりしたい，という消費者が直面しているジョブがあって，それを実行するためにハンバーガーショップが選ばれるという場合もあるだろう。自宅外・学校外の場所で試験勉強をしなくてはならないというジョブのために利用される場合もあるだろう。

私たちは具体的なジョブ，状況に直面したとき，それを実行クリアするために，「前進」するために商品を購入使用する。このように顧客の行動を理解するためには，顧客の基本的欲求はなにかと掘り下げるだけでなく，そのときその場で顧客はなぜそのような行動を選択するのかというように，顧客の行動ストーリーやシチュエーションを具体的に個別的にとらえることが重要なのである。ジョブはこのように顧客のさしせまった，やらねばならぬという状況や気持ちになっているところに注目する。

ジョブにもさまざまなタイプがある。機能的ジョブは，解決すべき問題を解決できる機能に注目する。感情的ジョブは，どのような感情，気持ちを求めているのか，というもので，リラックスしたいとか，興奮したいという気持ちを求めている。社会的ジョブは，他者からどうみられるかということに注目するものであり，オシャレなカフェを利用する際，友人，知人等からかっこいい人間とみられたいというジョブであるならば，価格やメニュー以上に，カフェのブランド・イメージが重要であることがわかる。

4 ┃ サービス・ドミナント・ロジック

顧客にとっての価値がすでに明確に存在していて，提供する企業はそれを把握理解し，それを持つ製品を提供し，顧客はその製品に価値を認め，消費する。これが一般的な顧客価値についてのモデルであった。これに対する新たな見方が「サービス・ドミナント・ロジック」である。

「サービス・ドミナント・ロジック（SDL：Service Dominant Logic）」は，ビジネス，マーケティングそのものをサービスという視点で統一的にとらえようという理論である。SDL では，有形財と無形財を区別しない。すべてをサービスだとする。これに対して従来のモノを中心としたフレームワークを「グッズ・ドミナント・ロジック（GDL：Goods Dominant Logic）」ととらえ直した。**図表 6-2** の通り，価値は，GDL では提供者が生み出して顧客に提供するものであり，SDL では提供者と顧客の相互作用を通じて共創されるものである。SDL での顧客は受け身の他者ではなく，企業とともに価値を共同生産する主体なのである。この見方の転換はある意味，天動説から地動説に変わる「コペルニクス的転換」と言ってもよい。理論的にも実践的にもマーケティングの見方を大きく変えることになる。

SDL の基本的な見方は**図表 6-3** の基本的前提として整理されている。グッ

図表 6-2　G-D ロジックと S-D ロジック

	旧来の視点（GDL）	新しいサービスの視点（SDL）
価値の捉え方	・提供者が生み出した価値を顧客が消費 ・一方向的　・分業的 ・交換価値を重視	・提供者と顧客の相互作用を通じて価値を創造 ・双方向的　・協業的 ・使用価値　・文脈価値を重視
顧客の捉え方	・価値を消費する客体	・価値の共同生産者

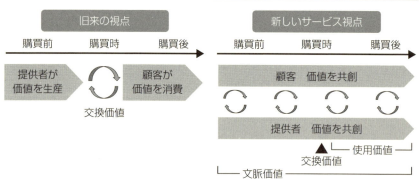

（出所）　木見田康治（2016）「提供者と受給者によるサービスの共同設計を通じたコンピテンシーとリテラシーの向上」サービスサイエンスフォーラム—情報処理学会，ソフトウエアジャパン2016資料より
（原資料　藤川・阿久津・小野（2012）をもとに作成）

第6章　顧客価値の創造・共創について考える

図表6-3　サービス・ドミナント・ロジックの基本的前提

基本的前提No.	内容
FP1（公理1）	サービスが交換の基本的基盤である。
FP2	間接的交換は，交換の基本的基盤を見えなくしてしまう。
FP3	グッズはサービス提供のための伝達手段である。
FP4	オペラント資源が戦略的ベネフィットの基本的源泉である。
FP5	すべての経済がサービス経済である。
FP6（公理2）	価値は受益者を含む複数のアクターたちによってつねに共創される。
FP7	アクターは価値を提供することしかできず，価値提案を創造したり提示したりすることにしか参加できない。
FP8	サービス中心の考え方は，もとより受益者志向であり，かつ関係的である。
FP9（公理3）	すべての社会的および経済的アクターが資源統合者である。
FP10（公理4）	価値は，つねに受益者によって独自に，かつ現象学的に判断される。
FP11（公理4）	価値創造は，アクターが創造した制度や制度配列を通じて調整される。

（出所）　Lush & Vargo（2018, p.6）より

ズ（モノ，有形財）はあくまでもサービス提供のための伝達手段であり，交換の基盤はサービスであると見方を逆転している。資源はオペランド資源とオペラント資源に分けられ，オペランド資源はいわゆる手段として活用される製品やサービスである。これに対してオペラント資源はそれらの製品やサービスを活用するための知識やスキルを意味する。戦略的ベネフィットの基本的源泉がオペラント資源であるというのは，製品やサービスそのものが戦略的に価値を生むのではなく，それを活用する知識やスキルがあってはじめて製品やサービスの価値というものが現実化するということである。

つぎに価値はメーカー等企業側，供給者が一方的に生産創造提供し，受益者，つまり消費者，ユーザー等はただ与えられた価値を消費するというのではなく，アクター（企業や団体，個人等関わるものであり，受益者をも含む）が互いにからんで共同して創造されるものとされる。企業等は価値を創造することはできず，価値提案をすることのみができる。受益者がそのときその場で，その人なりに価値であると判断する。これが独自に現象学的方法で判断するということである。価値判断は，一般的に正当化されるものではなく，ある文脈のもと

でそれぞれ確認されるものである。

　最後に，価値創造がアクターによる制度や制度配列を通じて調整されるという基本的前提は，価値創造がどのようにすすめられるかというのはサービスを提供するシステム，制度によって行われるということである。安定的にサービスを提供し価値創造がすすむためには，一定の構造，ネットワーク，共通のルールや文化がつくられる。価値創造がいま，その場で最終的に判断されるものであるけれども，けっして偶然でそのときどきに大きくばらつきのある，予測がまったくつかないようなものとなるわけではない。

5 ｜ マーケティング近視眼

　「簡単に顧客の気持ち，望むものがわかった」などと思うのは危険である。レビットはこの点について「マーケティング近視眼」（マーケティング・マイオピア）という問題提起を行った（レビット　1971）。

　有名なエピソードは「1/4インチのドリル」である。あるとき，1/4インチのドリルがたくさん売れた。小売業者もメーカーも1/4インチのドリルを消費者が求めていると判断した。しかし，それは違うとレビットは言う。消費者はドリルではなく，1/4の穴を求めていたのである。そうであるなら，ドリル以外の方法で穴をつくってもいいし，穴が最初からあけられている製品を開発してもよい。穴なしで済む方法を開発することもできるかもしれない。ドリルが売れたからと言って，本当にほしいものがドリルだとは限らないのである。

　このように顧客の行動に目を近づけすぎて，全体がよく見えていない，その背後にある基本的本質的な欲求が見えていないというマーケティングの思い込みに注意すべきだというのが「マーケティング近視眼」である。これは現代のように産業が大きく転換しつつある時代では，特に重要な視点であろう。

6 ｜ 価値提案キャンバス（VPC）

　3章でビジネスモデルを記述企画検討するための図解ツールである「ビジネスモデル・キャンバス」（オスターワルダー　2015）を紹介した。顧客側・提供企業側の双方をつなぐ重要なパートが「価値提案（Value Propositions）」であ

第6章　顧客価値の創造・共創について考える

る。顧客にとっての価値提案が明確なプランになっていない，それが実際の顧客に対してテスト・検証されていない，というのでは，ビジネスモデルを立案検討する意味がまったくない。価値提案こそがビジネスモデルが成立するための中核条件である。

そこで，価値提案を具体化して検討するための図解ツールとして提案されたのが**図表 6 - 4**の「価値提案キャンバス」（VPC）である。右側の円が顧客，左側の四角形が提供企業を意味している。

図表 6 - 4　価値提案キャンバス

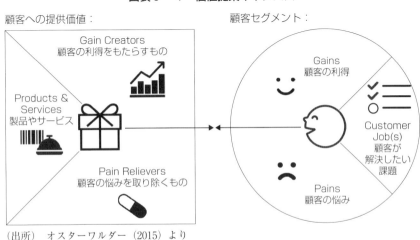

（出所）　オスターワルダー（2015）より

1　顧客のジョブ——製品・サービス

ここでは「顧客のジョブ」，つまり顧客が片付けたいと考えること，というモデルで顧客の状況をとらえる。「顧客セグメント」とあるように，顧客は誰かを具体的に設定した上で，ジョブを明確にする。

そして，顧客のジョブに対応するものが「製品・サービス」である。これは顧客のジョブを「進歩」「前進」させるものとして選ばれるものである。「食器を洗って清潔にしないといけない」というジョブに対して，食器洗剤を利用する，自動食器洗浄機を利用する，などが対応する。「長くなりすぎた髪をカットしないとだらしがなく見えてしまう」というジョブに対して，美容院を利用

71

するが対応する。

 ゲイン――ゲイン・クリエーター

　つぎに図の上部分に注目しよう。顧客の「ゲイン」とは，「ジョブ」において顧客が喜ぶこと，より大きくしたいと思うものである。「食器を洗って清潔にしないといけない」というジョブにおいては，「よりきれいに油汚れとかがとれている」とか，「簡単に汚れが落ちる」とかが「ゲイン」であるかもしれない。それに対応して製品・サービスが提供するものが「ゲイン・クリエーター」である。顧客のゲインへの期待・欲求にこたえる手段を提供するものである。「よりきれいに油汚れとかがとれている」「簡単に汚れが落ちる」を実現する，新たな食器洗剤の開発・改良というのがそれにあたるだろう。

 ペイン――ペイン・リリーバー

　顧客は一般にゲインの獲得よりも「ペイン」（苦痛，問題）の回避を重視する。したがって，ゲインよりもまずはペインの解決こそ優先すべきである。ペインとは，顧客がどういう苦痛やガマンに耐えているかということに注目する。しばしば，ペインは強い不満となってあらわれるが，他に代替品がなければ仕方なくあきらめ受け入れている場合もある。「食器を洗って清潔にする」というジョブであれば，「そもそも毎日洗うのが本当に面倒」という根本的なペインがあるかもしれない。「食器を洗って清潔にする」というジョブには食器用洗剤や道具，さらに食器洗浄機などがある。しかし，食器洗いそのものが面倒でやめたいという欲求ととらえるならば，洗う必要がない食器，使い捨て食器もまた，解決策であろう。これらが「ペイン・リリーバー」となる。

　以上の３つの対応関係によって，顧客が求める価値を提案するコンセプトを企画するのが価値提案キャンバスである。

　価値提案キャンバスは，既存の製品やサービスを理解しようとする際にぜひ活用してほしい。そしてどんな課題や問題があるのか，改善改良すべき点を検討しよう。また，新しいビジネスを創造しよう，新ビジネスプランをつくろうとする場合にも，ビジネスの成否は提供する製品が，本当に顧客が求めるものかというところに帰属するのであるから，価値提案キャンバスを使って何度も見直し検討しよう。

第7章

製品・サービスと価格
について考える

◆この章で考えたいこと，議論したいことのポイント◆

この章では，製品と価格をとりあげる。製品は，顧客にとって価値あるものでなくてはならないという意味で，マーケティングにとって決定的に重要である。

また，製品は有形財，つまり自動車や清涼飲料水などだけではない。無形財であるサービス，ホテルや銀行，コンサルティングなどもある。さらに製品を提供する際の価格をどう決めるかは，売れるのか，利益が出るのか，を大きく左右する。

製品を顧客の観点からどうとらえたらよいのか。製品開発はどのようにすすめたらよいのか。モノとは異なるサービスのマネジメントはどうしたらよいのか。適切な価格設定はどうしたらよいのか。複雑な価格制度はどのようになっているのか。そうしたことを考える，議論するきっかけにしてほしい。

CASE　ザ・リッツ・カールトン・ホテル

　富裕層向けラグジュアリーホテルは，標準的なサービスを提供するだけでは，顧客のニーズを満たすことはできない。ザ・リッツ・カールトン・ホテルは全世界で展開しており，利用者がどこのリッツに宿泊しても，いつでもどこでも同じサービスが提供される。それが可能になるのは，顧客の利用実態や好みなどに関するデータベースが整備されており，どこのホテルのスタッフであれデータを共有して，顧客それぞれに対して個別対応を行うからである。

　さらにスタッフ全員が行動する原則として「ゴールデンスタンダード」と呼ばれる「クレド」「モットー」を定めている（高野登 2005）。

　（クレド） リッツ・カールトンはお客様への心のこもったおもてなしと快適さを提供することをもっとも大切な使命とこころえています。

　私たちは，お客様に心あたたまる，くつろいだ，そして洗練された雰囲気を常にお楽しみいただくために最高のパーソナル・サービスと施設を提供することをお約束します。

　リッツ・カールトンでお客様が経験されるもの，それは感覚を満たすここちよさ，満ち足りた幸福感そしてお客様が言葉にされない願望やニーズをも先読みしておこたえするサービスの心です。

　（モットー） ザ・リッツ・カールトンホテルカンパニーL. L. C. では「紳士淑女をおもてなしする私たちもまた紳士淑女です」をモットーとしています。この言葉には，すべてのスタッフが常に最高レベルのサービスを提供するという当ホテルの姿勢が表れています。

　そして，「クレド」「モットー」が実際のスタッフの行動に具体化されるために「サービスの３ステップ」「サービスバリューズ」を定めている。それらは，つねにトップ，マネージャーからスタッフへのメッセージで言及されるとともに，新シフト時のミーティングで取り扱われ，各人がその理念にもとづいてどう考え，どう行動したかを発表し，話し合う。これらを通じて，独自性，独創的な価値をもつホスピタリティを生み出している。

第7章　製品・サービスと価格について考える

　前章で顧客にとっての価値をとりあげたが，本章でそれをかたちとして具現化する製品あるいはサービスの開発やマネジメント，価格設定について学ぶ。

1 製品（プロダクト）

　マーケティングの視点から，製品（プロダクト）は顧客のニーズを満たす手段である。製品のもつ属性や機能は，利用者のニーズを満たすベネフィットとなるとき，はじめて価値を持つことになる。したがって，マーケティング視点での製品開発も顧客から出発する。あるいは，製品から出発してしまう場合であっても，価値があると認める顧客を探さなくてはならない。

　顧客にとっての価値という観点から製品をとらえるモデルに「顧客価値ヒエラルキー」（**図表7-1**　注　T.レビットの論文にもとづきP.コトラーが拡張したモデル　コトラー，ケラー 2014）がある。

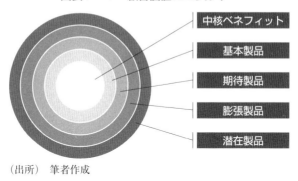

図表7-1　顧客価値ヒエラルキー

（出所）　筆者作成

　これは，顧客価値の5つのレベルのピラミッドによって製品をとらえるというモデルである。一般的に販売されているところの，顧客が通常求めるレベルの価値の製品を「レベル3　期待製品」，最低限の基本セットしか提供しない製品を「レベル2　基本製品」，顧客の期待を上回り，競合との競争に優位性を持つ製品を「レベル4　膨脹製品」と呼ぶ（「膨脹」という訳語はわかりにくいかもしれない。ここでは顧客の期待を上回るという意味で「拡張」ととらえた方が良い）。さらに顧客のどのような根本的なニーズに対応するのかとい

75

う「レベル1　中核ベネフィット」，未来の，潜在的な，将来提供されうる製品の可能性が「レベル5　潜在製品」である。

　たとえば，自動車をとりあげよう。現在の主流の自動車は，ガソリン車であり，エアコン完備である。これが「期待製品」である。自動車の「基本製品」にエアコンはない。基本的に走る，曲がる，止まるという基本的な動作性能を持つだけである。「膨脹製品」はスマートフォンやインターネットと接続するサービス，電気自動車などであり，「潜在製品」としてすでに見えているものは自動運転車であろう。最後に自動車の「中核ベネフィット」は，個人が自由に移動できるサービスととらえられる。ここに注目すれば，移動手段は自家用車でなくてもよく，自動運転のタクシー，カーシェア，人を乗せるドローンでもよい。

2 製品開発

　製品を開発するプロセスでは，顧客にとって価値があり，実際に事業として成立することは困難であるという前提にたってすすめることが求められる。そこで登場するのが「ステージゲート法」（クーパー　2012）である。ステージゲート法では，図表7-2の通り，開発段階としての各ステージがあり，つぎのステージに進むところでテストされるゲートがある。顧客は企業の外部にいて，調査・販売する対象として位置づけられている。

図表7-2　ステージゲート

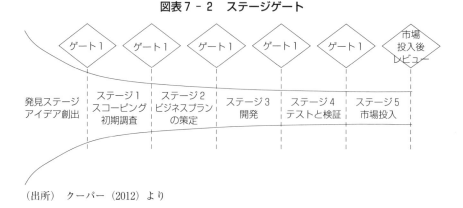

（出所）　クーパー（2012）より

第7章　製品・サービスと価格について考える

　これに対して，**図表7-3**の通り，共創型イノベーションとしての製品開発プロセスが提案されている（川上智子 2017）。開発のかなり初期の段階で「協働者選択評価」つまり，誰をパートナーに共創していくかが組み込まれている。共創は「アイディア共創」「試作共創」「コンセプト共創」，商業化・市場化段階での「価値共創」と各段階で展開される。ステージゲート法はアイデアの多産多死モデルだと言われるが，共創型は最初から顧客等とチームをつくることで，価値ある製品をともにつくっていく。

図表7-3　共創型イノベーションの製品開発プロセス

主体＼段階	発見						開発	商業化	
	市場情報探索	協働者選択評価	シーズ提供	アイディア共創	試作共創	コンセプト共創	量産試作	量産販売	価値共創
消費者				○	○	○			○
メーカー	●	●	●	●	●	●	●	●	
サプライヤー	○		○	○	○	○	○	○	
大学	○		○						
流通企業				○	○	○			
その他主体…									

（注）　○は主に関与する主体　●は主要責任を負う主体を意味する。
段階や主体の種類は事例に応じて可変である。

（出所）　川上智子（2017, p.105）より

3 ┃ 製品ミックス（製品アソートメント）

　企業は一般に単一製品ではなく，複数製品を販売しており，複数製品全体を見渡して事業をすすめている。製品ミックス（あるいは製品アソートメント）とは，企業が取り扱うすべての製品のことである。製品ミックスは，幅，長さ，深さ，一貫性（あるいは整合性）という4つの次元によって構成される。

　製品ラインの「幅」とは取り扱う製品カテゴリーの種類の程度である。製品ラインの「幅」が広い場合は，関連製品も広く取り扱って，セットで製品を提供したりすることができる。これに対し，製品ラインの「幅」が狭い場合は，専門分野に特化して技術等を磨き，強く訴求することができる。

77

つぎに，製品ラインの「長さ」とは，製品のアイテム数の合計である。中間層市場向けの製品に集中して製品アイテムを絞っている場合は，製品ラインの「長さ」は短い。追加で，たとえば高級品・高価格帯の製品や低級品・低価格帯の製品も取り扱うなどする場合は，製品ラインの「長さ」は長い。

第3に，1つの製品ラインの「深さ」とは，その製品ラインの中での製品アイテムの数を意味する。サイズや機能，容器や価格など，さまざまなアイテムを提供する場合，製品ラインの「深さ」は深いと言える。細かく多様な消費者ニーズにこたえようとする場合，アイテム数は増えていく。

最後に，「一貫性（あるいは整合性)」は，製品ミックスの中での製品ライン間の関連性に注目するものである。消費者の関連するニーズに対応している製品ミックスや同種の流通チャネルを使用する製品ミックスなどの場合，製品ミックスの「一貫性（あるいは整合性)」は高い。

4 ┃ サービス

サービスとはなにか。日本語ではしばしば，サービスとは製品の売買に伴う無形の便宜を指しており，特に無料で提供されるものを指している。ここでのサービスはそうではなく，無形財を意味している。

工業化がすすむ中で製品の大量生産・大量販売が広がった。そこでは，大量生産された製品をどのようにして大量に販売するか，という仕組み，働きかけとしてマーケティングが発展した。したがって，もともとマーケティングは「製品（有形財）のマーケティング」として誕生し発展したのである。ところが，経済発展とともにサービス経済化がすすむ中で，サービス分野の事業経営に関心が集まり，サービス独特のマーケティングに注目が集まった。

製品（有形財）と異なるサービスの特徴は以下の4点である。

---

① **無形性**
　かたちがないというのがサービスの定義であり，特徴である。これは誤解を招きやすいのだが，鉄道事業もサービスであるが，電車も線路も駅もかたちがあるモノである。ホテルなどの宿泊業もサービスであるが，建物や客室，レストラン，ベッドなどはかたちがあるモノである。しかし，鉄道業も宿泊業もサービスであ

第 7 章　製品・サービスと価格について考える

る。なぜならば，消費者に提供されるものは，電車でもベッドでもなく，移動する，宿泊するという無形のものであるからである。

② **同時性**

製品（有形財）については生産と消費は分離されている。工場で自動車が製造され，自動車の消費（利用）は工場から離れてドライバーが行う。ところが，美容院で美容師がヘアカットなどのサービスを生産すると同時に，消費者は髪をカットされるというサービスを消費する。鉄道業でも，鉄道事業者が電車によって利用者を移動・運搬するというサービスを生産するときに，消費者はまさに自ら移動するというサービスを消費することになる。

③ **消滅性**

サービスは無形なので在庫できない。今日の宿泊サービスで，客室が利用されず余った場合，それを翌日分に回すことはできない。売れ残ったサービスをつぎに回せないという意味で，サービスは消滅性をもっている。このことは，サービスマネジメントに大きな制約を与えている。サービスの販売でしばしば変動型価格，ダイナミックプライシング[1]を採用するのは，需要が大きいときは価格を上げ，需要が小さいときは価格を下げることで，サービスの利用率を高く安定させる，サービスの売れ残りを減らそうとするためである。

④ **異質性**

サービスは提供する人，提供する場所などによってサービス品質にばらつきが出る。顧客側の状況や心理によってもサービス評価が異なる。そのため，美容院であれば，美容院に対してロイヤルティを持つのではなく，特定の美容師にお客がつくようになる。サービスは標準化が困難である。そのため，どのようにしてサービス品質を安定させるか，などの独自のマネジメント課題が生まれる。

製品の多くは何らかの問題を解決し，目的を達成するという機能的特性を有している。これに対して，サービスとは，利用者にとっての「経験」であり，「コト」という消費である。このような観点から「経験価値」（シュミット2000）が提案されている。**図表 7 - 4** のように，従来の価値モデルが「F&B重視」（フィーチャー・アンド・ベネフィット）で，機能的特性や便益に注目し，おおむね合理的問題解決行動が採用される。これに対して経験全体に注目

────────────────

1) ダイナミックプライシングは，変動料金制とも言い，需要の変動や顧客タイプ等に合わせて価格を柔軟に変更して収益を最大化しようとするもので，今日では AI を利用した価格変更システムが普及しつつある。

79

するのが経験価値であり，合理的のみならず非合理的情緒的な面も含まれている。たとえば，テーマパークは「非日常的体験」などの特徴を持つ経験価値を提供するとみなすことができよう。自動車の所有・利用でも，便利で快適に移動輸送する手段であるけれども，他方で家族との楽しい時間をすごす，親として家族の中で役割・地位を発揮するなどの経験価値も求められるものとなっている。

シュミットは，さらに経験価値を SENSE（感覚的経験価値），FEEL（情緒的経験価値），TIIINK（創造的・認知的経験価値），ACT（肉体的経験価値とライフスタイル全般），RELATE（準拠集団や文化との関連づけ）の5つにまとめて提示している。

図表7 - 4　経験価値

F&B 重視	経験価値
・機能的特性と便益へフォーカス ・狭義の製品カテゴリーと競争 ・顧客を理性的な意思決定者としてとらえる ・方法と手段は，分析的，計量的，言語的	・顧客の経験価値へフォーカス ・消費状況の考察・顧客は理性的かつ情緒的な動物 ・方法と手段は折衷主義的

（出所）　シュミット（2000）を元に筆者作成

5 ┃ サービスマーケティング

サービスはすでに述べたように有形財とは異なる特徴を持っているため，サービスマネジメントあるいはサービスマーケティングもまた，有形財とは異なる枠組みが必要である。この問題に注目した「北欧学派（ノルディック学派）」と呼ばれるマーケティング研究者のサービスマーケティングの特徴はおもに次の点にある（グルンルース 2015，などを参照）。

①　サービスは顧客との「誓約」にもとづくものであり，サービスのマーケティングには「誓約の締結」「このプロセスを実行可能にすること」「誓約からつくられる期待の充足」が含まれる。

80

第7章　製品・サービスと価格について考える

② 顧客志向のサービスを提供する上で，それを専門で担当する「フルタイム・マーケター」のみならず，それに関連支援する組織の大部分である「パートタイム・マーケター」（マーケティング担当者ではないが，顧客に関わる業務も担当している人で，すなわち全社員である）もまた重要な役割を果たしている。そのため，企業内部の構成員が顧客志向・サービス志向の行動をとるように働きかける「インターナル・マーケティング」が求められる。

③ サービスのマーケティングは，顧客との関係性を築くものとされているが，必ずしもそれを顧客が好まない，あるいはコスト等がかかるため提供企業にとって有益でないということもあるので，「取引モード」「関係性モード」の双方をとることができるとすべきである。

　北欧学派と異なる枠組みとしては「サービスマーケティングの7Ps」がある。これは，製品のマーケティング戦略が4Pであるのに対して，サービスでは3つを加えて7Pを管理実施する必要があるとモデル化したものである。

① People（人）

　(1)顧客によるサービスの品質評価は，直接，顧客と接するサービス担当者のサービスに大きく影響される。(2)直接のサービス担当者が重要であるからこそ，会社は彼らをサポートすることが重要である。直接のサービス提供者に対して明確な理念や価値観，目標を示し，サービス内容を適切に評価し，サービスの改善のための支援が充実しているかなどの環境が，サービス提供者のパフォーマンスを決める。(3)サービスマーケティングでの「人」要素には，顧客も含まれる。顧客自身が積極的にサービスにおける相互作用に参加するかどうか，が他の顧客に影響を与える。たとえば，野球観戦で観客が少ない場合，観客の満足度は下がるだろうし，選手のパフォーマンスにも影響を与えるかもしれない。

② Process（プロセス）

　直接の担当者と顧客との接点（タッチポイント）を中心に，顧客は探索や予約等から実際の利用までの一連の過程において，企業とさまざまな接点を持つ。この中の，提供者側が重要視していない接点が，顧客の品質評価や満足度を大きく左右しているかもしれない。これは「真実の瞬間」（スカンジナビア航空の例　カールソン　1990）と呼ばれる。このように顧客との接点すべてを洗い出し，サービス内容を評価し改善する，などのプロセス設計をすすめる。

81

③ **Physical Evidence（物的手がかり）**

サービスは目に見えないだけに，目に見える部分を手がかりに顧客はサービスの品質を評価するように努める。建物のデザイン，制服，包装，名刺，さらにはロゴ，シンボル，キャラクターにいたるまで，目に見える要素は，それが顧客の価値評価に大きく影響を与えるものとして，デザインされる必要がある。

図表7-5　サービス・プロフィット・チェーン

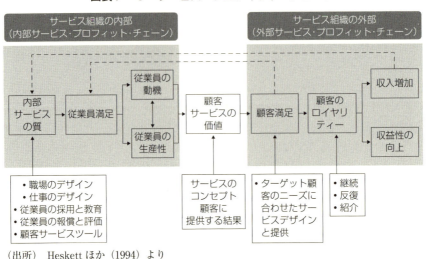

（出所）　Heskettほか（1994）より

サービスマーケティングのモデルである「サービス・プロフィット・チェーン」（**図表7-5**）では，顧客の評価や満足度を高めるためには，従業員の労働意欲や満足度を高めることが決定的に重要であるとし，出発点に従業員に対する支援や環境整備（内部サービス）を置いている。

6　価格設定

価格が顧客の期待や競合製品よりも高すぎるならば売れないかもしれない。価格を下げすぎると，売れても利益が出ない。顧客は製品・サービスを購入する際に，多くの場合，価格を重要な判断理由とする。このように価格設定は顧客の評価や販売状況に大きく影響する。

第7章　製品・サービスと価格について考える

　価格設定には大きく分けて3つの考慮すべき要因がある（**図表7-6**）。その第1はコストである。最低限の利益は確保したいというように考える際には，製品コストに業界で標準とされるマークアップ（粗利）を乗せるマークアップ価格設定や，目標利益が確保できるように計算するターゲットリターン価格設定などで価格を決める。

図表7-6　主な価格設定の手法

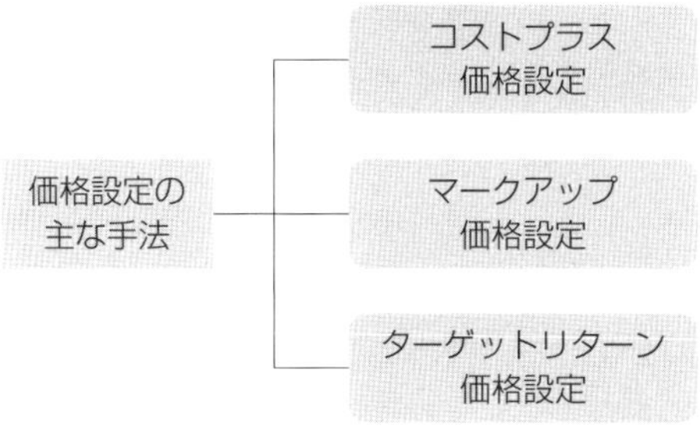

```
                        ┌─ コストプラス
                        │   価格設定
                        │
価格設定の ─────────────┼─ マークアップ
主な手法                │   価格設定
                        │
                        └─ ターゲットリターン
                            価格設定
```

（出所）　筆者作成

　第2の考慮すべき要因は知覚価値である。製品の知覚価値を高評価するのであれば高価格を設定すべきであり，そのことで顧客は不満に思わないし，企業も大きく売上を伸ばすことができる。このためには価格志向の顧客ではなく，製品の知覚価値を高評価する顧客をターゲットとして選定しなければならない。

　第3の要因は競争である。妥当な価格かどうかは競合製品の価格にもとづいて評価される。したがって，代表的な競合製品の価格と同じにする，あるいは付加価値を訴求しているので少し高くする，特に強みがないので少し安くするなどというように，競合製品の価格を基準に価格設定を行うというものがある。

　サービスのように評価が難しいものの場合は，価格が品質の高さ，信頼・信用のバロメーターとなるという面もある。ラグジュアリーブランドや高級料理店や高級ホテルなどは，高価格であることが逆に訴求理由となる。

7 ｜ 取引と価格

　「定価」と言われるが，メーカーが小売店での販売価格を指示決定するのは独占禁止法違反である。メーカーは，卸売や小売に販売する自らの出荷価格を

83

決めることはできるが，卸売が小売に販売する価格，小売が消費者に販売する価格については決定できない。そこでメーカーは「メーカー希望小売価格」というように呼んで，最終価格の目安を提示している。また，最初から希望価格を提示せず「オープン価格」とする商品も増えている。

　メーカーは，取引先に積極的に販売営業に取り組んでもらうようにさまざまな複雑な価格設定を行う。大量に購入した事業者に対して価格を割り引くのが数量割引（ボリュームディスカウント）である。手形など先払いではなく，現金で決済する場合の割引が現金割引である。メーカーが企画するプロモーション等のプログラムに協力参加してくれる事業者への報酬がプロモーション・アロウワンスである。また，支払代金について一定の条件を満たしたなら払い戻すリベートというものも広く行われている。このように業界での商習慣として複雑な価格体系が展開されているが，違法なものもあるので留意し，透明性の高い取引をすすめるように心がけなくてはならない。

　また，消費者向けの製品やサービスでも，「初月無料」「初回のみ半額」などとアピールして，自動的に定期購入契約になる，提示されている金額と成約する時点での金額が変動する（金融商品など），のように消費者を混乱させる意図があると疑われるケースもみられるので注意が必要である。

図表 7 - 7　価格表示の違い

「価格表示」の違い	
定価	前もって定められた価格。 原則，値上げ・値引きができない。
オープン価格	メーカーが小売価格を提示しない。 市場の動向などを考慮して，スーパーなどの小売業者が販売価格を決められる。
希望小売価格	メーカーや卸売業者が小売業者に参考値として設定する小売価格。メーカー側の強制力はない。

（出所）　筆者作成

第8章

マーケティング・コミュニケーションについて考える

◆この章で考えたいこと，議論したいことのポイント◆

　この章は，ビジネスにおけるコミュニケーションの変化を意識している。

　人は，社会生活を営む上で，聴く，話す，見る，書くなどの手法を用い意思や感情，知覚などを多くの他者とやりとりしている。加えて，技術の発展によってコミュニケーション手法は変わっていく。

　近年はインターネット技術により，コミュニケーションのあり方が，20世紀以前と大きく変わった。リアル空間やバーチャル空間を含め，さまざまな空間で繰り広げられる新たなコミュニケーション手法によって我々の暮らしがどのように変化するのか，また，企業側はどのように変化させようとしているのか，そうしたことを考える，議論するきっかけにしてほしい。

| **CASE** | メタバースを活用したマーケティング・コミュニケーション |

　ネット上に仮想的に作られた，いわば現実を超えたもう１つの世界であるメタバース空間には，ショッピングや教育，医療などさまざまな分野で，今後の活用を目指し，さまざまな企業が参入している。

　ファッション大手のBEAMS（ビームス）は世界最大のVRイベントである「バーチャルマーケット」に2022年時点で４度出展している。

　バーチャルマーケットとは，メタバース上にある会場で，アバター（化身）等のさまざまな３Dアイテムやリアル商品（洋服，PC，飲食物など）を売り買いでき，日本国内および世界中から100万人を超える来場者を誇る世界最大のVRイベントのことを指す。

　バーチャルマーケットでは，アバター用の洋服であるデジタルアイテムの販売やライブなどのイベントが開催された。アバター用の洋服であるデジタルアイテムは，ビームスの2022年の秋冬商品を３Dモデルに起こした，Tシャツやワンピースなど全７種類が販売された。また，ライブでは日本の女優・歌手・ファッションモデルの池田エライザさんがバーチャルライブを開催し，VRに着想を得た新曲の発表も行われた。

　また，リアルでの商品販売も行われ，バーチャルマーケットの出展を記念したリアルな商品（洋服）もビームスの公式オンラインショップにて販売された。

　関西のショップスタッフも含む約50名の社員が交代でバーチャル接客にあたり，VR上での接客を通じてリアル店舗への来客につながっている事例も生まれている。（出所）　株式会社ビームス（2023）より

メタバース空間のイメージ

第8章　マーケティング・コミュニケーションについて考える

　マーケティング・コミュニケーションの活動は広告やプロモーション等だが，近年は SNS 等，新たなメディアの登場にともない，消費者のメディア接触形態が個別化・多様化しており，単純なマス広告の効果は薄れている。

　また，マーケティング・コミュニケーションは商品・サービス市場だけではなく，従来，コーポレート・コミュニケーション[1]の領域であった人材市場や金融市場にも影響を及ぼし，人権問題や環境問題を含む CSR 活動や SDGs への取り組み領域までもカバーしなければならない時代に突入している。

　加えて，グローバル化の進展にともない，商品やサービスの市場が世界規模で拡大し，M&A による事業の多角化，国内外の多様な人材の登用により，従業員や取引先，地域住民などのステークホルダーとともに共創価値創出をめざすブランド・コミュニケーション[2]を推進する動きもある。

1　マーケティング・コミュニケーションの目的

　マーケティング・コミュニケーション[3]とは，マーケティング活動に付随するコミュニケーション活動全体の総称（井徳・松井 2013）で，企業が顧客ニーズ，ウォンツに適合した製品・商品・サービス情報を，口頭もしくは広告・広報そのほかの方法で，発信者である企業から受信者である消費者・顧客に，好意的態度をもって購買してもらうために提供されるメッセージ，情報提供，情報伝達を指す（三宅 2004）。

　その目的は「自社の商品やブランドの価値を最大化し，顧客満足度を上げ，売り上げ向上に貢献すること」である（三宅 2004，井徳・松井 2013）。目的達成のためには，商品やブランドに関する情報発信だけではなく，企業のミッションや行動規範，企業イメージなどの受発信活動も必要となる。

---

1 ）伊吹（2018）によれば，コーポレート・コミュニケーションとは，マーケティング・コミュニケーションと対置される概念であり，マーケティング・コミュニケーションが販売促進を直接的な目的として行われるコミュニケーションであることに対し，コーポレート・コミュニケーションは販売促進以外のすべての目的のために行われる，としている。

2 ）下村（2004）によれば，ブランド・コミュニケーションの定義は曖昧であり，十分に議論されているとは言い難い，としている。

3 ）1 章でも触れているが，マーケティングは個々の活動ではなく，顧客にフォーカスしたビジネスを組み立てて実行すること，顧客にとっての価値を作り出す戦略的で統合された行動であるため，マーケティング・コミュニケーションはそのひとつである。

87

2 | マーケティング・コミュニケーションの手段

　主なマーケティング・コミュニケーションには，①広告，②SP（セールス・プロモーション／販売促進），③人的販売，④広報，⑤商品パッケージ，⑥チャネル・コミュニケーション（流通業者向け），⑦口コミなどがあるが，ここでは広告，SP，人的販売についてとりあげる。

広告

　アメリカ・マーケティング協会（AMA）の定義を参考にすると「広告とは，営利企業や非営利組織，政府機関または個人が，特定のターゲット市場や聴衆に対して，製品，サービス，団体またはアイデアについて，伝達または説得的メッセージを提出することである」としている。その上で，コミュニケーション過程を構成する5つの要素を指摘している。

　①識別できる広告主：企業名やシンボルマークなどで広告の送り手がわかること。②特定のターゲットの存在：広告の受け手が送り手から選択されていること。③広告メッセージの対象：製品やサービス以外にもアイデアなども含まれる。④コミュニケーションを媒介するメディア：TV・ラジオ・新聞・雑誌以外にも屋外看板なども含まれる。⑤伝達や説得に関わる広告主の意図や目的：何らかの論拠にもとづき，受け手の考え方や態度を変化させること。

　広告の目的に関しては，各組織によって異なるため，明確に定義することはできないが，一般的には「企業や商品の認知・理解の向上，活性化，企業や商品のイメージ向上」とされる（井徳・松井 2013）。

　なお，広告の目的と目標は異なる，と言われる（Colley 1961）。広告目的は定性的に与えられたものであり，たとえばブランド好感度の増大などである。一方，広告目標は，定量的に設定された測定可能な数値である。たとえば，好感度15％というように表現される（岸・田中・嶋村 2000）。

　広告は「商品・サービス広告」と「企業広告」，「全国広告」と「地方広告」に分けられ，非商業的な広告としては「意見広告」「公共広告」などがある。

第 8 章　マーケティング・コミュニケーションについて考える

❷　SP（セールス・プロモーション／販売促進）[4]

　マーケティングにおいて通常 SP は広告や広報とは区別される。広告の目的は，商品やサービス，ブランドを購入してもらうこともあるが，認知や好感度の増大と言った「頭」や「心」に働きかけることを主眼としている。

　一方，SP の目的は，認知してもらうだけでなく，その先にある購入（契約）を目的としていて，「行動」に働きかけることを主眼としている。

　SP の主な手法としては以下のような方法がある。①イベントプロモーション：屋内外のさまざまなイベントに出展して消費者が直接商品を試す機会を設けることで購買につなげる方法。②キャンペーンプロモーション：期間限定のセールや割引の実施，特典の付与，会員募集といったキャンペーンを打ち出すことにより，来店のきっかけを作り購買意欲を高める方法。③インストア（店頭）プロモーション：デモンストレーション販売，店舗内 POP の掲示，割引シール，増量パックなどの方法。④ダイレクトマーケティング：試供品配布，ダイレクトメール，チラシ配布，メール送信などの方法。

❸　人的販売

　人的販売は，営業担当者や販売員による，顧客に対する直接的な営業販売活動を指す。一般的にはデパートなどでの化粧品販売などがイメージされるが，コンサルティング会社の業務をはじめ，BtoB 企業におけるソリューション提案や市場動向情報の提供なども人的販売の手法である。

　人的販売は，担当者個人のコミュニケーションスキルや信頼関係を構築するまでの時間が長いなどの指摘もある。一方，現在ではネットによるマーケティングが主流に感じるが，人的販売は，依然としてマーケティング・コミュニケーションにおける重要な手法のひとつでもある。

4）SP（販売促進）に関しては水野由多加・妹尾俊之・伊吹勇亮編（2015）も参照。

3 ネットメディアを活用したマーケティング・コミュニケーション

　Leberecht（2009）は，ネットメディアを Paid Media（ペイドメディア：買うメディア），Owned Media（オウンドメディア：所有するメディア），Earned Media（アーンドメディア：得るメディア）の3つに分類し（トリプルメディア），それぞれの役割を整理し利用することの重要性を指摘した。Dietrich（2014）は Shared Media（シェアードメディア：Instagram，X（旧 Twitter）などのソーシャル・メディア）を加え，PESOモデルとして4要素すべてを組み合わせ，マーケティング・コミュニケーションの対応をしなければ効果的なものにならないと主張している。

 Paid Media（ペイドメディア）

　企業がTVCMや新聞・雑誌広告，ネットのバナー広告，プロモーションイベントなどのチャネルを利用するために新聞社やTV局などのメディアへメディアの利用料金を支払う手法。

　メリットは，目的別にメディアを選定できること，予算を含め実施規模が想定でき，コンテンツも企業側でコントロールできる。デメリットは，競合他社と比較されることや広告過多で視聴者や読者の反応率が低く，さらに広告の内容に関する信頼性などの問題が指摘されている。

 Earned Media（アーンドメディア）

　有料広告以外の方法の宣伝や露出のことを指し，口コミマーケティングやフリーメディアとも呼ばれる。一般的には，拡散，言及，共有，再投稿，レビュー，レコメンド等によって取り上げられたコンテンツのことである。

　Earned Mediaは第三者であるマスメディアが企業の商品やサービス，企業活動情報等について取材することを含め，第三者が自発的に情報を発信するため，ネットワーク効果（外部性）[5]を考慮した場合，拡散速度が速く，拡散量

5）10章参照。

第8章　マーケティング・コミュニケーションについて考える

図表8-1　PESOモデル

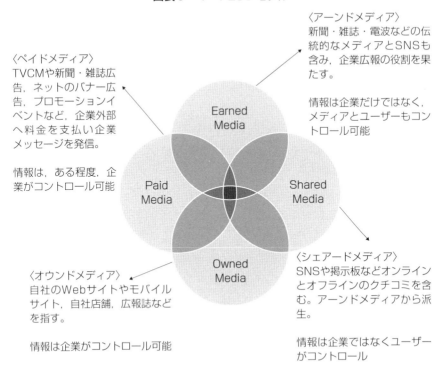

（出所）　Dietrich（2014）より筆者加筆修正

も大量になる可能性がある。また，新聞社やTV局などのマスメディアのサイトで企業の商品やサービス，企業活動情報等が取り上げられた場合，情報の信頼性が高く，購買への影響も大きい。しかし，Owned Mediaとは異なり，自社でコンテンツをコントロールすることはできない。したがって，企業の商品やサービス，企業活動情報等に関しネガティブ発言等が発信された場合，「炎上」と呼ばれる風評被害を受けることもある。

Shared Media（シェアードメディア）

Owned Media同様，自社アカウントを持つことも可能だが，原則，SNSユーザーにコントロールされる掲示板などを指す。オンラインとオフラインの口コミも含まれる。

企業の商品やサービス，企業活動情報等は，企業のファンやフォロワーに伝

91

えられ，二次的にファンやフォロワーに伝わることで情報が拡散するメリットがある。一方，一次情報の意味等が伝わる保証はない。拡散される情報は，まとめサイト等が運営する執筆者の解釈が加わった Earned Media 由来の情報もあり，企業がコントロールすることはむずかしい。

 Owned Media（オウンドメディア）

企業がコントロールできるメディアで自社の Web サイトやモバイルサイトを指す。企業が開設する Facebook や X（旧 Twitter）等の SNS も含まれる。

Paid Media では企業から発信できるメッセージや情報には限界がある。しかし，Owned Media では，自社の商品やサービス，企業活動などに関心のあるステークホルダーに対し，詳細なコンテンツを比較的低コストで発信できるメリットがある。

一方，ログ解析などの技術向上はあるものの，どのような人たちがアクセスしてきているのか等の質的データを把握するにはむずかしさが残る。また，企業発信の情報の信頼性を担保することのむずかしさも指摘されている。

4 コミュニケーションモデル

コミュニケーションモデルとは，消費者がある商品やサービスを広告やセールス・プロモーションなどを知り，商品やサービスを購入・体験し，最終的に商品やサービスを使わなくなるまでの一連の経験や心理・行動などを，時系列に説明した理論モデルである。組織（主に企業）の立場から言えば，消費者とのコミュニケーションプロセスを整理した理論モデルともいえる。

Amaly&Hudrasyah（2012）によれば，古くは1920年に Ronald Hall の唱えた『AIDMA（アイドマ）モデル』（Attention：注意⇒ Interest：関心⇒ Desire：欲求⇒ Memory：記憶⇒ Action：行動）がある。

近年では広告代理店の電通が提唱している『AISAS（アイサス）モデル』（Attention：認知・注意⇒ Interest：興味を持つ⇒ Desire：欲求⇒ Memory：記憶⇒ Action：購買行動）があり，インターネット環境がナローバンドからブロードバンド化した時代をとらえて開発されたモデルである。

SNS 時代の行動購買プロセスモデルとして，2019年ホットリンクス社は，

第8章　マーケティング・コミュニケーションについて考える

ULSSAS（ウルサス：U ＝ UGC：User Generated Contents：ユーザーが SNS に投稿するコンテンツ（画像や動画など）や口コミなど。L ＝ Like　S ＝ Search1（SNS）S ＝ Search2（Google, Yahoo!）A＝Action　S ＝ Spread）モデルを提唱した。初めに自社投稿や広告配信をすることにより，閲覧者から「いいね！」が付く。その後，SNS で＃（ハッシュタグ）検索，Google や Yahoo! での検索と続き，商品やサービスの購買，ユーザー間でのシェアとなりツイートが広がる，とのモデルである。

　自社投稿は「良い画像を上げること」を意識することも大事だが，「いいね！」や RT（リツイート）が付いて，ULSSAS が生まれるものをつくったほうが良い。ULSSAS が回ればシェアも自然と増えるので，上記のような構造をつくるのが一番大切，と言われている（飯高 2019）。

　上記に示した各モデルは，いずれも消費者が商品やサービスを知ってから実際に購入するまでのプロセスを示すもので，消費者が今どの段階にあるかを把握し，各段階に応じて消費者と適切なコミュニケーションをとることで，マーケティングを効果的に行うことが可能となる。

図表 8 - 2　ULSSAS モデル

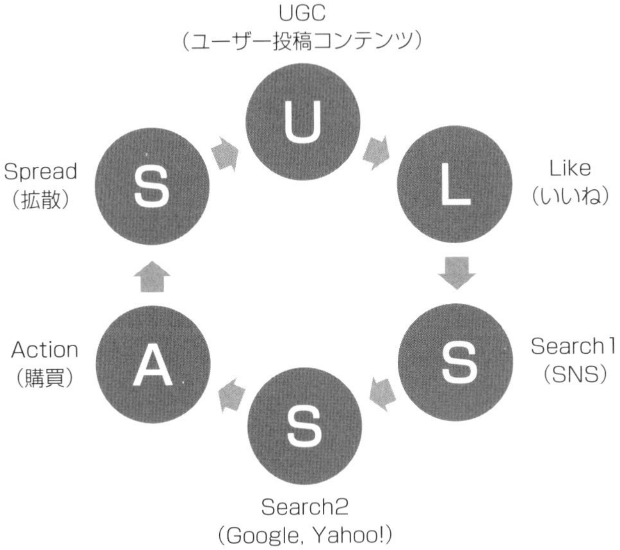

（出所）　株式会社 CINC（2019）から修正

5 | 顧客とのタッチポイント

「タッチポイント」とは，「組織（主に企業）と顧客の接点」との意味で，物理的な接触だけでなく「TVCMや雑誌広告等を見て，商品やサービスを認識した」「SNSで商品やサービスの口コミを見た」等もタッチポイントとされる。

自社の商品やサービスを利用しうる架空の顧客像を実在人物のように具体的に設定するペルソナ分析を行い，顧客がさまざまなタッチポイントで組織（主に企業）と，どのようなコミュニケーションをとり，どのような体験をしてもらうかを戦略的にとらえる必要がある。

コトラーほか（2017）は，近年，スマートフォンの普及やソーシャルメディアの台頭により，いつでもどこでもインターネットにアクセスし，さまざまな人々と情報を共有し，コミュニティの中で購買決定を行う「接続性の時代」において顧客は①「認知（Awareness）」，②「訴求（Appeal）」，③「調査（Ask）」，④「行動（Act）」，⑤「推奨（Advocate）」といった5Aと呼ばれる

図表 8 - 3　5 A理論（カスタマージャーニーマップ）のイメージ

	A① 認知 (Awareness)	A② 訴求 (Appeal)	A③ 調査 (Ask)	A④ 行動 (Act)	A⑤ 推奨 (Advocate)
顧客行動	最初にブランドを知る機会	印象が強いものや記憶に残るものを選び出す	少数の有力候補をSNSなどで調査 他者評価の影響	商品購入後の全体験	体験が素晴らしいと推奨の立場を表明する
企業のタッチポイント	・メディアとの接触 ・過去の経験想起 ・他者から聞かされる	・特徴メリットの訴求 ・印象的なビジュアル ・丁寧な説明	・友人への助言要求 ・レビュー等確認 ・価格確認	・サンプルを試す ・店舗へ行く ・ネット購入 ・利用契約	・継続使用 ・SNSで他者へ推奨 ・友人知人へ推奨
顧客の感情	知っている	好きだ	良い確信の自覚	購入利用予定	推奨する

（出所）　コトラーほか（2017）より筆者加筆修正

第 8 章　マーケティング・コミュニケーションについて考える

購買の意思決定（カスタマージャーニー）をしている，と述べている。5 A
の最大の目的は，顧客を①認知から⑤推奨へ進ませることである。

---

① **認知（Awareness）**

　最初にブランドを知る機会。企業の広告や，他人の推奨など。現代人は相当量
の認知が浴びせられている。

② **訴求（Appeal）**

　認知した大量のブランドから，印象が強いものや記憶に残るものを選び出す。
ここでブランドが想起集合に入る。

③ **調査（Ask）**

　好奇心を刺激された少数の有力候補を調査する。公式サイトや，友人やイン
ターネット上の評判など，追加情報をチェックしに行く。店頭に見にいくことも
ある。影響力が大きいのは他人の評判。

④ **行動（Act）**

　一般的なマーケティングでは「購入＝行動」ととらえるが，ここでは商品購入
後の全体験を含む。買って，使い方を調べて，実際に使って，不具合が出ればア
フターサービスを利用して，使い終われば廃棄する。体験全体で満足度を高める
必要がある。

⑤ **推奨（Advocate）**

　体験が素晴らしかった場合，顧客は大好きになったブランドを，頼まれなくて
も自発的に推奨する。ただし自発的に推奨するのではなく，受動的に推奨する
ケースが多い。ひとりでにしゃべり出すケースは少なく，ブランドに対する質問
や批判などを受けたときに，推奨の立場を表明する場合がほとんどである。

---

　5 A と呼ばれる購買の意思決定（カスタマージャーニー）の理想的な形状
（認知から推奨までの拡散イメージ）は，「蝶ネクタイ型」とされている。認知
した人がすべてそのブランドを推奨し，そのブランドに好意をもったひとがす
べて行動＝購買するというパターンである。この他にも以下の 4 パターンが示
されている。

図表8-4　5A理論のパターン

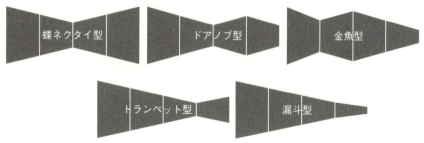

（出所）　コトラーほか（2017）より

> **ドアノブ型**
>   このパターンは消費者向けパッケージ製品産業で最も多く見られる。製品の価格が低く，購入が頻繁であるため，顧客はブランドについてくわしく知る必要性を感じない。
>
> **金魚型**
>   主として企業間（B2B）取引で見られるパターン。多くの場合，顧客は個人ではなく，豊富な専門知識や利害関係の存在するチームとなる。
>
> **トランペット型**
>   主として高級車，高級腕時計などのライフスタイル・カテゴリーで見られるパターン。すでに品質の点で強力かつ独特な信用を築いているため，価格が高いにもかかわらず顧客の評価プロセスは簡単なものになる。
>
> **漏斗（じょうご）型**
>   主として耐久消費財産業やサービス産業で見られるパターンで，顧客がカスタマージャーニーの全段階を通り抜けるため，総合的な顧客体験の設計が重要。

第9章

セールス（営業・販売）について考える

◆この章で考えたいこと，議論したいことのポイント◆

　この章は，就活や就職後のことを意識している。マーケティングを学修する多くの学生は，事務系総合職に就くことが多いかもしれない。

　IT企業や製造企業，サービス企業などさまざまなビジネスの中で営業部門やマーケティング部門がどのような役割を担い，何を行っているのかを，在学中にイメージすることはむずかしい。

　DX化をすすめる中で，開発エンジニアの人材不足が叫ばれてはいるが，どんなに素晴らしいシステムを開発しても，それを活用するのは，営業担当者などの現場のビジネスパーソンだ。

　市場創造や顧客創造がビジネスの根幹だとするならば，市場や顧客に一番近いところにいる営業が果たす役割は何なのか，営業支援のシステムが何のために存在し，何を目的としているのか，そうしたことを考える，議論するきっかけにしてほしい。

CASE 営業のノウハウ

　営業のあり方については，さまざまな書籍が国内外で出版されており，営業に関するノウハウだったり，心構えなどの書籍もあるし，IT業界や医薬品業界など，業界ごとに特徴などを説明している書籍もある。ここでは，林 文子（著）の『失礼ながら，その売り方ではモノは売れません』（2005），柴田和子（著）の『柴田和子　終わりなきセールス』（2014）の2冊をとりあげる。

　林氏，柴田氏の両著作には，デジタルツールを用い，組織的なセールスを行う時代において，少し古めかしい印象を受ける内容が綴られている。たとえば，林氏は長年男性社会で働いてきた経験から女性営業担当者へ，いくつかの助言を送っている。

- 情緒で判断するのではなく，理性で判断すること
- 人の意見を聞いたら，自分でかみ砕いて，あなた流に言い換えること，等々。

　また，柴田氏はセールスの王道は紹介にあり，として，人脈作りの大切さを説いている。

　さらに，営業手法のノウハウのデータ化については，メリット，デメリットがあり，近年IT化がすすむ中でも営業担当者が顧客のために知恵を働かせ，自分のスタイルを確立させることの重要性を説いている。

　顧客の心をいかにつかみ，顧客から信頼を得るには，どのような哲学や行動が必要なのか，また，顧客との向き合い方，顧客との関係構築の手法は，今も昔も大きくは変わっていないのか等，両著作のどの部分にそうしたことを感じるかは，読者ごとに異なるだろうが，営業活動の参考になるのではないか。

　両著書に書かれてある内容は，エモーショナルブランディングに通じるものがある。ゴーベ（2002）は「エモーショナルブランディングは，結びつきであり，人々はそれによって感情的に企業や製品とつながっているという意識を持つ」ものだと指摘している。

　このような指摘を考えると，営業とマーケティングやブランディングの親和性は高いと言えるため，林氏，柴田氏の著書はけっして古い内容ではない。

第9章　セールス（営業・販売）について考える

　営業職のイメージとしては，①ノルマ等の目標達成がきつそう，②無理やり商品やサービスを売りつける，③コミュニケーション力が高くないとできない，④知らない企業などへ飛び込みをする，⑤経費を使って接待や飲み会が多そう，⑥クレーム処理が多そう，⑦土日休みが取れない等が挙げられるのではないか。

　しかし，実際の営業職は，イメージとは異なる内容も多くあり，また，各業界・企業によって担う役割も異なっている。

1 ┃ 顧客創造と営業の役割

　ドラッカー（2006）は，ビジネスの目的を顧客創造とし，企業にはマーケティングとイノベーションの２つの基本的な機能が存在するという。企業には，研究開発部門や製造部門，財務部門など，さまざまな部門が存在する。その中で顧客と接点を多く持つのは営業部門だろう。営業部門は顧客創造に直接関わる重要な部門であり，営業とは何かを理解し，営業のスキルを身につけることはビジネスパーソンにとっては重要な意味を持つ。

　営業とは企業にとってどのような目的や役割を担っているのかをあらためて考えると，多くの場合，①企業の売上を確保し，市場シェアを高め，顧客満足度を上げ，自社の事業活動に貢献すること，②自製品やサービスの価値を顧客へ提案し，顧客ニーズに応えるとともに顧客の気づいていない考え方や課題を掘り起こし，新たな知識や情報等を提案すること，などが挙げられる。

　また，事業活動のスタートとして市場動向や顧客ニーズ等を把握した上で，企画・開発部門等が何らかの製品やサービスを立案し，調達・生産部門等が製品やサービスの製造・管理などの業務を担う中，営業部門は，自社製品やサービスが顧客の欲求や不安解消などを満たし，購入・契約を決断してもらうクロージング[1]を通し，売上という数的結果を生むための役割を担っている，ととらえてもよいのではないか。

　本下・佐藤（2016）を参考にすると，日本における「営業」に相当する英語は存在しない。たとえばアメリカではマーケティングとセールスは区別されて

---

1 ）営業活動を大きく５つのステップとしてとらえた場合，クロージングは，①事前準備→②導入アプローチ→③ヒアリング→④提案を経て，⑤営業活動の最後に行う活動で，顧客が商品やサービスの性能や品質等に納得し，購入の意思を示し成約となる状況を指す。

99

おり，マーケティング部門が売る仕組みを創り，セールス（販売）部門がその枠組みの中でセリングを担当する関係にある。

　日本における営業には，マーケティングと販売の意味が含まれており，日本の営業の特徴は，自社内と顧客企業内の関係部署や顧客とのコミュニケーションを通じ，顧客価値を共創し企業内外で共有するところにある。

　また，細井（1996）を参考にすると，営業活動の一形態に提案型営業（ソリューション型営業やインサイト型営業）がある。提案型営業は，単に製品やサービスなどを顧客（企業を含む）へ売り込むのではなく，製品の使用方法やサービスについてなんらかの提案，アイデアの提供等を含む取引促進活動である。提案型営業では，製品やサービスそのものよりも製品やサービスの購入，使用，メンテナンス等に関する問題解決策を販売することが主眼となる。

　さらに，近年は企業経営のDX（Digital transformation）化にともない，CRM（Customer Relationship Management）やSFA（Sales Force Automation）などの導入により，フィールドセールスとインサイドセールス[2]を分離し，顧客との関係性を高め，営業の生産性を高めようとする動きも出ている。

2 ｜ 営業の分類

　ここでは4つの分類を紹介する。①営業形態による分類，②目的別の分類，③取扱製品による分類，④販売手法による分類である。

営業形態による分類

　営業形態による分類とは，企業がビジネスの上流側に存在しているのか，下流側に存在しているのか，によって分類する方法である。

　製造業（たとえば自動車や家電製品など）では，鉄やプラスチックなどの材料を自社で加工し，自動車やスマホ等の製品を生産し，消費者へ提供するメー

2）フィールドセールスとは，旧来からある営業スタイルで，顧客もしくは見込み客へ訪問し，雑談，プレゼンなどの手段を用い，商品・サービスの提案，商談を行う営業のこと。顧客との信頼関係を築く役割を担う。インサイドセールスとは顧客訪問をしない営業のこと。自社の商品・サービスと接点を持つ見込み客や成約に至る前の見込み客へ電話やメール，DMなどを活用し，見込み客を増やす，成約可能性を高める，見込み客を維持するなどの役割を担う。

カーと呼ばれる企業が最上流に存在する。メーカーの下流には商社や販売代理店と呼ばれる企業が存在し，メーカーからモノを仕入れて販売している。

商社営業は，国内外のさまざまなメーカー等から製品や材料等を仕入れて，各市場に応じ，製品や材料等を企業向けに販売する。商社は「ラーメンからロケットまで」と言われるほど多様な分野で幅広い製品・サービスを取り扱う総合商社（三菱商事，伊藤忠商事，三井物産，丸紅，住友商事など）と特定の分野に特化した専門商社（鉄鋼関係では岡谷鋼機，燃料・エネルギー関係では岩谷産業，食品関係では国分グループ本社など）に区分される。

販売代理店営業[3]は，メーカー製品・サービスに関するメーカーへの受注活動とメーカー製品・サービスの販売活動とに分けられる。メーカーの営業活動には自社製品・サービスを個人顧客へ直接販売する営業活動と自社製品・サービスを個人顧客へ販売してくれる代理店を開拓する営業活動がある。

販売代理店の営業は，メーカーに代わりメーカーの製品やサービスを販売し，販売手数料（コミッション）を収入として得るビジネスモデルが基本となる。

 2 目的別の分類

営業活動は目的によって以下の4つに分類することができる。

① アウトバウンド対応（プッシュ型営業）

テレアポ，DMなどを用い，企業自ら見込み顧客へアプローチをする営業手法をアウトバウンド対応（プッシュ型営業）という。短期間で成果を得られる事もあるが，多くの労力が必要で営業活動が非効率になる可能性も考えられる。

② インバウンド対応（プル型営業）

見込み顧客向けに自社製品・サービスの情報を自社サイトやSNS，プレスリリースなどで発信し，顧客自ら自社へアプローチをしてもらう営業手法をインバウンド対応（プル型営業）という。効率良く少ない人員で営業活動をすすめられる反面，プッシュ型よりも高度なノウハウ（コンテンツマーケティング[4]やSEO対策など）が求められ，多くの時間が必要になる場合もある。

3）取次店，特約店，総代理店，紹介店等，さまざまな形態が存在する。

③　ルートセールス

　すでに取引実績がある既存顧客へ定期訪問したり，新製品や新サービスがリリースされた際の提案などを通し，製品・サービスを売り込む営業手法。

　顧客の悩みや課題の傾向もある程度把握できている上，信頼関係も構築できている状態のため，商談もスムーズにすすめやすい。一方，マンネリ化や営業としての成長を感じにくいという側面もある。

④　カウンターセールス

　自動車販売店や旅行代理店，住宅展示場，銀行窓口など実店舗へ来店した顧客に対し，テーブルカウンター越しに製品販売やサービス提供を行う営業活動。

　新規顧客開拓や既存顧客フォローと異なり，属人的なノウハウ蓄積が少なく，移動時間や交通費のロスがない反面，信頼を得にくい傾向がある。

　取扱製品による分類

　取扱製品は大きく分け，有形製品とサービスに分けることができる。有形製品は自動車や家電製品などカタチが見えるモノを販売する営業。サービスは保険やソフトウェア，コンサルティング等カタチが見えないモノやサービスを販売する営業。

　営業活動の際，有形製品は性能や機能などの製品品質などを提示しやすいが，サービスは消費しないと価値を認識したり，評価できない等の特徴があるため，製品・サービスの品質などを提示することが難しい。だからこそ，営業担当者の力量が問われる，ともいえる。

　販売手法による分類

　通常営業（御用聞き営業）と提案型営業に分けることができる。提案型営業はさらにソリューション営業とコンサルティング営業に分けられる。通常営業（御用聞き営業）は，顧客に対して必要なものを尋ねる営業スタイルで，顧客

4）顧客やユーザーが抱えている悩みや課題を解決してくれる，または新しい気づき等を与えてくれるコンテンツ（≒情報）を提供することで，信頼関係を築きながら自社商品やサービスの購入に結びつけるマーケティング手法。たとえば，化粧品であれば，動画配信で使い方や効果を伝える。BtoB企業では，ホワイトペーパーと呼ばれる市場動向情報や製品比較データなどの提供を指す。

第9章　セールス（営業・販売）について考える

から指定された商品を，指定された納期までに納品することが求められる。

　提案型営業のソリューション営業は，顧客の抱える課題を聞き取り，課題解決につながる商品やサービスを提案する。コンサルティング営業は顧客の利益確保を考える営業スタイルで，顧客の課題解決に役立つのであれば，自社以外の商品やサービスを提案することもある。

3 ┃ パーソナル・セリング（個人）

　パーソナル・セリングとは，営業担当者がメールや電話，顧客との会話を通し，製品やサービスの販売を行う活動のことである。顧客の趣味，家族構成の把握などを通し，顧客との人間関係を構築し，信頼を確立しながら，売上を伸ばすことで，ビジネスの成功に貢献することが目的とされる。

　具体的な手法には，見込み顧客が抱えている課題やニーズ，どのようなことに興味・関心を持っているのか等，さまざまな情報を集め，見込み顧客を創出するプロスペクティングと Web サイトや SNS の運営，広告出稿，展示会やセミナー開催などのリードジェネレーションの実施，そして説得力のあるセールス・プレゼンテーション，さらには潜在顧客とのつながりを維持するためのフォローアップ，セールス・プロセスにおける見込み顧客からの不満や課題への効果的な対処などが必要となる。たとえば，ディーラーと呼ばれる自動車販売店における新車販売などが例として挙げられる。

　細井（1994）を参考にすれば，パーソナル・セリングにおいて販売員個人の成果を表す指標には，売上高や獲得した注文数，客単価，顧客の購入頻度などが使用される。こうした考え方や成果指標がノルマや成果主義と結びつき，パーソナル・セリングの根幹を形成している。

　パーソナル・セリングの基本は，顧客のリストアップから始まり，顧客（企業を含む）の利益≒顧客の潜在的・顕在的欲求を満たすことや顧客が抱える課題を解決するために，個々の顧客の欲求や課題などを把握することになる。

　そのために，顧客が満足するような情報収集（自社／競合商品・サービスに関する情報など）や課題解決につながる情報提供（すでに購入，体験された別の顧客の感想など）を通じ，顧客とのコミュニケーション活動を深化させる。

　また，顧客の欲求を満たすためや課題解決のために，企業内の関連部門（開

103

発部門や生産部門など）や企業外の提携企業等と品質や納期，価格などに関して打ち合わせや調整などを行う。調整能力は営業スキルのひとつでもある。

さらには，商品の納入後やサービスの体験後のアフターフォロー（商品の使用感の聞き取りや新サービスやイベントの案内など）などを通し，継続的な関係構築をめざすことになる。無論，商品やサービス提供のプロセスにおいて，何らかのトラブルが生じ顧客からクレームが出た場合，その対応窓口の中心を個々の販売員が担うことになる。しかし，こうした顧客に関するさまざまな情報・知識・経験は販売員１人ひとりの属人的なナレッジ（知的資産）[5]となるとともに，１人の営業担当者が対応できる範囲を超えた業務内容となる場合がある。企業組織として顧客情報の共有化，個別対応の明確化を図り販売活動の効率化や顧客の欲求・課題などの新発見に結びつけることはむずかしいとされる[6]。

4 ┃ セールス・マネジメント（組織）

セールス・マネジメントは，営業担当者の目標設定やモチベーションを管理し，営業チームが継続的に営業目標を達成できるよう導く手法を指す。具体的には，営業担当者の目標を設定し，担当者の目標達成をチーム全体でサポートすること。営業担当者の営業活動の進捗を管理し，必要に応じて調整を行うこと。営業担当者のスキル向上を支援し，教育研修などを実施すること。営業活動の成果を評価しフィードバックを行うことなどが挙げられる。今日的には，配置転換対応などを含め，属人性を排除する方向が模索されている。

石井（2012）を参考にすれば，営業活動で大切なことは「顧客とのリレーションシップをマネジメントすること」である。顧客とのリレーションシップとは，顧客と親密で深い関係を築き，長期志向的で友好的な交換関係を実現しようとするものである。また，マネジメントとは，リレーションシップを作るための「準備」と組織として顧客創造を達成するための「仕組み」である。

5）たとえば，顧客ごとの特徴や重要情報，トラブルが生じたときの対処法，トップセールスパーソンの作法やマナーなど。
6）個々の販売員に対するインセンティブ（報奨金，昇進，昇給など）やペナルティ（解雇，減給，左遷など）のあり方も関係してくる。

第9章　セールス（営業・販売）について考える

「準備」として考えられるひとつは，営業担当者が抱える多種多様な業務内容をマーケティング，インサイドセールス，フィールドセールス，カスタマーサクセスに分業化・共業化することである。

顧客の価値観の多様性やデジタル化に対応する「仕組み」として導入されるのが MA（Marketing Automation），SFA，CRM 等の営業支援ツールである。

営業業務を分業化するメリットは業務の効率化，生産性の向上などが挙げられる。パーソナル・セリングの場合，「ムリ・ムダ・ムラ」[7]が生じ，業務プロセスの非効率が指摘される。また，販売員の労働時間も増え，組織が負担するコストの上昇にもつながる。しかし，セールス・マネジメントでは営業業務を分業化することで，それぞれの業務が専門化し，組織としてナレッジ（知的資産）が蓄積され生産効率がアップする，と考えられている。しかし，分業化によるデメリットも生じる。たとえば，業務が専業化するため，業務全体を把握しにくい。また，分業した部門ごとに成果目標などが異なるため，報酬などに対する部門間でのコンフリクトが生じる。さらに，全体研修や個別研修などの調整に時間がかかり，コスト高になることもある。

報酬制度に関し一般的には，歩合制，インセンティブ制度と呼ばれる給与体系が採用される。歩合やインセンティブは追加報酬のことで，基本給に加え，個人として達成した契約数や売上高に応じ追加報酬が支払われる制度である。報酬制度は業界や企業によってさまざまな制度が採用されている。

加えて，営業職の研修制度には，企業理念の理解，営業の目的や基本的なマナー等の基礎講座（≒営業のあり方）が設定されており，話し方や聞き方，プレゼンのやり方，電話，メール対応，CRM 等の IT システム活用のスキル講座（≒営業のやり方）が実施される。また，取り扱う商材に関する知識習得や市場動向・競合動向分析などが個別にもしくは部門ごとに実施される。

7）ムリ：実態と整合性がない達成困難なスケジュールやノルマが設定されているため，従業員や設備機器等への負担が過度に大きくパフォーマンスが下がっている状態。
　ムダ：不要と思われる会議の開催や形骸化している状態。
　ムラ：適材適所になっておらず，部署や時期により業務内容の偏りが大きい状態。

5 セールス・マネジメント（組織）における顧客との関係

デマンドジェネレーションモデル[8]を例に分業化された営業業務を顧客との関係の中では，およそ図表 9 − 1 のようなマーケティングファネルになる[9]。

図表 9 − 1　デマンドジェネレーションモデル

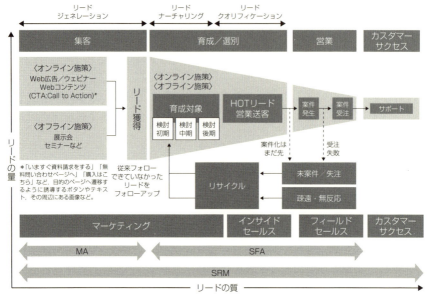

（出所）　ワンマーケティング株式会社（2023）より修正

8）「Demand（需要）」と「Generation（創出する）」を組み合わせた用語。マーケティング活動やインサイドセールス（展示会，Web，広告等）を統合し，見込み顧客リストをフィールドセールスへ渡し，需要創出活動を総称したもので，リードジェネレーション（見込み顧客獲得），リードナーチャリング（見込み顧客育成），リードクオリフィケーション（見込み顧客の絞り込み）の3つの活動を包括したモデル。
9）ユーザーが商品を認知してから購買するまでのプロセスを段階的に分析する考え方。ユーザーの数が購買の段階に近づくにつれて減っていくため，形が「ファネル＝漏斗（じょうご）」に似ているということでマーケティングファネルと言われる。また，業界・業種，企業により業務内容，役割等は異なる。各業務やシステムは重複することもある。

第9章　セールス（営業・販売）について考える

❶　マーケティング（デジタル利用／アナログ活動の両方を含む）

- ここで言うマーケティングは狭義の意味で，市場における潜在顧客の中から自社製品やサービスを購入しそうな見込み顧客（リード）を選定，創出，集客する業務（リードジェネレーション）。
- 見込み顧客から受注を獲得するため，セミナーなどの開催告知やSNSの利用。見込み顧客の興味関心に応じて配信内容を変え，購入意欲を高めるステップメールの配信など顧客育成（リードナーチャリング）の実施。

❷　インサイドセールス

- 一般的には，顧客との最初の接触から商談設定までを行うのがインサイドセールス，商談から受注までを担うのがフィールドセールスと区分される。
- インサイドセールスは，電話やメール，チャットなどによる非対面のコミュニケーションを中心にリードにアプローチする営業手法。
- インサイドセールスでは，アップセル[10]やクロスセル[11]を実施するため，リードへメール配信などを行い製品やサービスの継続的な販売に結びつける。
- インサイドセールスは特にSaaS（Software as a Service：サブスクリプションモデル[12]として提供されるソフトウェア）等のBtoB企業の営業組織の場合，BDR（Business Development Representative）：新規開拓型営業とSDR（Sales Development Representative）：反響型営業に分けられる。
- SDR（反響型営業）は，広告や自社メディア（自社のWebサイト，SNSなど）から問い合わせが来たら，問い合わせに対応する形で営業活動を行うことを指す。

---

10) 客単価を向上させるための営業手法のひとつ。現在検討している商品やサービスまたは以前購入した商品やサービスを上位モデルに乗り換えてもらうことなど。
11) 客単価を向上させるための営業手法のひとつ。他の商品やサービスを併せて購入してもらうこと。たとえば「この商品を買った人はこんな商品やサービスも買っています」といったレコメンドを提示する等の手法を用いる。
12) 消費者が商品やサービスを購入し所有するのが，買い切り型サービス。それに対し，顧客に商品やサービスを一定期間提供し，利用期間に応じて利用料を支払ってもらう形式のサービス。自動車を月額制で貸し出すサービスなどもある。

営業(フィールドセールス)

- フィールドセールスは，顧客あるいは見込み客を訪問し，直接対話を通じて顧客の課題を把握し，商品やサービスを提案，商談を進め，受注へとつなげる営業スタイル(ソリューション型)。
- 従来型の外販営業と異なる点としては，フィールドセールスが行う業務は，提案・商談・クロージングに限り，成約確度を高めることを意識した専門性の高い営業活動を行うこと。具体的には，デジタルツールを活用し顧客の行動データにもとづく分析をベースにインサイドセールスでは行えないエモーショナルなアプローチ[13]を用い成約に結びつける。
- インサイドセールスがリードの興味関心度を高め育成している間のメールのやりとりや会話の内容はすべてMAやCRMなどのデジタルツールに蓄積されている。したがって，顧客が抱える課題やニーズ，予算感，決裁権保持者などの情報を的確に読み取るリテラシーがフィールドセールス担当には必要。

 カスタマーサクセス

- カスタマーサポートが顧客の抱えている課題などを解決するための受動的な顧客対応なのに対し，カスタマーサクセスは顧客から商品やサービスに関する問い合わせが来る前や顧客が未だ気づいていない課題などに対し，先見的な対応・支援を行い，顧客の成功体験を実現させ，顧客生涯価値(LTV：Life Time Value)を高める営業活動(インサイト型営業)。
- 商品やサービスの購入後も，CRMの情報を元に顧客ごとにアドバイスや情報を提供することでCX(Customer Experience／顧客体験)を高め，顧客のチャーンレート(解約率)を下げることをめざし活動する。顧客の成功体験が営業担当者のやりがいにもつながる。

---

13) エモーショナルマーケティング。顧客の感情に訴えかけることにより購買意欲を刺激するマーケティング手法。村山(2005)は「消費者の体験を理解し，体験から得られたベースとなる広告手法を構築するためには，望ましい体験や消費者の製品に対する期待感を立体的に表現することが必要とされるのである。近年のマーケティングで注目されている新しい価値は，エモーショナルなアプローチがなくては成り立たない。」と指摘している。

第10章

マーケティング・チャネルと
プラットフォームについて考える

◆この章で考えたいこと，議論したいことのポイント◆

　この章は，モノやサービス等，ユーザーが利活用するまでの目に見えない仕組みを可視化することを意識している。

　日常生活の中で，ほとんど意識していないが，水や電気，ガスなどのインフラと呼ばれるさまざまな資源はどこでどのように作られ，いくら支払うことで，我々が毎日使うことができているのだろう。

　一方，SNSやネット検索などは，無料で利用していることが多いのではないか。システム開発やコンテンツ等を販売している企業名やブランド名を聞いたことはあっても，無料なのにどのように利益を上げ続けられるのか。目に見えない，ということは一体どのようなことなのか。そうしたことを考える，議論するきっかけにしてほしい。

CASE サプライチェーンの協力が必要な「サーキュラーエコノミー」

　資源・エネルギーや食糧需要の増大や廃棄物発生量の増加が世界全体で深刻化しており，一方通行型の経済社会活動から，持続可能な形で資源を利用する「循環経済」への移行をめざすことが世界の潮流となっている。

　サーキュラーエコノミーとは，従来の3R（Reduce, Reuse, Recycle）の取り組みに加え，資源投入量・消費量を抑えつつ，所有資源を有効活用しながら，サービス化等を通じて付加価値を生み出す経済活動であり，資源・製品の価値の最大化，資源消費の最小化，廃棄物の発生抑止等をめざしている。また，循環経済への移行は，企業の事業活動の持続可能性を高めるため，ポストコロナ時代における新たな競争力の源泉となる可能性を秘めており，現に新たなビジネスモデルの台頭が国内外ですすんでいる。

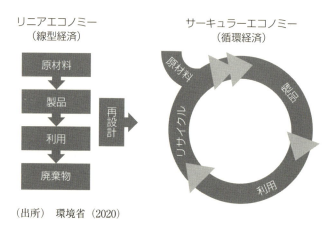

（出所）環境省（2020）

　サーキュラーエコノミーは経済システムのあり方なので，一企業だけが取り組んでもその効果は大きく波及しない。調達先や販売先などのサプライチェーンの理解を得て協力し合うこと，消費者を巻き込みサーキュラーエコノミーをめざすことが求められている。

第10章　マーケティング・チャネルとプラットフォームについて考える

さまざまな製品が消費者の手元に届くまでに原材料や部品の「調達」→製品の「企画・開発・製造」→「在庫管理」→「流通（物流）」→「販売」の製品供給連鎖や価値連鎖（Supply Chain や Value Chain）などがともなう[1]。

Uber や Amazon などは何らかの製品を自ら製造・販売するメーカーではない。ネットを窓口とし製品や価値を流通させる流通 IT 企業である。

マーケティングでは，Product（製品），Price（価格），Promotion（販促活動）に注目しがちだが，供給連鎖や価値連鎖等の中で Place（販売場所や流通方法，プラットフォームなど），納期（Delivery）等の場所（プラットフォーム）や時間をどのように管理し，顧客へ製品や価値をどう提供するか，が近年，企業にとって重要な課題になりつつある。

その理由に，製品の品質・価格は重要だが，製品や価値を顧客へ提供するための適切な供給連鎖・価値連鎖や製品の廃棄・回収・再活用等をマネジメントしなければ，不満を持つ顧客が増加する可能性が高いこと，適切なタイミングで製品や価値を提供できなければ，顧客（個人・法人）に迷惑がかかること[2]，社会からの批判を受け，ブランド価値が毀損することなどがあげられる。

1 ｜ 流通の役割と供給連鎖／価値連鎖

流通とは，簡単に言えば生産者から消費者へ何らかの製品を「届ける」経済活動である。しかし，生産者と消費者の間には，空間的・時間的な隔たりや価値観の隔たりが存在する。この隔たりを埋めようとすることがマーケティング・チャネル（経路）戦略となる。マーケティング・チャネル戦略のひとつとして，生産者と消費者とを直接的に結ぶか，間接的に結ぶか，また，いくつの段階（長さ）に分けるのか，といった選択が出てくる。

さまざまな製品が消費者の手元に届くまでに原材料や部品の「調達」→製品の「企画・開発・製造」→「在庫管理」→「流通（物流）」→「販売」の供給

1）サービスは，無形性，同時性，変動性，消滅性などの特徴があるため，供給連鎖とは異なる。7章参照。

2）品質，価格や顧客企業がある程度決まっている BtoB 企業の取引の場合，納期遅れは最終製品の製造工程全体に影響を与える。近年，自動車メーカーの生産停止が報道される背景には，半導体等の部品の納期が予定通りに進んでいないことが原因のひとつに挙げられている。

111

連鎖（Supply Chain）がともなう。

　こうしたプロセスを"流通"と呼び，特にモノとしての製品に注目した流れを"物流"と呼ぶ。ただし，製品は企業側から消費者側へ提供されたとしても，場合によっては，製品の「所有権」は提供されないことも生じる。

図表10－1　直接流通と間接流通

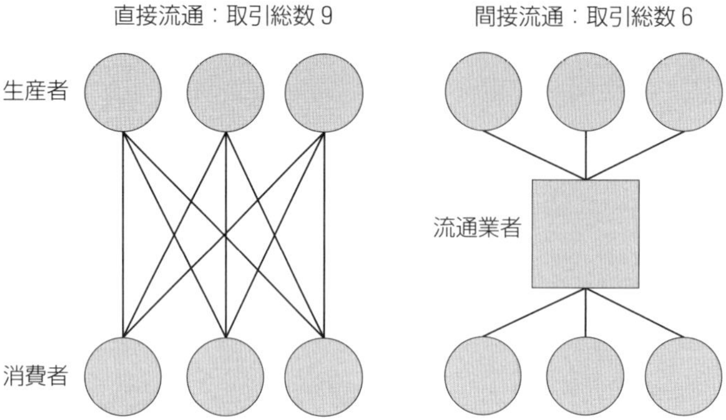

直接流通：取引総数 9　　　　　間接流通：取引総数 6

生産者

流通業者

消費者

（出所）　筆者作成

　たとえば，消費者が販売者の自動車ディーラーから新車をローンで購入した場合，納車後，消費者は自動車を運転することはできるが，ローンを完済するまでは自動車を他者へ売却することはできない。なぜならば，自動車の所有権は消費者ではなく，ディーラーまたはローン会社が持っているからである。こうした製品（上記の例では自動車）が企業から消費者へ提供される際の「所有権」の流れを"商流"と言う。

　一方，ローンとはお金の支払いであり，お金の流れは，原則，消費者から企業であるディーラーやローン会社へ支払われるため，物流，商流とは逆の流れとなり，これを"金流"と呼ぶ。

　また，製品としての自動車にはさまざまな機能が備わっている。機能を説明する取扱説明書などの情報が企業側から消費者へ提供される。逆に，消費者から乗り心地や扱いやすさ等の情報が企業側へ提供され，次の自動車開発やサービス提供へ反映される。こうした双方向の情報の流れを"情報流"と呼ぶ。

第10章 マーケティング・チャネルとプラットフォームについて考える

　上記例のような供給連鎖は，単に自動車という製品をディーラーが消費者へ届けているわけではなく，自動車メーカーや自動車メーカーへさまざまな部品，材料などを供給する企業が，何らかの価値を付加しながら企業間連携を図り，付加価値の塊としての製品＝自動車として消費者へ提供している価値連鎖（Value Chain）ととらえることもできる。

　供給連鎖のマネジメントは，主に「製造」「販売」などの各供給企業に注目し，製品の流れを可視化して供給体制の改善を図ることを目的として行われる。

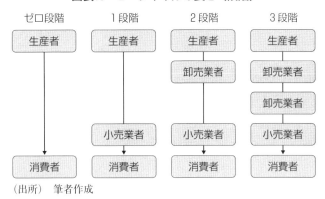

図表10－2　チャネルの長さ（段階）

（出所）　筆者作成

　一方，価値連鎖（Value Chain）のマネジメントは，製品の製造や販売といった各プロセスにおいてどのような価値が付与されているのかを可視化して，生み出す価値の最大化を図るために行われる。たとえば，企業の主活動（購買，製造，販売など）をサポートする支援活動としての経営企画，人事管理，技術開発，事務機器等調達は，直接的に製品プロセスに関与しないが，企業活動全体を継続するために必要な活動となる。そうした活動における付加価値を可視化しマネジメントすることは企業として必要となる。

図表10-3　バリューチェーン・モデル

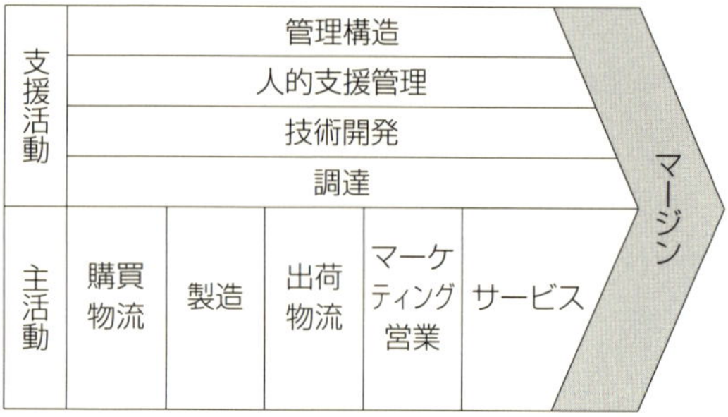

支援活動	管理構造					マージン
	人的支援管理					
	技術開発					
	調達					
主活動	購買物流	製造	出荷物流	マーケティング営業	サービス	

（出所）　ポーター（1985）

2 ｜ 企業間連携

　暮らしの中にある衣食住働遊にはさまざまな製品が欠かせない。暮らしの中にある製品のひとつに自動車がある。ガソリン車に使用される部品点数は数万点以上あると言われる。また，日本の自動車産業に関わる雇用者数も約558万人以上，全就業者数の約8％（全就業者数約6,700万人）を占め，日本の基幹産業である（2022年度）。

　自動車産業の供給連鎖は現実的には複雑だが，理解しやすく分けると，トヨタモデルと言われる垂直統合型と欧州モデルと言われる水平分業型がある。

　垂直統合型は，M&Aやアライアンスを含め，バリューチェーンの川上（川上統合）や川下（川下統合）へ向けて，サプライチェーンコストの優位をねらい，事業領域を拡張する戦略を指す。水平分業型は，競合他社（同一の製品／サービスを販売する企業など）へのM&Aやアライアンスにより，規模の経済性（大量生産／大量販売で製品の固定費を下げ，価格競争力を高める）の獲得をねらう戦略を指す。

　垂直統合型のメリットは，供給連鎖の全体を最上流のメーカーが把握でき，各工程をマネジメントできるため，全体コスト削減が可能になることがあげられる。また，各工程の価値連鎖も把握できるためマーケティング戦略などにおける選択肢が増え，企業の競争力強化へつなげることも可能となる。

　加えて，垂直統合型では川上や川下の市場に関する情報入手ができるようになるため，各市場にある顕在化したニーズも把握できるようになったり，潜在

114

第10章　マーケティング・チャネルとプラットフォームについて考える

図表10-4　垂直統合型と水平分業型の供給連鎖の例

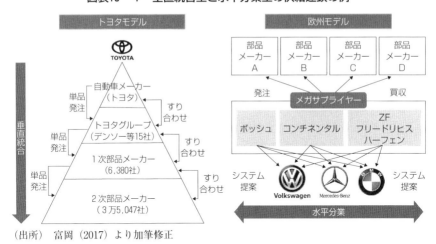

（出所）　富岡（2017）より加筆修正

的なリスクも察知し，事前に対応策を打つことも可能となる。

　こうした垂直統合型のモデルは，自動車業界以外でもみられ，ユニクロなどを展開するファーストリテイリング社のSPA（Specialty store retailer of Private label Apparel）も垂直統合型のモデルと言われている。また，IT産業で多く採用されており，デル社[3]などがある。

　垂直統合型のデメリットは，組織の意思決定に関することがあげられる。たとえば，垂直統合により組織全体が強大化するため，顧客の細かなニーズに対応することが難しくなったり，急激な環境変化の際，素早く対応できないリスクが生じる。また，組織が拡大すると経営資源が組織全体へ分散することになり，全体最適化はされるが，専門性が希薄化され，コアコンピタンス（企業の核となる強み）を失い競争力の低下につながる可能性が出てくる。

　さらに，同じ領域の生産活動では外部組織の生産活動によって誕生した新製品や新技術の導入が難しくなるリスクが生まれる。結果，現在の活動領域の市場競争力が低下する[4]。加えて，コーポレートガバナンスの統制も難しくなる。

3）同社は90年代，DELL直販モデル（中間業者を通さない直接販売＆受注生産／BTO：Built to Order）でパソコン業界を一変させた。
4）たとえば，90年代に日本の半導体産業がアメリカや韓国，台湾などに負けた理由のひとつに，海外の優れた知見を導入できなかった／しなかったことがあげられる。

115

一方，水平分業型のメリットは，各企業が得意分野に集中でき，業務効率が向上するメリットが挙げられる。企業の不得意な分野の業務を行う必要がないため，クリエイティブ性や専門性が優れ，他社には真似できない競争力を生みやすい。また，コアコンピタンスの希薄化といった垂直統合のデメリットを克服することができる。加えて，委託する企業を代えることで，時代のニーズに合わせて短期間で新しい製品を作り出すことができるなどがあげられる。

水平分業型のデメリットは，企業理念や指揮系統が異なる企業同士の連携のため，垂直統合型と比較すると企業間の意思疎通が困難となり，結果的に市場や経済の環境変化に素早く対応することが難しくなる。また，最終製品メーカー内に必要な技術やノウハウが蓄積されにくいため，製品づくりに対するビジョンやインテリジェンスが徐々に空洞化するリスクもある。

上記に示した垂直統合型と水平分業型をあわせもった仕組みを採用する企業もあり，アップル社がその代表とも言われている。アップル社は，技術開発，原料調達，部品生産，部品調達，品質管理，販売供給，販売促進，アフターサービス，苦情処理などを自社または自社グループ企業で担っているが，開発・設計，製造，販売の工程は，別の企業に委託するビジネスモデルを採用している。

3 プラットフォーム・ビジネス

一般的なビジネスは，対顧客との観点からすると，仕入れた原材料を何らかの技術で加工し付加価値のある製品として企業が販売する，または技術を持った企業がサービスを顧客へ提供するというように，何らかの価値を付加し，顧客から対価を得るというビジネスである。中田（2008）や経済産業省（2019）を参考にすると，後述するプラットフォームという言葉を意識し表現するなら「シングルサイド・ビジネス」と呼べる。

これに対し，異なった2つのタイプの顧客を抱え，ひとつのタイプの顧客の存在が魅力的で他方の顧客が参加し，あるいはその逆も成り立っているビジネスもある。このようなビジネスでは，製品やサービスの交換が行われる「場」そのものに価値があり，その「場」を運営することがビジネスになっている。

たとえば，メルカリのようなネット空間の「場」は利用客と出品者という2

第10章 マーケティング・チャネルとプラットフォームについて考える

図表10－5　プラットフォーム・ビジネスの概念イメージ

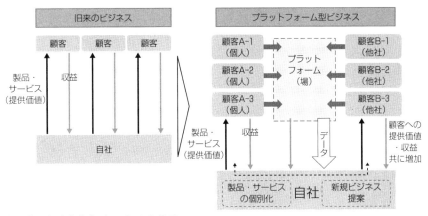

（出所）経済産業省（2019）より修正

つの顧客グループを抱える。メルカリは売手である出品者から商品を仕入れ，何らかの付加価値をつけ，買手である利用客にそれを販売するというシングルサイド・ビジネスを行っているわけではない。メルカリは「場」そのものを運営，あるいは決済や仲介などのサービスをビジネスとしている。利用客は出品者が多いからメルカリを利用し，出品者は利用客が多いからメルカリへ出品する，という相互依存関係にある。このように，2種類の顧客グループを抱え「場」を運営するビジネスを「ツーサイド・プラットフォーム・ビジネス」と呼ぶ。

また，クレジットカード会社のようにカードの利用客，小売業やサービス業などの加盟店，銀行・航空会社・デパートなどのカード発行の提携先という，3種類以上の顧客グループを抱えるビジネスは「マルチサイド・プラットフォーム・ビジネス」と呼ぶ。

総じていえば，プラットフォーム・ビジネスとは，他のプレイヤーが提供する製品・サービス・情報と一緒になることで，初めて価値を持つ製品・サービスを提供する「場」のビジネスということになる。

なお，プラットフォーム・ビジネスはネット系企業が多数を占める印象を持つが，製造業でもプラットフォーム・ビジネスを展開している企業もある（**図表10－6**）。

図表10-6　プラットフォーム・ビジネスの代表例

種別・分類		代表的なプラットフォーム（企業）
ネット系	検索エンジン	Baidu・Bing・Google・Yahoo!
	SNS	Facebook・Instagram・TikTok・X（旧Twitter）
	EC構築・運営	Amazon・BASE・STORES・メルカリ・楽天市場
	コミュニケーション	Chatwork・LINE・Skype・Teams・Zoom
	アプリ開発	Apple Store・Google Play
	静止画・動画・音楽・メディア	AWA・Pixiv・Spotify・YouTube・ニコニコ動画
	宿泊・配送等手配	Airbnb・Lyft・Uber
	旅行サイト	アゴダ・エアトリ・トリバゴ・Yahoo!トラベル・一休.com
	クラウドインフラ・ストレージ	Android・AWS・Box・Dropbox
	クラウドソーシング	クラウドワークス・ココナラ・シュフティ・ランサーズ
	ペイメント・決済代行	Airペイ・Google Pay・Paypal・PayPay・Suica（スイカ）・楽天ペイ
製造系	建設機器	コマツ（Komtrax＜コムトラックス＞サービス）
	電気	シーメンス（産業用IoT：MindSphere＜マインドスフィア＞）
	工作機械	碌々（ろくろく）スマートテクノロジー（加工機の状態を見える化＜Advanced M-Kit＞）
	空調機械	ダイキン（工場IoTプラットフォーム）

（出所）　筆者作成

　プラットフォーム・ビジネスには，収益モデルがいくつかあり，ここでは「媒介プラットフォーム・モデル」と「基盤プラットフォーム・モデル」を紹介する。

 媒介プラットフォーム・モデル

　売手と買手などの二者間を仲介媒介するのが媒介プラットフォームである。

118

第10章　マーケティング・チャネルとプラットフォームについて考える

売手側の代理人としてセールスを行うというタイプであれば，それは特定の売手が顧客を集めるプラットフォームである。逆に，買手側の代理人として探索交渉を行うというタイプであれば，特定の買手が売手を集めるプラットフォームとなる。さらに，そのどちらでもなく，中立的に両者をマッチングさせる仕組みを提供するというプラットフォームもある。

　たとえば，メルカリは，個人にとって不要なものを販売したいという個人と，買いたいという個人を結びつけるマッチングを提供するプラットフォームである。個人間取引は，見知らぬ人と取引をすることになり，注文購入したが商品が届かなかった，届いた商品が違っていた，商品を送ったが購入代金が支払われなかったなど，トラブルにまきこまれがちである。

　そこで安心した個人間取引ができるよう，取引相手双方の評価ができるようにするとか，購入代金をいったんプラットフォームが預かって商品の受け取り確認後，売手に渡されるとか，互いに住所等を知らせずに郵送宅配できる，などのサービスを提供している。

 基盤プラットフォーム・モデル

　同じプラットフォームサービスでも，基盤となってその上で関連ビジネスが成立するというのが基盤プラットフォームである。

　たとえば，家庭用ゲーム機器である任天堂のSwitchやソニーのPlayStationの場合，これらのゲームのハード機そのものが基盤プラットフォームである。その上で稼働するゲームソフトのビジネスが広がる。ゲーム機器が普及すれば，ゲームソフトのビジネス機会が増え，ゲームソフトの種類が増えればゲーム機器の効用が増加するというネットワークの経済が働いている。

　したがって，ゲーム機のビジネスでは，性能の良いゲーム機を開発販売するだけでは不十分で，サードパーティであるゲームソフト会社をまきこみ，より多くの魅力的なゲームソフトがそのゲーム機向けに開発販売されることが不可欠となる。

 プラットフォーム・ビジネスの効用と課題等

　プラットフォーム・ビジネスには，利用者が増えれば増えるほど，利用者の利便性が向上したり，価格が低下するなどの効果があらわれる，ネットワーク

119

の経済性やネットワーク効果，ネットワーク外部性と呼ばれる概念や現象が関係している（**図表10－7**）。

図表10－7　ネットワーク効果（外部性）のイメージ

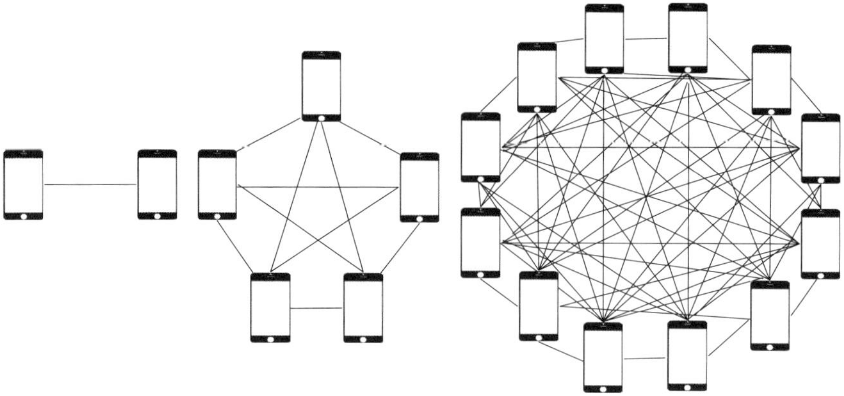

（出所）　筆者作成

　一方，プラットフォーム・ビジネスは，競争が激しく，ユーザーのプライバシー保護や取引の信頼性の確保など，多くの課題を抱えている。

　たとえば，プラットフォーム・ビジネスは，新規参入しやすく，競合他社が次々と参入することがあるため，競争が激化することがある。そのため，利益率が低下する可能性がある。また，プラットフォーム上の取引における詐欺やトラブルも発生している。

　加えて，プラットフォーム・ビジネス企業は，ユーザーから大量のデータを収集しているが，そのデータを管理することには，ユーザープライバシー保護やセキュリティの問題があるため，適切な管理が求められる。

　たとえば，EU（European Union：欧州連合）では，すでにデジタルプラットフォーマー企業の取引を透明化するための規則が制定・公布されている。各企業は，収集される個人データなどを利用できる者やその範囲・条件などを明確化すべきことなどが求められている。また，莫大な利益を生むデジタルプラットフォーマーに対し，デジタル課税を導入する動きも出ている。

第11章

ブランドについて考える

◆この章で考えたいこと，議論したいことのポイント◆

　この章は，誰もが聞きなれた「ブランド」という言葉の持つ意味や「ブランド」をビジネス的に取り扱うための理解促進を意識している。

　身の回りにはさまざまな「ブランド」があふれている。さまざまな企業や自治体なども「ブランド化」をめざす。それはなぜなのか。欧米の高級ファッション「ブランド」だけが「ブランド」なのか。

　「ブランド」と「ブランド以外」は何が具体的に異なるのか。なぜ「ブランド」を欲しがる人がいるのだろうか。たとえば，何か物を入れる機能として，百円や千円で売っている袋を考えた場合，百万円を超えるような欧米の高級バッグは，百円や千円の袋と何が異なるのだろうか。こうしたことは，時計でも服でもホテルなどのサービスにも言える。

　消費者は，モノやサービスに何を感じ，何を求めているのだろうか。企業は，どのように消費者へアプローチしようとしているのだろうか。そうしたことを考える，議論するきっかけにしてほしい。

CASE	産業財企業の BtoB ブランディング

　ブランドと言えば，高級ブランドのルイ・ヴィトンやエルメス，街中でよく見かけるマクドナルド，コカ・コーラ，スターバックス，また，IT 関連では，アップルやグーグルなどが思い浮かぶのではないか。これら個人や家庭で使用する製品を消費財という。しかし，社会に存在する多くの企業は産業財や生産財と言われる原料や部品などを取り扱う企業である。

　最終製品として消費者が目にするバッグや食べ物，スマートフォンなどにはさまざまな材料や部品が使用されている。しかし，それらはなかなか注目されない。なぜならば，多くの原料や部品は消費者の目には触れないからである。

　だが，あらゆる産業がデジタル化する時代において，その根幹を握る部品のひとつに半導体がある。半導体は，農漁業製品，工業製品や AI をはじめとするサービス製品等の生産・流通・販売などに関わっており，DX 時代には欠くことのできない製品のひとつである。

　世界的な半導体企業のひとつにインテル社がある。同社の半導体製品は，原則，直接的に消費者へ販売されるわけではなく，PC やスマホ等に組み込まれた部品のひとつとして供給される。インテル社の製品を見たことのある人は稀であろう。インテル社の顧客は PC メーカーやスマホメーカーであり，BtoB 企業のひとつである。しかし，インテル社のブランド・ネーム，ブランド・ロゴ，スローガンの「インテル入ってる（Intel Inside®）」などを認知している人たちはルイ・ヴィトンやマクドナルド，アップル等のブランド認知と同様に多いのではないか。

　また，BtoB 企業や BtoC 企業のブランディングには，技術ブランド（最終製品に使われている材料や部品，プロセスなどの技術によって顧客に訴求するブランディング）を用いた手法もある。

　たとえば，ユニクロ製品に使用されている東レ社の「ヒートテック」やフライパンなどに使われているダウ・デュポン社の「テフロン加工」，ガムに使用されているロッテ社の「キシリトール」，スキーウェアなどに使用されている，WL ゴア＆アソシエイツ社の「ゴアテックス」などがその代表例だろう。

第11章　ブランドについて考える

　ブランド，第5の経営資産[1]と指摘されるように，マーケティングを学修する上で重要なテーマのひとつであるが，理解がむずかしいテーマでもある。
　その理由はいくつかあるが，時代とともにブランド概念が変化していることがあげられる。また，ブランドはさまざまな要素や機能を持っていて，ブランド要素や機能等の基本を理解した上で，他社との競争の中，顧客との共創価値やAI，DX，SDGsを含め，ブランド構築（戦略）・運用に関する体系的理解が必要となる。その上で，具体的なプラン策定，経済的価値や社会的価値の創造，といった組織運営（企業や非営利組織を含む）を理解することも必要となるためである。

1　ブランドに関する時代的な傾向

　ブランドは8世紀～14世紀にかけ，牛などの家畜に対し自分の所有物として「焼き印」を付けたことが始まりと言われている。19世紀までは，ブランドは単に製品を識別するための名前やロゴ・マークなどの印象的な要素であり，消費者に製品を覚えてもらうために使われることが多かった。
　しかし，20世紀に入り，大量生産大量消費の時代に突入すると，ブランドの持つ意味が変化してくる。以下にブランドの時代的な傾向をまとめる[2]。

　製造業時代（1800年代～1900年代初頭）

　製品や製品を作る会社の名前がブランドとして知られるようになり，製品品質や信頼性を示すために，ブランド名が使われるようになる。

　マス・マーケティング時代（1900年代初頭～1980年代）

　大量生産大量消費による製品競争が激化して，広告業界が発展する。ブランドは製品の特徴や利点を伝えるための表現手段としての役割が拡大した。また，ラジオやテレビなどのマスメディアが発達し，マス広告が広がった。

1）片平（1999）は，ブランドをヒト・モノ・カネ・情報に次ぐ第5の経営資源と指摘している。
2）ブランドの変遷については田中（2017），マーケティングの変遷についてはコトラーほかの「マーケティング3.0，4.0，5.0」などを参照されたし。

123

個別化，拡散化，統合化時代（1980年代〜1990年代）

　顧客ニーズにもとづいて製品等を開発し，個別の顧客市場を狙うことも増え，ブランドは製品・サービスだけでなく，企業自体や地域等を対象としたブランド化がすすむ。また，ブランドが持つ価値観やイメージ，ストーリーを体系化し，消費者の感情に訴える総合的な概念として考えられるようになってきた。

　また，SPA（Specialty store retailer of Private label Apparel／主に衣料品ブランドを自社で企画し自社の店舗で販売するメーカーと小売が一体化した業態，製造小売業）が出現した。

 インターネット時代（1990年代〜2010年代）

　インターネットの普及により，消費者は製品・企業情報を容易に入手でき，自分たちのニーズに合ったブランド（製品ブランド，企業ブランド等）を比較選択することが可能となった。SNS 等を利用し，消費者同士がブランド情報を共有する中，企業は顧客とのさまざまなコミュニケーション活動（顧客体験を含む）を通じて，ブランド価値を向上させる必要性が出てきた。

 サステナビリティ時代（2010年代〜現在）

　国境や地域を超えた経済活動，社会活動などが行われるグローバル化・多様化の時代に突入し，消費者は環境配慮や社会的責任を果たす企業やブランドを求めるようになってきた。また，人工知能などの ICT の急速な発展にともない，DX 時代では，ブランドの持続可能性・社会的インパクトを評価する指標（CO_2 排出量やサイバー被害数等）の開発や顧客管理システム（CRM や SFA 等）の普及にともない，企業は認知度や知名度等以外の評価指標に対応するために，ブランド戦略を再構築する必要が出てきた。

2 ブランドとは何か

　ブランドは時代によって概念や意味が変化していることもあり，ブランドとは何かを定義することは簡単ではない。ここでは，まず**図表11－1**を手がかりにブランドについて考える。

第11章　ブランドについて考える

図表11-1　製品化，商品化，ブランド化

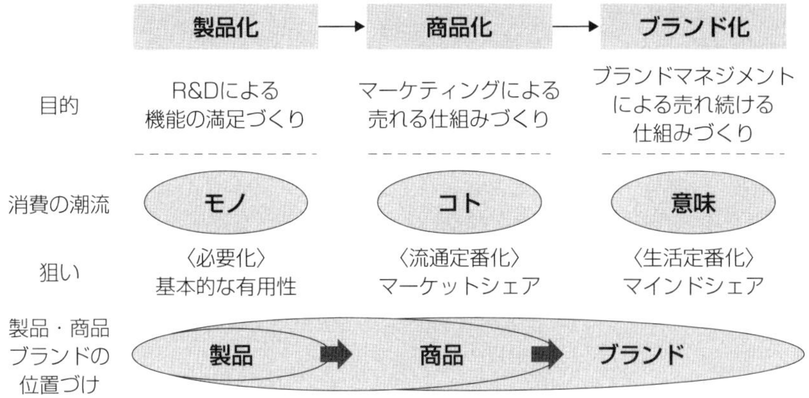

（出所）若林（2007）「商品開発とブランド設定」より加筆修正

1　製品[3]

　製品は人間にとって有用な人工物を指すのが一般的な定義である。この定義に沿えば，製品は有形物しか含まず，無形財，たとえば，ホテルやカフェ等で提供されるサービスは製品に含まれない。しかし，マーケティングの観点からは，顧客のニーズを満たす，顧客にとっての価値を提供するものすべてが製品であり，サービスなどの無形財も含む。

　ここでの「製品化」は，顧客に求められる基本的な機能などの有用性を製造・生産することを意味する。顧客に販売提供される前に，まず製品として生産されるという意味では有形財，モノを想定している。そして製品を作ったからと言って売れるわけではない。売れるためにはそのためのマーケティングが必要である。

2　商品

　商品は，交換される財のことで，一般に最初から交換を目的に生産されて提供されるものである。自分のために生産し使用する自給自足の財を商品とは言

3）製品に関しては7章の1でもとりあげていて，製品は顧客のニーズを満たす手段としての位置づけであり，5つのレベルによって製品をとらえることについて説明している。

125

わない。この意味で商品は他者との交換，取引，流通を想定している。

　ここでの商品化は，まさに製品が他者と交換，取引，流通されるために，マーケティング，売れる仕掛けや仕組みをつくっていくことを意味している。

❸　ブランド

　製品がマーケティングによって売れるようになるからと言って，それはブランドではない。ブランドとなるためには，製品が他の製品と区別されて顧客が認知し，記憶し，顧客のマインドでのイメージを持つようになるということが求められる。そしていったんブランドとして確立する，「強いブランド」になれば，顧客から選ばれ続け，売れ続けることにつながる。

　製品とブランドの関係では，最も単純なモデルでは，個別の製品に製品名を冠した商品ブランドが成立する。製品とブランドが1対1の対応関係にあるというものである。しかし，製品がいったんブランドとして消費者に認識されると，ブランド連想が起きる。

　なお，ブランドは製品やサービスに使われるだけでなく，企業や事業に対しても使われることがあり，4～5の階層に分けて議論される（ブランド階層）。たとえば，①グループブランド，②コーポレートブランド，③事業ブランド，④カテゴリーブランド（ファミリーブランド），⑤個別の商品・サービスブランドというような階層に分けられる。

　花王は洗剤，トイレ，化粧品などの日用品を取り扱う化学メーカーで，ブランドを清潔・美・健康・環境・生命の5領域に分け管理している。

　ヘルス＆ビューティーケア領域の中に，「メリット」ブランドを持っている。メリットは，「家族シャンプー」として50年以上の歴史があり，シャンプーのほかにもコンディショナーやシャンプーブラシまで製品カテゴリーを広げ，製品群に共通するブランドが形成される（ファミリーブランド）。

　当初特定の製品に付けられていたブランドを他の製品カテゴリーにも付与することを「ブランド拡張」という。こうなると，製品がブランドを規定するのではなく，ブランドを製品群の傘として規定するようになり，関係が逆転する。

　さらに言えば，スターバックスのように，会社と事業の一体性が強い場合，企業ブランドは消費者にとって強力な判断基準となる。他方，一企業の下で複数事業を営み多様な製品群を抱える多角化企業においては，企業ブランドがも

たらすブランド・イメージはあいまいなものになりがちで，企業ブランドと個別事業，個別商品のブランドとの整合性はとりにくいものとなる。

　たとえば，エレクトロニクス製品を中心に事業展開してきたソニーは，今日，音楽，映像，ゲームといったエンタテイメント事業のほかにも銀行，生命保険，不動産などの事業展開をしている。

　ここでは，製品単位のブランド開発に着目するが，製品化とは，そのものが持っている機能（スマホでいえば通話機能やメール機能など）に着目した製品開発を指し，そのものをマーケティングによって「市場で売れる仕組みづくり」をすすめることが商品開発となる。商品開発における課題は，消費者にとって価値あるものとして受け入れられるような条件整備をすすめることにある。

図表11-2　商品開発とブランド開発

	商品開発	ブランド開発
目的・目標	モノの開発 （R&D*コスト大） ▼ 機能―品質―市場シェア	意味の開発 （A&P*コスト大） ▼ 使用場面―便益―マインドシェア
戦略レベル	事業部レベル ▼ 短・中期的視点	会社レベル ▼ 長期的視点
キーワード	カテゴリー／テクノロジー／クオリティ （分野／技術／品質） ▼ 戦術発想（4P）	ポジショニング／フォーメーション／メンテナンス （棲み分け／配置／維持・管理） ▼ 戦略発想（STP）

＊Research and Development：研究・開発費　Advertising and Promotion：広告・販売促進費
（出所）　若林（2007）「商品開発とブランド設定」より加筆修正

　さらに，ブランド・マネジメントによって売れ続ける仕組みづくりをすすめるブランド開発になるというように発展的にとらえることができる。

　ただし，製品開発とブランド構築は全く異なるマネジメント課題である。つまり，製品開発は，モノの開発であり，機能，品質，コスト，市場シェアに着目する。戦略レベルは，事業単位レベルであり，目標設定も短・中期的である。

　一方，ブランド構築は「意味の開発」であり，ブランドを使用する場面や便益，消費者のマインド・シェア[4]に注目する。消費者の生活において，どんな意味を当該商品は持つのか，といったことをアピールするのがブランドである。

3 | ブランドの主な要素と機能

　ブランド要素とは「ブランドを識別し差別化するのに有効で商標登録可能な手段」とされている（ケラー　2000）。

　主なブランド要素は①ブランド・ネーム，②ブランド・ロゴ，③シンボルマーク，④キャラクター，⑤スローガン，⑥ジングル（サウンド・ロゴや商品から出される音，CMソングなど），⑦パッケージ，⑧ブランドカラー，⑨ブランド・セント（香り）等を指し，これらを消費者とのコミュニケーション手段として利用し，消費者の視覚・聴覚・触覚・嗅覚などに訴え，言語的な意味（企業が意図するブランドの姿≒このように見られたい，思われたい，理解されたい，とするメッセージ）を与え，ブランド認知の向上やブランド・イメージの形成を図る手段として用いられる。

　ブランド構築（戦略）を行う際は，各ブランド要素をどのようなシーンでどのように消費者へ届けると効果的なブランド・イメージの形成につながるのか，を検討しなければならない。

4 | ブランド構築（戦略）とブランド・マネジメント

　Kapferer（1992）はブランド・アイデンティ・プラットフォームを提示し，ブランド・アイデンティティを①存在根拠，②立場，③ビジョン，④価値，⑤ミッション，⑥テリトリー，⑦アンカーとなる行為やプロダクト，⑧ブランドのスタイルと言語，⑨ブランドの想像される顧客，の9段階に分けている。たとえば，企業の存在意義から始まり，消費者がブランドに触れる製品群や広告キャンペーンで強調されるテーマの認知，といったように目に見え，手に取れるようにアイデンティティを具現化していくことでブランド構築を実行していく，としている。

　また，Kapfererは，ブランド・アイデンティを構築するためのモデルとし

4）マインド・シェアとは，顧客や消費者の心の中に占めるブランドの占有率のこと。顧客がある商品やサービスを思い浮かべた時に，それと関連して思い浮かぶ企業ブランドや商品ブランドの割合。

第11章　ブランドについて考える

図表11-3　Brand-Identity Prism モデル

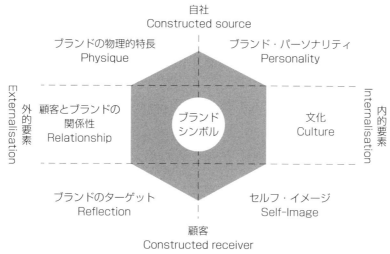

（出所）https://www.eurib.net/brand-identity-prism-van-kapferer/ より加筆修正

てブランド・アイデンティティ・プリズムモデルを提示している[5]（**図表11-3**）。

　縦軸は一方が自社，もう一方が顧客となる。自社の側には「ブランド・パーソナリティ」，「ブランドの物理的特長」など，自社が定めるものが置かれる。顧客の側には「顧客がどのような人たちなのか（ターゲット）」と，「顧客のセルフ・イメージ」が置かれる。

　横軸は，外的要素と内的要素となる。内的要素は「自社内の従業員や文化」，外的要素は「自社ブランドと顧客との関係性」を配置し，縦横の各要素を六角形に配置する。

　そして，中央にはロゴなどのブランド・シンボル（象徴）を配置することで，対象ブランドをビジュアルとしてイメージする。

　各要素はおよそ以下のように説明されている。

5）ブランド構築理論には Keller（2001）の CBBE モデル（Customer-Based Brand Equity：カスタマー・ベースド・ブランド・エクイティ）などもある。

129

Physique：ブランドの物理的特長

　ブランドの物理的な特徴の集合であり，ブランド名が言及されたときに人々の心に呼び起こされるロゴ，色，パッケージ，タイポグラフィ（フォント），また，店舗であればその外観や店内の雰囲気，Web サービスならユーザーインタフェースなども含まれる（Mac と Windows の違いなど）。

Personality：ブランド・パーソナリティ

　人間は独自の個性（パーソナリティ）を持っているように，企業もそれぞれの個性を持っている。個性を明文化したもので，ブランドを表現するキャッチコピーやブランドの特徴を表すデザインや配色など。

　たとえば，ニトリの「お，ねだん以上。」，資生堂の「一瞬も 一生も 美しく」，大成建設の「地図に残る仕事。」などは，企業ブランドを表したキャッチコピーと言える。コカ・コーラ社の「赤色」もパーソナリティを表している。

Relationship：顧客とブランドの関係性

　顧客とブランドがどのような関係性を築くかを指す。顧客とブランドが共通する価値観や目的，意義を通じて精神的に繋がり，顧客行動にポジティブな影響を及ぼすとき，関係性ができたと言える。

Culture：文化

　ブランドの価値観や行動規範などを指す。文化は単に企業だけではなく，企業が帰属する国や地域の文化・風習なども関連する。たとえば，コカ・コーラはアメリカの価値観に，メルセデス・ベンツはドイツの価値観を基盤とし，企業ブランドにも影響を与えている。

Reflection：ブランドのターゲット

　主要な顧客となる人々はどのようなグループなのかを指す。性別・年代などの表面的なデモグラフィック情報だけでなく，心理的側面やライフスタイルなどのサイコグラフィック情報も重要である。

Self-Image：セルフ・イメージ

　顧客自身が，ブランドと接したり，ブランドを思い出したりしたとき，自分についてどのようなセルフ・イメージを持つかを指す。

　たとえば，スターバックスのユーザーは「スタイリッシュさ，活力が有りいきいきした生活，質的な充実感，人との交流を重視」などを持っている。

5 ブランド・マネジメントと課題

　企業をはじめとする各組織において，ブランド構築を行う場合，どのような組織体制でブランド構築を行うのか，そして，何をどのようにマネジメントしなければならないのか，その2点について考えてみる。ブランド・マネジメントを行う体制として田中（2017）は6つの体制をとりあげている。

---

① **専門組織担当制**
　CBO（Chief Branding Officer）を設置し，ブランド管理専門の組織を作り，知財部門やコーポレート・コミュニケーション部門などと連携させる。

② **既存部門担当制**
　特定の既存部門がブランド管理を担当する。たとえば，広告・宣伝部門をブランド担当の組織として名称をブランド戦略部（室）などに変更する。

③ **委員会担当制**
　ブランド担当者を指名し，1人，あるいは組織横断的な委員会を立ち上げ，そこで管理する。この場合，どこかの部署が事務局機能を担当する。

④ **役員担当制**
　新たな組織や担当を設けず，CEOや上位役員がブランド管理を担当する。

⑤ **部課長担当制**
　ブランド・マネージャーなど，ブランド専門の担当者を新たに任命し，新しく管理専門部門は設置しない。

⑥ **外部組織担当制**
　外部の第三者にアドバイザーの形でブランド管理の一部を委ねる。第三者はデザインやビジネス・コンサルなど，ある領域の専門家であることが多い。

　次に，ブランド・マネジメントにおいては，ブランド機能が競合と比較して優位性を維持できているのか，ブランド要素としてのスローガンやブランド・ロゴのデザイン等が時代にマッチしているかどうか等，多種多様なレベルでマネジメントしなければならない。

　加えて，ブランド価値の評価手法にはさまざまな種類がある。代表的な評価方法には，①ファイナンシャル・アプローチ：企業の財務データを基にブランド価値を算出する手法。DCF法などがある。②カスタマー・ベースド・ブラ

ンド・エクイティ（CBBE）：消費者のブランド認知度，ブランド・イメージ，ブランド・ロイヤルティ，ブランド関与度などを調査し，ブランド価値を算出する手法。③マーケティング・ミックス・モデリング：製品の価格，プロモーション，広告，販売促進などのマーケティング活動がブランド価値にどのように影響するかを分析する手法。

　いずれの手法にしても，ブランドについて何を測定尺度にするのか，どう測定するのか，の議論が前提として必要になる。

　ブランド・マネジメントの体制の課題は，企業の考え方や組織が所有するヒト・モノ・カネ・情報の資源の質や量によって変わる。また，ブランドを複数持っている場合，各ブランド・マネージャーがブランド間の調整を企業全体の価値観を損なわないように調整可能なのか，さらに，経営トップが交代してもブランドの持つ価値や消費者へのコミュニケーションは変わらないのかなど，ブランド・マネジメントの体制にはさまざまな課題が付きまとう。

　加えて，企業ブランドと製品ブランドをどうマネジメントするのか，企業によっては，拡大したブランドをどう縮小するのかなどの課題も発生するだろう[6]。また，ブランドの評価指標をどう定め，どう測定していくか，ブランド・マネジメント・マニュアルの作成をどう行うのか等も課題としてあげられる。

　6）ブランド拡張の失敗例には，ファッションブランドの「カルバン・クライン」（ブランド展開を広めるために，ライセンス提供した企業が，勝手にディスカウント・ストアでの販売を行った）や化粧品の「資生堂」，家庭用品の「ユニリーバ」等の例がある。一方，成功例には「スターバックス」（スターバックスティ＆カフェという新しいコンセプトの店舗（ティバーナ）を展開し，お茶を中心とした商品を提供することで，新しい市場を開拓している）がある。

第12章

ローカル・マーケティングと
グローバル・マーケティング
について考える

◆この章で考えたいこと，議論したいことのポイント◆

この章は，リアル空間のビジネス活動の実態把握を意識している。

ネット空間におけるさまざまなビジネス展開が行われてはいるが，普段の生活空間は，リアル空間であり，衣食住のほとんどは地域や世界と密接なつながりの中で構成されている。

地域や世界の中でさまざまな人たちが生産活動や消費活動を行うことで，我々の暮らしが成り立っている。地域においては，主に自治体がさまざまなサービスを住民やその地域に訪れる人々に提供している。それは，ある意味マーケティング活動ともいえる。

また，世界にはさまざまな地理的特徴を持った国や地域があり，自国とは宗教や文化・風習の違いなどがある。そうした中で，どのようなマーケティングが有効なのだろうか。

多様性や異質性などがある中でどのようなサービスやモノが人々に求められているのか，企業や行政組織等は，どのようなアプローチしているのか，そうしたことを考える，議論するきっかけにしてほしい。

CASE　"おもてなし"を台湾で実現した「日勝生加賀屋」

　日本のローカル地域にある和倉温泉（石川県）の「加賀屋」は「プロが選ぶ日本のホテル・旅館100選」で1981年から36年連続1位を獲得したことのある，"おもてなし"を大切にした日本を代表する宿泊サービス企業である。

　その「加賀屋」が2010年12月台湾で高級旅館「日勝生加賀屋」をオープンさせた。"おもてなし"について，浦野（2016）は「モノと心の高度な一体感」「もてなす側の気品ある礼儀・所作」といった要因があり，かつ「もてなされる側の感受性・教養の高さ」が必要だとし，サービスやホスピタリティとは異なると指摘している。

"おもてなし"のイメージ

　"おもてなし"を実現するためには人の教育が欠かせない。「教育は先ず型から入るが，型を身につけていくと，自然とその型に込められた意味≒おもてなしの心の部分を学びたいとの気持ちが湧く。段階を踏んで型と心を身体と精神で理解してもらうことが必要」との考え方のもと，台湾の従業員たちにそれを浸透させていった結果，2013年に台湾の旅行サイトが発表した「高級温泉宿泊施設トップ10」で「日勝生加賀屋」は1位に選ばれた。

　一方，宮下（2012）は，およそ以下のようなことも指摘している。世界では世界基準のサービス提供で競争優位性を確保しているザ・リッツ・カールトン等のホテルが存在している。

　しかし，日本の"おもてなし"は，世界に通用するのであろうか。通用するとしたら，そこには日本型"おもてなし"の普遍的なモデルがあるはずだし，論理的に説明されるものでなければならない。

第12章　ローカル・マーケティングとグローバル・マーケティングについて考える

1 ┃ ローカル・マーケティング

　マーケティングはさまざまな国や地域，場所（ネット空間やリアル店舗等）
で展開される。世界進出を視野に入れた企業はグローバル・マーケティングを
めざすだろうし，一方で，商圏エリアを絞り，それぞれの地域に密着したエリ
ア・マーケティング[1]を採用する企業もあるだろう。

　また，マーケティングの主体は企業だけではない。非営利組織の自治体が
マーケティングを行うこともある。自治体が行うマーケティング目的は，農・
海・畜産物の生産者や地場産業の事業者と協働で，地域特産品等をふるさと納
税の返礼品として活用・流通させ，税収を確保し住民サービスを充実させるこ
と，などがあげられる。

　さらに，"ゆるキャラ"を自治体のメッセンジャーとして採用し，自治体の
知名度を向上させること。自然景観や温泉，お祭り等の地域の天然資源や歴
史・文化を活用し，観光客を誘致し地域経済の振興を図ること等があげられる。

　加えて，マーケティング活動を企業などの誘致や移住者支援につなげ，人口
増加や雇用の創出，地域活性化をねらいとする場合もあるだろう。

❶ ローカル・マーケティングの背景

　2015年時点で，日本には47都道府県があり，市町村数は1718（市：770，
町：745，村：183，特別区：東京都内23）が存在している（山越 2023）。

　約2,000近くある多くの自治体では，少子高齢化等に伴う税収不足等のため，
国から支給される地方交付金頼りでは，行政運営が厳しい状況となっている。
こうした中，住民への行政サービス（育児，教育，医療，福祉，インフラ整備
など）の質を落とさず，持続的に行政サービスを提供し続けられるかが，現在，
各自治体（特に都市圏から離れた地域）の抱える課題となっている。

---

1 ）食品スーパーやドラッグストア等のチェーンストアが一定地域に店舗を集中させ，その
　地域における市場占有率や知名度を向上させるドミナント・エリア戦略をエリア・マーケ
　ティングとし，この章ではグローバル≒国境を超える，の対義語としてローカル≒地方の，
　地場の，地域の，自治体の，との意味で用い，企業が行うエリア・マーケティングと区別
　し，ローカル・マーケティングを取り扱う。ローカル・マーケティングでは，自治体が行
　うマーケティングや観光マーケティングなどをとりあげる。

135

地域が抱える課題としては，①人口減少による限界・消滅集落の増加と空き家問題，②防犯・防災対策，③子育て支援，④教育機関の減少，⑤公共交通機関の減少，⑥医療・介護需要の増加，⑦地域産業の振興，⑧地域産業の担い手の確保・育成，⑨商店街・繁華街の衰退（シャッター商店街の増加）などがあげられる。

　「人口減少」，「少子高齢化」，「商店街・繁華街の衰退」などの地域が抱える課題は，中小企業，自治体ともに有効な取り組みができておらず，今後も地域の中小企業・小規模事業者を取り巻く経営環境は厳しくなることが予想される。

　企業と異なり，自治体にはさまざまな法的制限や地理的特徴などがあるため，課題解決手法には，ある程度の制約が課せられる。

　そうした現状の中で，自治体が持つヒト・モノ（天然資源を含む）・カネ・情報などの資源をいかに利活用できるのか。また，他自治体との地域間競争[2]に打ち勝ち，自らの財源をどのように確保し，地域経済の振興等につなげるのか。そうしたマーケティング的な考え方や手法が模索されていて，各自治体でローカル・マーケティングが取り入れられつつある。

 地域資源

　地域資源とはおよそ以下のようなものを指す[3]。

①	地域の特産物として相当程度認識されている農林水産物または鉱工業品
②	地域の特産物である鉱工業品の生産に係る技術
③	文化財，自然の風景地，温泉その他の地域の観光資源として相当程度認識されているもの
④	非移転性（地域的存在であり，空間的に移転が困難）
⑤	有機的連鎖性（地域内の諸地域資源と相互に有機的に連鎖）
⑥	非市場性（どこでも供給できるものではなく，非市場的な性格を有するもの）

　地域資源は多種多様であり，どの地域にも存在するが，地域住民にとっては身近すぎて，それが地域資源であると気づいていないことも少なくない。ありふれた地域資源でも，活用方法によって，地域活性化の源泉となることがある。

2）たとえば企業や工場の誘致，優秀な行政職員の確保，観光入込客数等の競争がある。
3）国土交通省（2003）（①②③）や文部科学省（2021）（④⑤⑥）の定義などを参考。

第12章 ローカル・マーケティングとグローバル・マーケティングについて考える

図表12-1 地域資源の分類例

地域条件	気候的条件	降水，光，温度，風，潮流等
	地理的条件	地質，地勢，位置，陸水，海水等
	人間的条件	人口の分布と構成等
自然資源	原生的自然資源	原生林，自然草地，自然護岸等
	二次的自然資源	人工林，里地里山，農地，寺社林等
	野生生物	希少種，身近な生物，山野草等
	鉱物資源	化石燃料，鉱物素材等
	エネルギー資源	太陽光，風力，熱等
	水資源	地下水，表流水，湖沼，海洋等
	環境総体	風景・風致，景観等
人文資源	歴史的資源	遺跡，歴史的文化財，歴史的建造物（寺社等）歴史的事件，郷土出身者等
	社会経済的資源	伝統文化，芸能，民話，祭り等
	人工施設資源	建築物，構造物，家屋，市街地，街路，公園等
	人的資源	労働力，技能，技術，知的資源 人脈・ネットワーク，ソーシャルキャピタル等
	情報資源	知恵，ノウハウ，電子情報等
物産的資源		農・林・水産物，同加工品，工業部品・組立製品等
中間生産物 （付属的資源，循環資源）		間伐材，家畜糞尿，下草や落葉，産業廃棄物，一般廃棄物等

（出所）三井情報開発株式会社総合研究所（2003）より

 シティプロモーション（シティマーケティング）

　シティプロモーションのとらえ方はいくつかあるが，シティマーケティングとも言われ，狭義の意味では都市や都市内の地区で行われるプロモーション活動を指す。広義の意味では都市に限らず地方自治体によって行われる，地域イメージ向上に行われるさまざまな活動の総称として使われる。
　シティプロモーションの目的もさまざまあるが，観光促進，国内の移住者誘引，企業誘致のために都市の対外的なイメージを変えるため等に実施される。
　シティプロモーションの成功例であげられるのは，公害などの都市のイメージの悪さを払拭した神奈川県川崎市や，「マーケティング課」を設置し，

137

DEWKS（Double Employed With Kids：30歳代～40歳代の共働き子育て世代）をターゲットに「住んでみたい街」として認知してもらうためのプロモーション施策を展開した結果，4年連続で人口増加率全国1位を記録した千葉県流山市などがある。

河井（2016）によれば，シティプロモーションは定住人口の獲得や観光客の獲得，地域内経済成長を目的とする総合計画や総合戦略実現に向けた基盤を造るものとして位置づけることが必要である。シティプロモーションが獲得し，上記の基盤となるものとは，一定の地理的範囲に関わる人々の意欲である。良質な宅地や住宅の供給，働く場所の提供や観光客を受け入れる施設の整備，地域内経済の循環の戦略があったとしても，それらを担い，円滑に運営する市民や地域に関わる人々の意欲がなければ，総合計画や総合戦略の目的が実現することは困難になる，としている。

図表12-2　シティプロモーションのロジックモデル

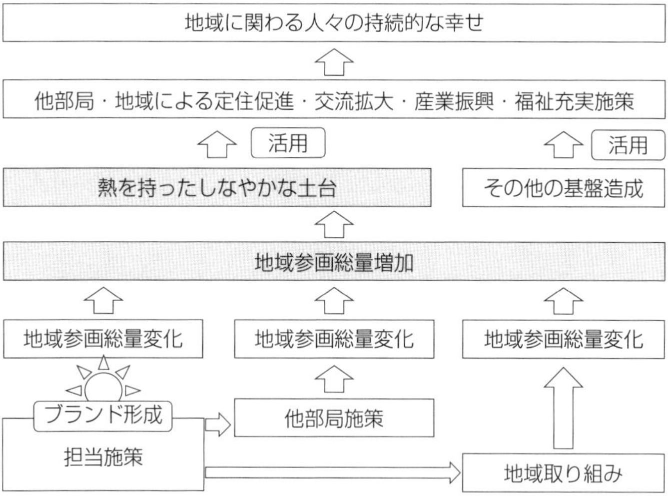

（出所）　河井（2017）より

❹　観光マーケティング／地域ブランディング

国土交通省／観光庁（2022）を参考にすれば，観光マーケティングとは，当該地域を初めて訪れる人やリピーター，地域のファンを増やし，地域の経済効

第12章　ローカル・マーケティングとグローバル・マーケティングについて考える

果や住民満足度を向上させる好循環を構築するための仕組みづくりを指す。

　また，清水（2007）を参考にすると，地域ブランドには「特産品ブランド」「観光地ブランド」「居住地ブランド」「勤務地ブランド」の4つの領域があり，それぞれに「買いたい」「行きたい」「住みたい」「働きたい」という現代人の地域に対する基本的欲求に対応している，とされる。

　また，「特産品ブランド」の要素として農・海産物，地場産業製品などがあり，「観光地ブランド」には歴史，風土，自然，各種インフラ，人的サービス，滞在施設，娯楽施設などがある。「居住地ブランド」および「勤務地ブランド」には「観光地ブランド」のほぼすべての要素のほか，教育，福祉などの地域行政が加わる。

　地域ブランディングを行う理由は，他自治体との地域間競争に打ち勝ち，各自治体が自らの財源を確保し，地域経済の振興や自治体に対する愛着や誇りの醸成等につなげ，地域を活性化させることだろう。地域ブランディングを行うための手段として，観光マーケティングの考え方や手法を用いることがある。

❺　一般的なマーケティングと観光マーケティングとの違い

　国土交通省／観光庁（2022）によれば，企業における一般的なマーケティングと観光マーケティングの違いを整理したのが**図表12-3**となる。

　両者を比較すると「マーケティングの対象」，「マーケティング活動の範囲」，「対象へのコントロールの難易度」，「ステークホルダーとの合意形成」，「マーケティング活動の流れ」の5つの観点で違いがあり，観光マーケティングを展開する上では，これらの違いを理解しておく必要がある。

　また，近年は体験型・交流型などのツーリズム[4]などの広がりにより，富士登山客によるゴミ廃棄や，京都ではカメラやスマホを舞妓さんに向けてつきまとう「舞妓パパラッチ」と呼ばれる観光マナー等の問題も散見される。

　観光地の自然環境・文化的遺産はむろん，日常生活を過ごす地域住民も重要な観光要素のひとつである。また，観光客自身も観光要素のひとつであり，そ

4）ツーリズムには体験や交流，学習等を目的としたエコツーリズム，ヘルスツーリズム，医療ツーリズム，アグリツーリズム，アニメツーリズム，スポーツツーリズム，ガストロノミーツーリズム，レスポンシブルツーリズム（責任ある観光），サステナブルツーリズム（持続可能な観光）等，多種多様な種類がある。

139

図表12-3　一般的なマーケティングと観光マーケティングの特性比較

	一般的なマーケティング	観光マーケティング
マーケティングの対象	・顧客 （市場に数多く存在する顧客のうち，どの層を狙うか）	・旅行者 （市場に数多く存在する旅行者のうち，どの層を狙うか）
マーケティング活動の範囲	・自社のブランドイメージ ・自社内で開発する商品・サービス	・観光地全体のブランドイメージ ・地域の観光関連産業の事業者が有する商品・サービス ・マネジメント対象地域に存する観光資源
対象へのコントロールの難易度	コントロールしやすい （自社で直接，商品やサービスを保持しているため，直接的なコントロールが可能）	コントロールが難しい （DMOは直接，商品・サービスや観光資源を保持しているわけではないため，コントロールが難しい）
ステークホルダーとの合意形成	組織内の合意形成で完結する （自社内の合意のみで施策を実行可能）	組織の外に多数のステークホルダーが存在 （DMO内の合意のみならず，地域内に存するDMOやDMC，行政，宿泊事業者，運輸事業者，飲食店，土産物屋など観光に関わる多種多様な業種の構成員の合意が必要）
マーケティング活動の流れ	自社のみでマーケティング活動が成立 （自社内で全社戦略策定から商品・サービス開発までを一貫して進めることができる）	自治体・DMO，地域事業者のマーケティング活動が混在（各フェーズを担う主体が異なるため，マーケティング活動にはステークホルダーマネジメントが不可欠）

（出所）　国土交通省／観光庁（2022）より

の土地の環境や文化などに与える影響に責任を持つべきである，というレスポンシブルツーリズム（責任ある観光）をいかに根付かせるかが，持続可能な観光や地域ブランディングを成立させるために必要とされている。

2 ｜ グローバル・マーケティング

　マーケティングの対象市場は，商品やサービス，ブランドなどを購入する，あるいは今後購入する見込みのある個人や組織が存在している場所と言える。

第12章　ローカル・マーケティングとグローバル・マーケティングについて考える

人口が増加している地域や今後の経済成長[5]が見込まれる国などもあり，ビジネスチャンスが拡大する場所は国内以上に海外にこそ存在する。

 グローバル・マーケティングの背景

　企業は，商品やサービス，ブランドなどのマーケティングをさまざまな場所（地域）で仕掛け，利益を上げたいと考える。しかし，商品やサービス，ブランドなど購入する見込みの個人や組織が海外にあったとしても，文化，歴史，気候，言語，法律，宗教等が異なる国外の市場で，国内と同じマーケティング手法が通用するのか，と考えることは自然なことである。戦後，日本企業は，成長拡大していく過程で，海外市場に挑戦していった経緯がある。

　近藤（2004）は，マーケティングの歴史を語る際，対米輸出マーケティングが国際マーケティングの一形態であるとともに，国際マーケティングの完成形がグローバル・マーケティング[6]だと主張している。そして，日本の民生用電子機器メーカー（三洋電機／現パナソニックグループ，東芝，シャープ，日立，松下電器／現パナソニック，三菱電機，ソニーの7社）の輸出マーケティングの特徴などを分析し，OEM供給／コスト優位戦略と自社ブランドの輸出／差

5）日本とは異なり，海外では人口が増加している地域があり，そうした地域では今後の経済成長が見込まれる。現在人口が増加している地域は特にアジアとアフリカが注目されており，中でもインド，ナイジェリア，エチオピア，インドネシアといった国々は大幅な人口増加が予測されている。
　　ただし，人口増が経済成長に必ずしも結びつくわけではない。人口が増えても，雇用する産業や生産性の高い分野が育成されなければ，失業者が増えたり，所得が低下したりする可能性がある。また，技術革新や教育投資などの要因も経済成長には必要である。
6）海外で行われるマーケティングは，国際マーケティングと呼ばれることもあるが，当初，主に輸出に関する【国際貿易マーケティング】（工業製品の大量生産が確立し，国内市場では販売しきれないほどの過剰生産能力が形成された場合，余剰商品を海外市場向けに輸出する企業行動）として展開され，現地化により【多国籍マーケティング】（輸出等国際貿易に加え，直接投資で外国に設立した現地法人等を通し海外市場にアプローチする方式を含む。そして，多国籍企業では世界中に分散立地させている複数の海外子会社＜生産・販売・研究開発拠点など＞の活動を組織化し，原材料・半製品・完成品の国家間移動を企業内貿易としてシステム化する方策を展開）へ発展し，さらに，活動範囲の拡大や組織の統一化により【グローバル・マーケティング】（地球全体をひとつの市場ととらえ，現地市場への適応化もしくは世界標準化のために，世界規模で多数の子会社や事業部を持ち，経営資源は価格や品質，流通経路などから安全かつ最も低コストの地域を選んで購入し，生産は人件費や労働の質などを考慮し最も生産性の高い地域で行い，販売は製品への需要や所得水準などから販売成果を推測し，その比重を決める。世界規模で各工程調整を行うことで情報や知識，経営資源を共有し効率を上げる）へと進化した。

別化戦略の2つの形態があることを指摘している。

グローバル・マーケティングにおける標準化，適合化，複合化

グローバル・マーケティングや国際マーケティングを議論する際，数十年前から標準化（世界で画一的な展開）と適応化（現地ニーズに合わせた現地適合化）はトレードオフの関係にあると指摘されてきた。

大石（2001）は標準化のメリットについて①コストの節約，②世界的イメージの形成，③組織の簡素化／統制の改善，④優れたアイデアの活用，⑤迅速な投資の回収，⑥規格統一化，⑦需要創造があると指摘している。

また，適合化のメリットとして①顧客満足の向上，②特定市場での売上増，③戦略の柔軟性／変化への迅速な対応，④すべての市場で対応可能，⑤NIH症[7]の回避，⑥子会社の自主性尊重，⑦子会社人材の確保・育成があると指摘している。

むろん，それぞれにデメリットもあり，標準化のデメリットは①各国の異質性に対応できず，新市場へ展開する機会の喪失が生じたり，②海外子会社の自主性が侵害されることによってモチベーション低下を招き，それに伴う人材不足が生じることもある（Channon & Jalland 1978）。また，適応化のデメリットは①各種コストが増大すること，②適合化が強くなりすぎると各国で顧客，パートナーが持つイメージがバラバラになり，ブランドアイデンティティが失われてしまうこと，③本社と海外子会社間の調整が難しくなり，双方の間に軋轢が生じやすいことなどがあげられる（古川 2021）。

標準化と適応化はトレードオフの関係にあるが，両者の良いところを合わせた複合化（ハイブリッド方策，共通要素方策，複数パターン方策，共通分母方策，SCM（Supply Chain Management）方策，ブランド・コンセプト方策）の議論もある（古川 2021）。

> ① **ハイブリッド方策**
> マーケティング・ミックスの4Pの組み合わせを変えることで，たとえば，商品やサービスの基本機能やブランドを世界標準化し，プロモーションや価格を現

---

7) NIH：Not Invented Here の略。ある組織や国が別の組織や国（あるいは文化圏）が発祥であることを理由にそのアイデアや製品を採用しない，あるいは採用したがらないこと。

第12章　ローカル・マーケティングとグローバル・マーケティングについて考える

地適合化する。

② **共通要素方策**

自動車会社等が採用しているように核となる基本的要素（プラットフォーム）を共通化することでコスト削減を図りながら，副次的要素を現地適合化することで現地ニーズに応えようとする方策。

③ **複数パターン方策**

世界中から知見を集め，その知見にもとづいていくつかのパターンを作り，海外現地法人はその中からひとつのパターンを選択し，それを現地に合わせ修正しようとする方策。

④ **共通分母方策**

各国市場から共通なニーズ等を選び出し，横串を通すように製品に反映させる方策。一国のひとつのセグメントでは規模の経済が得られなくても，横串を通せば大きな市場規模となる。

⑤ **SCM（Supply Chain Management）**

グローバルな規模で展開されるサプライチェーン・マネジメントの方策。在庫を極小化しつつリードタイムを短縮する SCM によりグローバルな市場変化へ迅速に対応できるメリットが生じる。

⑥ **ブランド・コンセプト方策**

企業のミッション等を反映した事業展開を世界で行う場合，一貫性を持ったコンセプト（価格要素，品質要素，ステータス要素，集団要素，感情要素，多様性・新規性要素，社会貢献要素等）を標準化しメッセージ化する方策。

❸　ボーン・グローバル戦略

総務省（2015）の『情報通信白書』によれば，インターネットの普及やクラウドファンディングによる新たな資金調達の基盤形成により，創業時と同時，または2，3年以内に海外展開やグローバルビジネスを狙う企業が出現し，このような形態を意識した企業を「ボーン・グローバル」と呼び，企業の国際化に係る研究等で注目されている。

従来の企業の国際化のプロセス（PEST 分析や CAGE 分析などを海外進出以前に行うことが一般的）は，一定期間の国内事業を展開した後，国際貿易（輸出）や技術供与の段階を経て，その後，海外直接投資（現地生産や現地での研究開発等）に向かうという漸進的・連続的・段階的な国際化の展開プロセ

143

スが主要な考え方であった。たとえば、メーカーの場合、輸出や技術供与の期間を経た後、対外的直接投資により、現地生産や研究開発等の活動を展開する。このように、まず、国内で事業活動を開始した後、次第に海外へ拡大していくプロセスに対し、ボーン・グローバル企業は、起業時からすぐに海外市場への参入を試み、あるいは同時に多数の諸外国へ参入したり、経験が限定的である中で合弁会社を形成する等、創業後まもなく国際的な活動を展開することが特徴としてあげられる。

ボーン・グローバル企業は、ベンチャー・中小企業、ハイテク系スタートアップ、そしてグローバル企業のそれぞれの要素をあわせもつ形態といえる。

ベンチャー・中小企業とは、事業が小規模であることと大企業と比較して資源が限定的である点で類似性がある。また、先端的な技術をシーズとする革新的な新規創業企業である点でハイテク系スタートアップと類似している。さらに、グローバル市場で互いに競合している点でグローバル企業と類似している。

ボーン・グローバル企業は、これらの要素が組み合わされることで、起業後まもなく輸出、技術供与、現地生産やR&Dといった国際的事業活動を開始でき、伝統的な国際化プロセスでは蓄積できなかった持続可能な競争優位性を有すると考えられる。

電気自動車（EV）のテスラ社（アメリカ：2003年設立）や気象情報サービスのウェザーニュース社（日本：1986年設立）などの事例がある。

図表12-4　ボーン・グローバル企業のイメージ

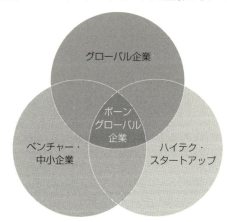

第13章

マーケティングと社会
について考える

◆この章で考えたいこと，議論したいことのポイント◆

　この章は，マーケティングという手法を用い，社会全体のあるべき方向性
をどのような行動によって，実現できるのかを考えることを意識している。
　社会を構成している個人や組織，制度や文化など，さまざまな要素の中で，
誰が，どのような価値観を持っているのか。誰が，どのような未来を創造で
きるのか，といったことに関し，現状，実施されているさまざまな社会的な
活動（寄付行為や社会貢献活動など）などを知ることで，社会と自分との関
係性についてあらためて考える機会を提供したい。
　さまざまな社会的な活動を行う上で，マーケティング的な考え方や理論な
どとの関係を知って，自分たちがそうした活動とどのように関係しているの
か，していくのか。そうしたことを考える，議論するきっかけにしてほしい。

| CASE | 非営利組織による寄付募集のマーケティング |

　2017年，アジアのマーケティングの専門家がアジアの優れたマーケティング活動を表彰する『AMF アジア・マーケティング・エクセレンス賞』にて，世界の食料問題の解決に取り組む NPO 法人 TABLE FOR TWO International（以下 TFT）が『マーケティング3.0アワード』（6ヵ国19団体からの選考）の大賞を受賞している。

　この賞は，アジア・マーケティング連盟に加盟する16ヵ国・地域のマーケティング団体が協力し，アジアの優れたマーケティング活動を表彰するもので，TFT のプロジェクト「おにぎりアクション2016」には，51日間でのべ36万人が参加し，85万食の給食を開発途上国の子どもたちに届けた。

　2015年に『AMF アジア・マーケティング・エクセレンス賞』が創設されて以来，日本からの大賞受賞は初めてである。

　おにぎりアクションは，日本の代表的な食である「おにぎり」をシンボルに，「おにぎり」の写真を SNS（Instagram，X，Facebook），または特設サイトに投稿すると，1枚の写真投稿につき給食5食分に相当する寄付（100円）を協賛企業が提供し，TFT を通じてアフリカ・アジアの子どもたちに給食をプレゼントできる取り組みである。2015年に開始したおにぎりアクションは，2023年までの9回の開催で，累計185万枚の写真が投稿され，約1,017万食の給食を届けている。

（出所）　特定非営利活動法人 TABLE FOR TWO（2023）

第13章　マーケティングと社会について考える

　マーケティングは，企業が商品やサービスの企画・開発，販売や流通，プロモーションなどに関して実施する取り組みや仕組みと考えられがちだが，マーケティングの主体は必ずしも企業だけではない。また，マーケティングの目的は商品やサービスの販売や流通などを通して得られる経済的な利益だけではない。マーケティングの主体は非営利組織の行政機関や教育機関の場合もある。

　そうした組織におけるマーケティングの目的は経済的利益ではなく「ソーシャルグッド[1]のための行動変容」であり，社会全体にとって価値のあるオファー（プロダクトやサービス，プライス，プレイスが組み合わさったもの）を創造し，伝達し，広め，交換することが目的となる（ナンシー＆コトラー 2021）。

1 ｜ CSR，SDGs，ESG[2]とマーケティング

　企業活動においては「企業の社会的責任」（CSR：Corporate Social Responsibility）として，社会・経済へ与える影響に責任をもち，ステークホルダー（顧客や投資家，地域住民など）と共に持続可能な未来社会を築いていく SDGs（Sustainable Development Goals）等の一環としてマーケティング的な考え方や手法が用いられることがある[3]。

　企業が持続的に成長・発展していくためには，市場そのものを「経済性」のみならず「社会性」「人間性」を含めて評価する市場へと進化させるよう，企業として努力する必要がある（経済同友会 2000）[4]。

　そして，2003年，「市場の進化」というコンセプトを具体化するための「社会的責任経営」の実践が提起される。その中で「CSR は，社会の持続可能な

1）地球環境や地域社会などに対し，良いインパクトを与える活動や製品，サービスの総称を指す。たとえば，環境問題や貧困問題などの解決へ向けた取り組みや製品開発などが挙げられる。
2）「Environmental（環境）」「Social（社会）」「Governance（ガバナンス／企業統治）」
3）ここで言うマーケティング的な考え方や手法とは，たとえば，対象となる人やモノ，プロセスなどに対し，マーケティング・リサーチを行うことや製品やサービスの企画・開発，価格設定，提供する場所等の設定，告知する手法等，また，実施されたアクションへのフィードバック等を指す。
4）ヨーロッパやアメリカ，アジアの CSR の発展経緯等については吉田（2014）や藤井（2005），藤井・新谷（2008）などを参照。

発展とともに，企業の持続的な価値創造や競争力向上にも結び付く」こと，「CSR は事業の中核に位置付けるべき『投資』である」こと，「CSR は自主的取り組みである」こと，「CSR の取り組みによって，社会のニーズの変化[5]を先取りし，それをいち早く価値創造や新しい市場創造に結び付けるとともに，企業変革の原動力にすることができる。CSR を投資と考えれば，こうした投資能力のある企業は競争他社との差別化を図ることにより，より長期的かつ安定的に利益を確保することを狙っている」としている（経済同友会 2003）。

　価値の創造とは，株主だけでなくすべてのステークホルダーに向けられることであり，「経済価値」「環境価値」「社会価値」のトリプルボトムライン：TBL（Elkington 1997）と呼ばれる 3 軸で評価される[6]。

　上記で述べられている「価値創造や新しい市場創造」とは，まさにマーケティングのことである[7]。

　CSR や SDGs は「何をめざすか」を示す企業や社会（人）の行動指針（アジェンダ）だととらえた場合，ESG は行動を「どう評価するか」の視点を提供する情報になるだろう。ESG は企業や社会（人）が目標に対してどのような結果を達成したのかをあらわすもので，CSR や SDGs とセットで議論される。

　経済産業省（2023）によれば，ESG 情報とは，従来の財務情報（有価証券報告書や決算短信などの情報）だけでなく，環境（Environment），社会（Social），ガバナンス（Governance）要素も考慮した投資情報を指す。

　特に，年金基金など大きな資産を超長期で運用する機関投資家を中心に，企業経営のサステナビリティを評価する概念が普及し，気候変動などを念頭にお

5）価値観と消費行動の変化の中で，行政機関や製造企業，サービス企業などは，新たな連携を模索しながら価値提案活動を実施している。たとえば，滋賀県には一周200km 以上の琵琶湖をサイクリングする「ビワイチ」というプログラムがあり，自治体や宿泊施設，ショップ等が連携し，地域の歴史的遺産や地産地消のレストラン，宿泊施設，レンタサイクルステーション等を有機的に結びつけ，観光客のスケジュールや体力に合わせたツーリングパッケージとして新たな価値提供を行っている。

6）なお，Elkington は多くの企業がこれをやれば大丈夫，安心だという会計システム的な使い方が広まっていることを危惧して TBL の考え方を2018年に撤回し，「責任」「レジリエンス」「リジェネレーション」の新たな考え方を提唱している。

7）日本マーケティング協会（2024）では「マーケティングとは，顧客や社会と共に価値を創造し，その価値を広く浸透させることによって，ステークホルダーとの関係性を醸成し，より豊かで持続可能な社会を実現するための構想でありプロセスである。」と定義している。

148

第13章 マーケティングと社会について考える

いたリスクマネジメントや企業の新たな収益創出の機会を評価するベンチマークとして，国連持続可能な開発目標（SDGs）と合わせて注目されている。

世界では，投資にESGの観点を組み入れることなどを原則として掲げる国連責任投資原則（PRI：Principles for Responsible Investment）[8]に多くの機関が署名し，ESG投資が広がっている。

ESG投資とは，たとえば，世界の二酸化炭素排出量の3分の1を占める日本・韓国・中国は，日本・韓国は2050年までに，中国は2060年までにCO_2排出量ゼロをめざすと宣言しているため，どの企業がどのように排出削減の取り組みを実行しているのかなどの投資判断を行うことである。

企業がESGの取り組みをどのように実行し，環境問題や社会問題に関心の高いステークホルダー向けに，何を語り，伝え，グローバルな投資を呼び込むのか，そしてグローバル市場でブランド力や存在感を高め"世界から選ばれる企業"となるには，情報発信を含めた「ESGマーケティング」が欠かせない。

図表13-1　PRI署名機関数と運用資産総額の推移

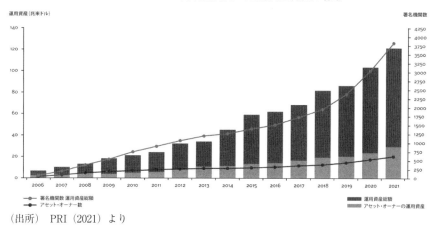

（出所）　PRI（2021）より

---

8) PRIの6つの原則：1．投資分析と意思決定のプロセスにESGの視点を組み入れる。2．株式の所有方針と所有監修にESGの視点を組み入れる。3．投資対象に対し，ESGに関する情報開示を求める。4．資産運用業界において本原則が広まるよう，働きかけを行う。5．本原則の実施効果を高めるために協働する。6．本原則に関する活動状況や進捗状況を報告する。（出所）https://www.unpri.org/

ただし，近年，消費者等に対し「グリーンウォッシング[9]」と呼ばれる商品
やサービス，ブランドの環境配慮姿勢，サステナビリティ性を偽造，または誇
張して伝え，アピールするマーケティング詐欺と呼ばれる手法が批判されてい
る。2024年2月にはEU理事会において，グリーンウォッシング（実質を伴わ
ない環境訴求）を禁止する指令案が採択されている。

　「ESGマーケティング」には，たとえば，ESG評価機関（格付投資情報セン
ターなど）が評価対象企業に対して行うESGスコア（従業員研修の回数や廃
水管理体制などのESGパフォーマンスやリスクを定量的に測定し，他の企業
と相対比較すること）へ対応することなども含まれる。

2 ┃ 非営利組織のマーケティング

　非営利組織とは，その名の通り営利（事業活動によって利益を得ること）を
目的としない組織を指す。これは，利益を出さないという意味ではなく，事業
によって得られた利益を株主や役員などに分配しないことを意味する。

　非営利組織は利益を出してはいけない，ボランティアが中心だから給与も出
してはいけないと考えている人もいるかもしれない。しかし，非営利組織が収
益を上げることは法的に認められているし，給与を支払うことも可能である。
「非営利」というのは余剰利益を法人の構成員（社員・会員）へ株の配当金の
ようには分配できないという意味で，社員の労働対価を支払うことや組織活動
を行う上での活動資金，内部留保は認められている。

　非営利組織は，社会貢献活動や慈善活動を行う特定非営利活動法人（NPO
法人）だけではなく，病院などの医療法人，大学などの学校法人，高齢者施設
などを運営する社会福祉法人，寺院などの宗教法人なども含まれている。

　ドラッカー（1995）は非営利組織の経営について，理念・目的の設定や資金
源の確保，利益配分，業務意思決定のプロセスなどはむずかしいとして，5つ
の問いによる自己評価手法を開発提案している[10]。

　非営利組織の経営に関するドラッカーの指摘は，コーズ・リレイテッド・

9）一方，グリーンハッシングという，疑惑を避けるためなどの理由で企業が環境への取り
　組みについて公表することを控える動きもある。
10）3章を参照。

マーケティング[11]にも通じる内容である。

ドラッカーは，非営利組織のマーケティング戦略策定について，①使命→②ゴール→③目標→④行動計画→⑤予算→⑥査定とのフローの循環サイクルを示している。

非営利組織のひとつに病院がある。医療費は年々増加する一方，経営難に陥っている病院も少なくない。ドラッカーの言う「よき意図をもって，よいことをしたいだけでは十分でない」ということである。病院経営においては【使命】を定め，【優先順位】を決め，【リソース（資源）】をどのように配分し，【成果】目標を立て，【財務的な判定基準】で自らを律し，【業績】を測定するマーケティング的な手法を導入すべきであろう。

図表13‐2　非営利組織のマーケティング戦略策定循環サイクルイメージ

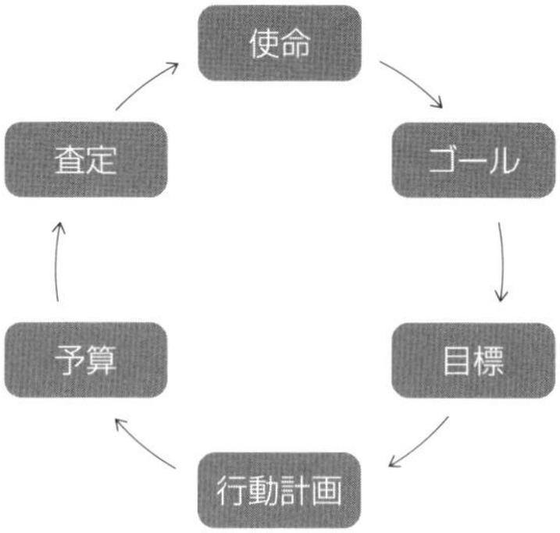

（出所）　ドラッカー＆スターン（2000）

なお，コーズ・リレイテッド・マーケティングとしては，アウトドア製品のモンベル社（日本）と日本各地で石けんや化粧品などの販売を行っている，ラッシュ社（英国）の例を簡単に紹介しておこう。

モンベル社では，wickron（ウイックロン®）という素材で作られたTシャツを販売しており，さまざまなデザインTシャツがある。デザインごとに売上の一部をさまざまな自然保護団体へ補助金として寄付している。

---

11) コーズ：Cause とは社会的な大義（信条・福利・社会運動など）を指し，商品やサービスなどの販売を通し，その売上の一部を非営利組織などへ寄付することで環境保護や社会貢献に寄与しようとするマーケティング手法。

また，ラッシュ社では「チャリティポット コイン」というさまざまな絵柄の少し小さめの石けんを販売しているが，消費税を除く売上の全額が動物の権利擁護，人権擁護，環境の保護に取り組む草の根団体に寄付されている。「チャリティポット コイン」の助成金は，小さな草の根団体に1回限りの資金（200万円以下程度）を提供するものとなっている。

3 | マーケティングの倫理的問題

　商業的マーケティングの歴史においては，1960年代後半から70年代前半にアメリカで発生した社会や消費者に対する配慮が欠けた強引な販売やプロモーション等によって台頭してきたコンシューマリズム[12]があった。

　また，近年，日本国内でも起きている食品偽造問題，偽ブランド事件，企業がSNS上で影響力を持つインフルエンサーに依頼し，広告であることを隠しながら好意的な記事を書いてもらうステルスマーケティング[13]など，さまざまな問題が商業的マーケティングに関して起きている。

　こうした問題は，マーケティング・コミュニケーションにおける倫理的な問題としても議論する必要があるだろう。

　広告には，受け手が識別できる広告主の存在が欠かせない。しかし，ネット広告の中には，広告主が誰なのかがわかりにくい広告も存在している。

　近年，若者言葉として発せられる「ルッキズム（外見を重視する考え方，容姿の良い人物を高く評価するなどの傾向）」を助長するような，高校生をターゲットとした美容整形の広告が問題視されている。この場合，広告主は，明確だが，身体的特徴のコンプレックスをあおったり，不安にさせたりするため，「コンプレックス広告」の一種として，広告主の倫理観が問われている。

　また，様々な広告で「顧客満足度」や「コスパが良いと思う」など第三者の主観的評価を指標とするいわゆるNo.1表示が多く見られる。その表示が合理的な根拠にもとづかず，事実と異なる場合は景品表示法違反となる場合がある。

12）消費者主義：経済的弱者である消費者の力を強め，社会経済の中に消費者主権を確立しようとする主張や運動。

13）2023年10月1日からステルスマーケティングは景品表示法違反となっている。消費者庁のサイトを確認すると具体的な違反事例も掲載されている。特に「アフィリエイト広告（成果報酬型広告）」に関する注意喚起は消費者も知っておくべきであろう。

さらに，ネット広告では様々なマーケティングの倫理的な問題が指摘されている。たとえば，アドフラウド（ad ＝広告 fraud ＝詐欺：広告表示回数やクリック数を大量発生させ，実際に顧客に届いていないキャンペーン広告を成功と評価・報告し，次のキャンペーンのプランニングにも同じ手法を反映させ広告費用を搾取する／手法は自動リロードやバックグラウンドで広告閲覧させるなどさまざまある）は，広告主，広告代理店，消費者などを巻き込み，ネット広告の在り方そのものの基盤が揺らぐ行為のため，問題視されている。

他にも，ダークパターンと呼ばれる，消費者が気付かない間に不利な判断・意思決定をしてしまうよう誘導する仕組みのウェブデザインが広まっていて，消費者庁などもネットユーザーへ注意を呼び掛けている。

ダークパターンは2022年の OECD（Organisation for Economic Co-operation and Development：経済協力開発機構）の報告書に記載されており，7つに分類される。①強制的な行動（例：ユーザーが希望する以上の個人データ開示を強制する），②インターフェース干渉（例：重要な情報を視覚的に不明瞭にする），③しつこい（例：ビジネスに有利になるように設定変更を繰り返し要求する），④妨害（例：退会などに時間がかかる），⑤こっそり（例：トライアル期間後に契約の自動更新を行う），⑥社会的証明（例：他の消費者の購入例の通知），⑦緊急性（例：取引時間を示すカウントダウンタイマー）。

上記以外にも，近年，SNS を通した誹謗中傷などが拡散することもあり，子どもの SNS 利用に関する規制がアメリカやオーストラリア，フランスやノルウェーなどで議論されている。日本では，表現の自由と公職選挙法の関係の中で SNS 規制について議論されている。

加えて，YouTube や Instagram，Amazon などのネットサービスには，アルゴリズム解析を用い，ユーザーが見たいと思われる情報を推定し，興味ある情報しか表示しないようなフィルターバブル（機能）が搭載されている。

たとえば，SNS 内で自分と似た意見などを持ったコミュニケーションが繰り返され，自分の意見が肯定されることにより，自分の意見が世間で正しいと信じ込んでしまうエコーチェンバー現象を引き起こすと問題視されている。

4 | ソーシャル・マーケティング

ソーシャル・マーケティングとは，個人や社会全体の利益のために行動を変革させることを目標として実施される「社会課題解決プログラム」を策定するための学際的，体系的な枠組みである。心理的な変化で終わらすだけではなく「行動変容（behavior change）」にこだわること，多様な分野の理論や知見を用いる学際的なアプローチを行うことが鍵である（瓜生原 2020）。

ソーシャル・マーケティングは，個人，コミュニティ，社会，またはグローバルレベルでの資源交換を通じ，社会的価値の増加，または，社会問題の解決をもたらすアプローチのひとつでしかなく，唯一の手法ではない[14]。

社会的価値の増加，または，社会問題の解決の手法には，国が実施する法律の制定（例：自動車運転中の携帯電話の使用禁止など），革新的なテクノロジーの開発（例：スマートフォンなど），医薬品の発見（ペニシリンの発見など）などさまざまなアプローチがある。

ほかにも，税制優遇や補助金を提供するアプローチを用い，特定の行動を促進することもあるだろう。たとえば，CO_2排出削減のために再生可能エネルギーの開発や運用を促進する補助金制度などがあげられる。

さらに，非営利組織の活動支援のために，寄付を行った個人や法人が，寄付金控除を受けられる経済的インセンティブ（目標を達成するための刺激や誘因）を利用するアプローチもあるだろう。

また，NPO／NGO などが提供するプログラムやサービス，ボランティア，資金調達などは，それそのものが単独で目的化される場合，全体的に実施されていないことになる。さらに，SNS の利用もプロモーション戦術のひとつであり，ソーシャル・マーケティングとして全体的に実施されていないことになる（ナンシー＆コトラー 2021）。

ソーシャル・マーケティングは，商業的マーケティングと比較し，以下の3点が異なる（ナンシー＆コトラー 2021，瓜生原 2020）。

---

14) French（2017）参照。

第13章　マーケティングと社会について考える

---

① 目的

　商業的マーケティングは，経済的利益をもたらす製品やサービスの開発，販売が主目的となるが，ソーシャル・マーケティングは，社会と個人の利益に資する行動変容をもたらすことが目的となる。

② 対象

　商業的マーケティングは，マーケティングの対象者は，経済的利益に結びつく製品やサービスの購買者，消費者をターゲットとする。一方，ソーシャル・マーケティングの対象者は，地域市民や家族・友人，NPO 等の各種団体，メディア，行政機関など広範囲にわたる。

③ 競合

　商業的マーケティングは，類似する製品やサービスを提供する他社が競合となるが，ソーシャル・マーケティングは，優先オーディエンス（企業やブランドの支持者，ファン等）が現在行っている行動，あるいは好んでいる行動に対して優先オーディエンスが感じている「利益」が競合となる。また，競合する行動の販売・プロモーションに関わる企業も含まれる。

　なお，教育的な取り組みにおいては「知識」「理解」の向上が目的とされることが多く，教育を受ける側の「動機」などへの働きかけが行われない場合，行動変容は起きにくい。

　したがって，ソーシャル・マーケティングとして全体的に実施されていないことになる。

　ソーシャル・マーケティングの事例を挙げるならば，新型コロナウイルス感染症による「新しい生活様式：①身体的距離の確保②マスクの着用③手洗い」は厚生労働省が2020年に公表した行動指針で，社会的にインパクトのあるソーシャル・マーケティングのひとつである。

　また，ソーシャル・マーケティングの観点から「コレクティブインパクト」というアプローチも注目されている。これは，自治体，企業，NPO，政府，財団などさまざまな分野で特定の社会課題（貧困や健康など）の解決に取り組むプレイヤーが，個別に問題に取り組むのではなく，Collective（集合的）にインパクト（大きな変化）を起こすことを重視した解決のアプローチである。

　たとえば，東京都文京区で行われている「子ども宅食プロジェクト」もその一例だろう。このプロジェクトでは，経済状況が食生活に影響するリスクがあ

155

る家庭の子どもに対し，企業などが提供した食品などを配送する。さらに配送をきっかけに，子どもとその家庭を必要な支援につなげ，地域や社会からの孤立を防ぐというものである。

　文京区以外にも，NPO 法人フローレンス，NPO 法人キッズドア，村上財団，セイノーホールディングスなどさまざまな団体・企業が参加し，寄付の受付，食品の調達，物流計画の作成，配送，成果の測定などを行っている。

　このほかにも，キリングループが行っている「キリン絆プロジェクト」の東日本大震災（2011年3月11日）や熊本地震（2016年4月14日）における復興支援もコレクティブインパクトの事例としてあげられる。

　同志社大学ソーシャルマーケティング研究センターの説明を参考にすると，ソーシャル・マーケティングの実施方法はいくつかあるが，概略としては，対象とする行動と行動変容を促す人々のグループを慎重に選択し（目標・対象設定），その行動に対する障壁と価値を特定し（影響因子の調査），それらに対処するための具体的施策を開発して（介入方法策定）実装し，その効果を測定，分析・評価をし，体系的かつ計画的に実施する，とされている。

図表13-3　ソーシャル・マーケティングのプロセス例

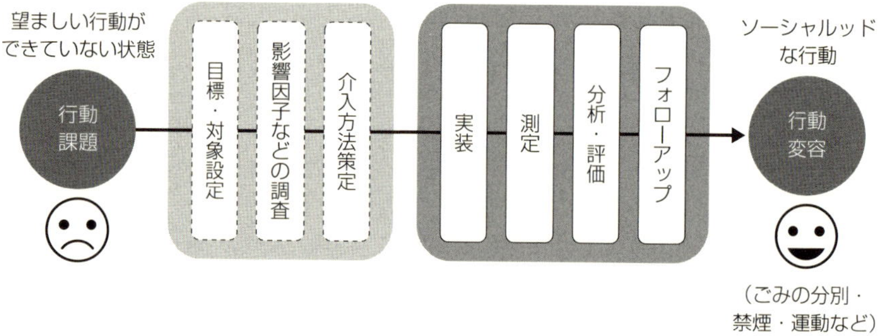

（出所）　同志社大学ソーシャルマーケティング研究センター（2022）より加筆修正

156

補章

マーケティングの歴史
について考える
—— P&G 社（アメリカ）と
　　セブン-イレブン（日本）の事例

◆この章で考えたいこと，議論したいことのポイント◆

　この章は，現在，過去を知ることで，未来がどのようになるのかを，推論することを意識している。

　歴史を学ぶ意味はさまざまあるだろうが，既知の事柄を元にして未知の事柄について予想し，論じる力をつけることは，学生生活においてもビジネス社会においても重要なことだと考える。

　マーケティングは，人や組織，制度や文化，リアル空間やバーチャル空間といった社会を構成するさまざまな要素を取り込んだ考え方であり，実践的な活動でもある。

　マーケティングの歴史的な発展経緯を理解することで，学問的な広がりとビジネス的な深さなどを議論するきっかけにしてほしい。

| **CASE** | 50年，100年と顧客から愛されるロングセラー
商品・ブランド |

企業にとって，ひとつのヒット商品を作り出すには，ヒト・モノ・カネ・情報の内部資源活用と企業外部との連携といったデザインがキーとなる。

サステナビリティの概念は近年になって叫ばれてはいるが，大量生産・大量消費・大量廃棄が当たり前の20世紀では，ヒット商品があってもほとんどが短命であった。その代表例がファストファッションであり，コンビニエンスストア等で販売されるさまざまな飲食物であろう。

一時，流行したあの食べ物は，どこに行ってしまったのだろうか，あの玩具のブームはいったい何だったのか，あのファッションアイテムは，今考えると本当にかっこよかったのか，と思い当たることはないだろうか。

一方で，国内外のさまざまな商品やブランドの中には，50年，100年と売れ続けているものもある。たとえばアメリカのコカ・コーラ，日本の三ツ矢サイダー，森永ミルクキャラメルといった食品や，京都にある一澤帆布の鞄，広島に本店があるセーラー万年筆，アメリカのリーバイス社の501ジーンズ，などは，長年顧客から愛される商品・ブランドとなっている。

こうした商品・ブランドはいつの時代に，どのような社会的な背景の中，どのように開発されたのか，食品であれば，味覚の変更を行ってきたのか否か，製品やパッケージのデザイン修正をどのように行ってきたのか，といったことを探索することも重要ではないか。

そして，近年の企業においては，社会や環境の変化などに対応しながら，ダイバーシティ，エクイティ＆インクルージョンとの考え方（多様性・公平性・包括性を取り入れて公平な機会のもと，多様な人材が互いに尊重しあい，力を発揮できる環境を実現すること）を持ち，未来の商品やブランド開発にどう活かそうとしているのか，といったことを探索することも重要なのではないか。

なぜならば，企業と顧客が共創しながら商品やブランドを開発していく時代になっているからであり，サステナビリティは，企業だけが行うことではないからである。

1 歴史をなぜ学ぶのか

　歴史は大切だ，歴史に学ぶことは沢山ある等と言われることは多いだろう[1]。歴史に関して，南塚・小谷（2019）次のように述べている。「我々は何を『歴史』と捉えているといえるのだろうか。近年，よく話題となる『フェイクニュース』は，本当の事実はどうでもいいのだという考え方である。客観的な事実よりも，世論や人々の感情，信仰に訴えることを重視する考え方である。この考え方からすると，歴史は，事実に基づいて語られるから意味があるのではなく，事実らしきものに基づいて語られ，人々にアピールできる限りで意味がある，ということになる。これはもはや本来の歴史ではない。」

　また，歴史を学ぶ意義は何だろうか。歴史学者のカー（1962，2022）は「過去は現在の光に照らされて初めて知覚できるようになり，現在は過去の光に照らされて初めて十分に理解できるようになる。人が過去の社会を理解できるようにすること，人の現在の社会にたいする制御力を増せるようにすること，これが歴史学の二重の働きである」と述べている。

　また，石原（2022）は「歴史を学ぶことは，過去における人びとの営みとの共感にほかならない。歴史は無限の方向に広がるはずであった選択の可能性，分岐の連続の中から選ばれ，意思決定された，結果的に現れた1本の道であり，私たちは，歴史の中のヒントを材料に，未来を選択する『感性』を養うことが，歴史を学ぶ意義ではないか」と語っている。

　もう少し身近な意味で歴史をとらえるならば，たとえば，消費者が「美味しそう」「自然」と見える食品の色は，食品業界，食品着色料やパッケージ素材を供給する化学メーカー，印刷会社，広告代理店，食品生産・販売規制を行う政府などが複雑にからんだ競争と共創のマーケティングの歴史の中で作られてきた（久野 2021）。スマホのカメラや編集機能を利用し「映える」スイーツ等をSNSなどへ拡散する時代に「自然な色」と「人工的な色」のどこまでが真

1）一方で，ヘーゲル（1994）は「民衆や政府が歴史から何かを学ぶといったことは一度たりともなく，歴史から引き出された教訓にしたがって行動したことなど全くない」と皮肉を込めて述べている（p.19）。しかし，2024年1月に発生した能登半島地震では，さまざまな行政機関やボランティア団体が阪神淡路大震災（1995），東日本大震災（2011），熊本地震（2016）で得た知見・経験を活かし復興に向けた支援を行っている，との事実もある。

実なのかフェイクなのかを見分けるのは，もはや困難である。こうした時代の中で未来を選択する「感性」を磨くには，歴史を学ぶこと以外にはないのかもしれない。

　上記のような歴史のとらえ方をふまえ，補章では，マーケティングの黎明期から現在に至るまでマーケティングがどのように発展してきたのかについてP&G 社とセブン–イレブン・ジャパン社の事例をとりあげる。

2 ｜ マーケティングの歴史をどのようにとらえるのか

　マーケティングの歴史に関しては，国内外で歴史家であるマーケティング論者によっていくつもの書物や論文が提供されている[2]。マーケティングの歴史をどうとらえるかについては，「いかに」発展したのか，「なぜ」発展したのか，の2つの視角が必要となる。その上で，物事の生成事情を明らかにすることは，それが有する本来的性格を知る上で重要である（光澤 1990），と指摘されている。

アメリカで「なぜ」マーケティングが生成したのか—状況と枠組み

　マーケティングをどのようにとらえるのか，については1章にも記述されているが，ここではコトラー（2001）と若林（2003）を参考にあらためて考えてみたい。

　コトラーは，マーケティングを「社会的定義」と「経営的定義」の2つに分け，社会的定義については「マーケティングとは社会活動のプロセスである。その中で個人やグループが価値ある製品・サービスを作り出し，提供し，他者と自由に交換することによって必要なもの（needs）や欲するもの（wants）を手に入れる。」と述べている。

　経営的定義については「マーケティング・マネジメントは，少なくとも1つの潜在的交換を望むグループが他方のグループから望ましい反応を得る方法について考えるときに生じる。マーケティング・マネジメントとは，標的市場を

2）たとえば橋本勲（1965），白髭武（1978），小原博（1987），近藤文男（1988），光澤滋朗（1990），薄井和夫（1999），Keith（1960），テドロー（1993）等，実践史や学説史などが数多く出されている。

補章　マーケティングの歴史について考える

選び出し，優れた顧客価値を作り出し，分配し，コミュニケーションをすることによって，顧客を獲得し，維持し，増やすための技術と知識である。」と定義している。

この定義を歴史的な観点でとらえるならば，マーケティングを過去・現在・未来という時間軸でとらえることで「私たちはどこから来たのか，私たちは何者か，私たちはどこへ行くのか」について考えることとなり，社会科学としての学問の根源に関わる本質的な問いとなる。

具体的にマーケティングが人間の社会現象としていつ生成されたのか，については，アメリカにおいて20世紀初頭にマーケティングが生成した，といわれており，そのマーケティングは「マス・マーケティング」[3]である。

マス・マーケティング生成が，どこの国で明確化したかについては，その国の複数の企業や産業においてマス・マーケティングが標準的もしくは支配的となっていたか，と考える。アメリカでは複数の寡占的製造企業や産業において，マス・マーケティングを観察することができる。

マス・マーケティングが生成するには，マス・マーケットの大量需要（階層分断の無い広範囲，大規模で同質的なニーズ）が条件となる。

しかし一方で，大量需要に応えるためには，いわゆる，ヒト・モノ（技術を含む）・カネ・情報の経営資源を持った寡占的な消費財製造企業による大量供給が行われることが条件となる。後述するP&G社の事例にもあるように，マス・マーケティング生成とマス・マーケット生成は，相互作用構造になっている（**図表　補1**）。

なお，この相互作用が20世紀初頭のアメリカで発生したことがマーケティング生成の理由である（詳細は，増谷（2015）を参照）。

3）マス・マーケティングとは，中心的な主体として消費財製造企業が組織力（経営資源の効率的有効活用）をもってして，大量に生産するいくつかの製品・ブランドを広範囲かつ多様な流通網を用い，大量プロモーションすることによって，消費者市場の開拓・拡大を行う戦略・戦術と定義する（増谷 2015）。また，若林（2003）も参照のこと。
　なお，多数をターゲットとするマス・マーケティングに対し，現在は，顧客の趣向や属性（年齢や性別など）などのデジタルデータを活用し，個別顧客1人ひとりへマーケティングを行う「ワントゥワンマーケティング」などが展開されている。

161

**図表　補1　アメリカにおけるマス・マーケティング生成の
基本的なメカニズムのモデル**

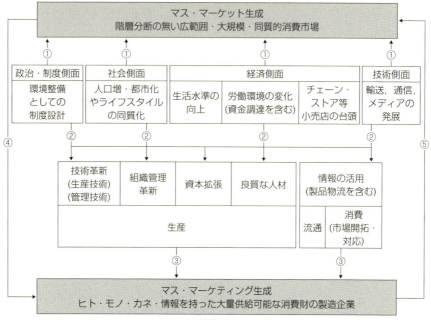

（出所）　若林＆増谷（2015）

　上記の相互作用構造は，以下のように説明できる（以下の①〜⑤は図表　補1に連動）。

> ① **マクロ環境（マス・マーケット生成の条件）**
> 　政治，制度側面の各種制度設計が自由，平等の精神の下で環境整備されることが，マス・マーケット生成の条件となる。
> 　社会側面では，人口増と都市化，それらに伴うライフスタイルの変化によって，階層分断の無い広範囲，大規模で同質的なニーズが沸き起こる環境整備が，マス・マーケット生成の条件となる。
> 　経済側面では，工業化（国家政策を含む）による生活水準の向上が図られること。同時に，企業が消費者に受け入れられる良質な商品（ブランド）を生産するために，設備投資等を行う資金調達手法の選択が行えること。また，良質な人材

162

補章　マーケティングの歴史について考える

の確保が行えること等の労働環境の変化が起きること。そして，チェーンストア等の小売店が台頭することがマス・マーケット生成の条件となる。

　技術側面では，輸送，通信，メディアの発展が社会側面の人口増，都市化，ライフスタイルの変化，経済側面のチェーンストア等の小売店の台頭と相乗効果を生み出すことが，マス・マーケット生成の条件となる。

② ミクロ環境（マクロ環境の影響とフィードバック）

　それぞれのマクロ環境の整備や変化は，マス・マーケット生成の条件であるとともに，ミクロ環境の企業行動の生産（「良質な人材」「組織管理革新」「技術革新（生産技術・管理技術）」「資本拡張」）・流通・消費（市場開拓・対応としての「情報の活用」）へも影響を及ぼす。なお，ミクロ環境の各活動は，マクロ環境へフィードバックし，マス・マーケット生成へ影響を与えている。

③ マス・マーケティング生成

　ミクロ環境の中から，ヒト・モノ・カネ・情報を持った大量供給可能な消費財の製造企業が登場し，階層分断の無い広範囲，大規模で同質的なマス・マーケットの需要に応える大量供給が行われることになる。

④⑤ マス・マーケット生成とマス・マーケティング生成の関係（需要と供給）

　マス・マーケット生成はマス・マーケティング生成を引き起こすと同時にマス・マーケティングによってマス・マーケット生成が促される。

　上記をふまえ，マス・マーケティングは企業側の視角から，以下のように定義することができる。「中心的な主体として消費財製造企業が組織力（経営資源の効率的有効活用）をもってして，大量に生産するいくつかの製品・ブランドを，広範囲かつ多様な流通網を用い，大量プロモーションすることによって，消費者市場の開拓・拡大を行う戦略・戦術」である。

3 ┃ マーケティング・コンセプト[4]の変遷

　一般的にマーケティング・コンセプトとは，マーケティング全体を貫く考え

4）マーケティング・コンセプトの要素には1：生産志向，2：製品志向，3：販売志向，4：マーケティング志向（顧客志向要素・利益志向要素・統合的努力要素），5：ホリスティック・マーケティング志向（リレーションシップ・マーケティング，統合型マーケティング，インターナル・マーケティング，社会的責任マーケティングの4つの構成要素）の5つが指摘されている（コトラー＆ケラー 2013）。

方，基本的な指針や哲学であり，組織のマーケティング戦略や商品開発に影響を与え，顧客ニーズを理解し，適切なアプローチを選択することの基準となるものである。

マーケティング・コンセプトの登場は1950年以降と言われ[5]，マーケティング生成から約半世紀程経過してからというのが通説となっている[6]。

若林（2003）は，1950年代のアメリカでのマーケティングをめぐる経営者やコンサルタントなどの議論や企業の実践事例について検討し，中核的要素としての「顧客志向」「利益志向」，それを実行するためのマーケティングの諸活動・諸部門の「統合」，他職能部門との「調整」というように，マーケティングについての基本的なあり方（マーケティング・コンセプト）が定式化されていったことを明らかにしている。そして，マーケティング・コンセプトは企業全体の基本理念と関連しなければならないという主張もすでに展開されていた，と指摘している。

また，片山（2018）を参考にすると，コトラーを中心としたマーケティング論者たちは，時代の変化と共にマーケティング・コンセプトが変化しているという。片山の解説を基にマーケティング・コンセプトの変遷について紹介する。

マーケティングは，1950年代までの製品中心の考え方（マーケティング1.0）から，1960年代に製品を購入する消費者中心の考え方（マーケティング2.0）に移行してきた。企業は製品から消費者に，さらに人類全体の問題（環境や人権，法令順守など）へと関心を広げてきている。

マーケティング3.0とは，企業が消費者中心の考え方から人間中心の考え方（人間性や感情性，道徳性，社交性などを含む）に移行し，収益性（経済的価値創造）と企業の社会的責任（社会的価値創造）がうまく両立する段階である。

この時代は「参加の時代」であり，「グローバル化のパラドックスの時代」でもあり，「クリエイティブ社会の時代」でもあることから，マーケティング3.0では，ブランドとポジショニングと差別化の3つのバランスをいかにとるか，を考えなければならない，とされている[7]。

5）コトラー&ケラー（2013）
6）ただし，増谷（2014）は，1950年代以前からマーケティング・コンセプトの萌芽があったと指摘している。
7）コトラーのマーケティング3.0を参照。

補章　マーケティングの歴史について考える

図表　補2　マーケティング1.0, 2.0, 3.0, 4.0の比較

	マーケティング1.0	マーケティング2.0	マーケティング3.0	マーケティング4.0
おおよその時期	～1950年代	1960～2000年代	2000～20年代	2010年代以降
マーケティングの基本的な考え方	製品中心のマーケティング	消費者志向のマーケティング	価値主導のマーケティング	ソーシャル・メディア主導のマーケティング
目的	製品の販売	消費者を満足させ，つなぎとめる事	世界をより良い場所にする事	世界とつながる事で自己実現
可能にした力	産業革命	情報技術	ニューウェーブの技術	ソーシャル・メディア
市場に対する企業の見方	物質的ニーズを持つマス購買者	マインドとハートを持つより洗練された消費者	マインドとハートと精神を持つ全人的存在	自己実現の欲求を満たす全人的存在
主なマーケティング・コンセプト	製品開発 4P（製品，価格，流通，プロモーション）	差別化 セグメンテーション，ターゲティング，ポジショニング	価値（倫理的・社会的責任）ビジネスモデルへ組み込み	顧客エンゲージメント カスタマージャーニー
企業のマーケティング・ガイドライン	製品の説明	企業と製品のポジショニング	企業のミッション，ビジョン，価値	企業のドメイン，パーパス
価値提供	機能的価値	機能的・感情的価値	機能的・感情的・精神的価値	機能的・感情的・精神的価値
消費者との交流	1対多数の取引	1対1の関係	多数対多数の協働	多数対多数の協働

（出所）　片山（2018）より加筆

　さらに，2017年にコトラー，カルタマジャ，セティワンの共著としてマーケティング4.0が出された[8]。デジタル革命時代のマーケティング・アプローチであり，オンライン（ネット販売やメール対応等）とオフライン（実店舗販売やカウンターセールス等）の融合である。企業と消費者の間のオンラインとオフラインの相互作用の組み合わせ，ブランド確立のための企業哲学と実態の組み合わせ，IoT（Internet of Things）によるコンピュータネットワークと人とのネットワークの組み合わせが本質であるとしている。

　マーケティング4.0は，ソーシャル・メディア主導のマーケティングであり，マズローの5段階欲求で示される「自己実現」が目的である。

8）なお，2022年にマーケティング5.0（最新テクノロジーを活用した顧客体験型マーケティング），2023年にマーケティング6.0（メタ・マーケティング）が出されている。

4 アメリカにおけるマーケティング生成の事例 —P&G 社

ここでは，マーケティング成立期における交換の特殊性を確認するために，近藤（1988），増谷（2015）を参考に，洗剤や化粧品などを取り扱うP&G（プロクター・アンド・ギャンブル）社（1837年設立）の事例を簡素にとりあげる。

 背景

アメリカは独立後，都市部への人口集中が顕著になった。その結果，上下水道の整備が追い付かず，コレラ菌の発生など衛生問題が引き起こされた。老若男女を問わず，手や身体を石けんで洗う習慣が都市部，農村部へと広がった。

 製品開発戦略

19世紀中期，石けんは，塊で店に卸され，店主が切り分けて重さを量り，茶色い紙に無造作に包んで売られていた。同社は品質の良さと大量販売を目標とし，純度の高い石けんの開発をめざした。当時，オーガニックタイプの石けんが輸入・販売されていた。同社はその輸入石けんを目標に，自社開発した石けんを大学などで分析し純度99.44％との結果を得た。この石けんに「アイボリー」との名称を付け『純度99.44％』『水に浮くほど軽い』との宣伝文を用いて広告することにした。

 チャネル戦略

P&G 社の創業当初，石けんの流通地域は蒸気船などが利用できる場所で，ある程度限られていた。だが，鉄道網の発展と共に鉄道を利用し広範囲に製品を流通させていった。また，同社は1900年代初め頃までは，自社ブランドを卸売店経由で小売店へと流通させる方法を採用していた。この方法は，少数のブランドを大量かつ継続的に販売するには適していたからである。しかし，1910年頃には，ブランド数も増え，この方式が非効率となってきたため，卸売店の抵抗にあいながら，試行錯誤を繰り返し，直接小売店へ自社ブランドを流通させるための改革を10年以上にわたって行うことになる。

166

補章　マーケティングの歴史について考える

❹　価格戦略

　P&G 社はブランド品の品質低下を防ぐための意味もあり，再販売価格制を実行し，違反者には50ドルの罰金を科す方法を採用していた。また，卸売店での販売から直販型へチャネル変更を行うことは，自社ブランド製品を同じ価格で販売するということでもある。また，同社は地元の金融機関から資金調達し，石けん工場の機械化や石けん製造の原料となる綿実油の企業買収，同業他社の買収を行うなど，垂直・水平統合を繰り返し，生産能力の向上に努め製品価格を安定させることを狙っていた。生産体制の変革は，ブランドマネージャー制などの人材管理改革の必要性へもつながった。

❺　販売促進戦略

　P&G 社のパッケージ・デザイン（アイボリー石けん）は，格子模様の中に商品名が大きく目立つようにデザインされ，他社製品との差別化を意識している。また，顧客への DM 配送，雑誌のフルカラー広告，販売促進や新聞広告，ラジオ CM 等にも注力した。特に，1885年頃から始められた主婦層向けのサンプル品と小冊子の発送は，ファン層の囲い込みを狙った戦略で，広告とは違う販売促進の手法を開発していった。

　これらの戦略を実行し，同社は年間に数百万個の石けんを販売した。そして，洗濯用，洗顔用，乳児の入浴用と幅広く消費者に使われるようになった。

5　日本におけるコンビニエンスストアの登場とその発展

　黒田（2016, 2017）は，室町時代から江戸時代にかけての近江商人による流通活動が日本のマーケティング萌芽だったのではないか，と指摘している。

　近江商人のような商業者の存在は，現代で言えば，セブン-イレブンなどに代表されるコンビニエンスストア（以下 CVS と表記）だろう。

　以下の記述は主に鍛冶（2020）を参考にしているが，CVS の起源は1927年にアメリカ南部のテキサス州で創業したサウスランド・アイス社が始めた製氷業を営む店舗と言われる。CVS はスーパーマーケットと同時期に出現したが，

167

アメリカでCVSが本格的に普及するのは1950年代以降である。その背景には，業界要因としてスーパーマーケットの大型化の進行による商圏広域化により小売店舗と消費者との物理的・心理的距離が遠隔化したことが挙げられる。そのため消費者の住宅地近隣でスーパーマーケットを補完する店舗が必要とされた。

日本では1969年に菓子小売商の「マイショップ」チェーンが大阪に設立した「マミー」が第1号店である。その後，1971年に酒類卸主宰によるCVSチェーンが出現する。1973年には西友が「ファミリーマート」の実験店を埼玉県に開店した。これは大手スーパーマーケット・チェーンがCVS事業に進出した最初の事例である。

本格的にCVSが国内で展開され始めたのは1974年酒店から転向した「セブン-イレブン」第1号店が東京都にできてからである。その後，FC契約にもとづく出店募集を本格化させていく。当時も現在もさほど変化はないが，直営店とFC店の構成比率はFC店が約98％と非常に高い。

FC契約は，地域の個人小売店（個人酒店への積極的なFC契約の勧誘）との「共存共栄」を実現するチェーン組織である，とも言われ，セブン-イレブンの営業哲学の表れでもあったのではないか，とも考えられる（野村 1997）。

セブン-イレブンでは1975年に，複数店舗で24時間営業を実験的に開始した。利用客の少ない時間を有効活用することで効率的な商品の受発注や陳列が行えること，経済的負担（照明や人件費など）が低いこと，深夜時間帯の需要が一定数見られることが判明し，1970年代後半から本格的導入を図った。

1982年には，販売管理と在庫管理の徹底化を図るためCVS業界で初めてPOSシステムを採用した。POSシステムは，販売実績の情報を提供してくれるものの，それだけでは販売予測には使えない。多様な先行情報から顧客の心理を読み，何が売れそうかの仮説を立てて発注し，結果をPOSで検証する，この繰り返しで欠品による販売機会のロスと売れ残りによる廃棄ロスを最小化することがセブン-イレブンの「単品管理」である（瀧内 2015）。

「単品管理」は，日本の企業が作り上げてきた経営手法の中で，トヨタのかんばん方式[9]と並ぶ注目すべき考え方であり，経営ノウハウである。

「単品管理」は，簡単に言えば「売れ筋商品」と「死に筋商品」を区別し，「死に筋商品」をできるだけ早く確定し，陳列棚から取り出すということである。簡単そうに思えるが，企業は売上を重視するため，「売れ筋商品」が何か

補章　マーケティングの歴史について考える

を探し当てたい。しかし，実際にはそれはむずかしく，逆説的な発想から「死に筋商品」を見つけ出し，それを排除することで結果的に「売れ筋商品」だけが残る，という手法が「単品管理」である（野村 1997）。

これにより流通業界で困難とされてきた「単品管理」を実現し，ローコスト・オペレーションの徹底化を可能にした。1980年代以降，CVS企業間での市場競争が激化していく。その背景として，業界内要因として店舗内サービスの平準化が挙げられる。その結果，CVS企業は1980年代以降，質的拡充による差別化戦略の展開に注力するようになる。

セブン-イレブンは，1980年に東京電力と共同で都内の各店舗での電気料金の払い込み受付サービス，1981年には宅配便の取り扱い，1985年には年賀状の受付などをそれぞれ開始している。他にもクリーニングの取次，損害保険商品の取り扱い，レンタル事業などの展開も行っている。

さらに，セブン-イレブンは，今では当たり前のようになっている店舗中央部分に大型ケースを設置し，アイスクリームの販売を1994年から始めた。大手企業と連携し，発注数に応じて各店舗へ商品が配送されるようオンライン化をすすめるとともに同社専用の配送センターを作り，猛暑やヒット商品による急激な売上機会の増加に的確に対応できる体制を整えていった（野村 1997）。

加えて，1990年代半ば以降は流通の主導権を握ったCVS（チェーン本部）が主導してPB（プライベートブランド）の開発に注力し，NB（ナショナルブランド）と同品質でありながら低価格であるPBに対する社会的イメージを向上させた。

2000年以降は外食産業の成長，弁当専門店の出現，100円ショップの台頭による低価格競争の激化や，女性層や中高齢者の需要が拡大したことによる利用者層の多様化が起きる。

近年はユーザーの多様化に合わせ，PBを含めた品質重視の新商品の開発と充実をめざし，高価格おにぎり，高価格惣菜などの提供を進め「こだわり」の追求を前面に出した商品開発がすすめられている。また，健康の維持増進を目

9）かんばん方式とは，必要なものを，必要なときに，必要なだけ作ることを目的とし，タスク管理や進捗管理を効果的に行うためにトヨタが開発した生産管理方式。部品1つひとつに「かんばん」という商品管理カードが付いており，部品を使用すると「かんばん」がはずされる。はずされた「かんばん」の数が，足りない部品の数を示す。「かんばん」に記載された情報を基に部品を作るという流れを繰り返すことで，ムダなく製造が行える。

169

的とする食品提供や健康器具（血圧計など），化粧品・医薬品の設置なども見られる。

　加えて代行サービス，取次サービス，コーヒーをはじめとするミールサービスなど，CVS での新たなサービス戦略を実施する動きもある。

　代行サービスとして，CVS での ATM（Automatic Teller Machine：現金自動預払機）の設置，日常生活に必要な光熱費・保険料・税金などの料金収納，「コンビニ銀行」の運営にみられる金融サービスの展開，各種証明書や申請の受付や交付など行政サービスの代行もあげられる。これらにより CVS は手数料収入を確保できるため，「手数料ビジネス」の拠点として機能しつつある。

　さらに，スマホを利用して，食料品・日用品などのセブン-イレブンの店舗商品を最短20分以内で自宅へ届けるデリバリー・サービスの「7NOW（セブンナウ）」を展開（全国展開はまだできていないが，2024年段階で50%以上の店舗が導入済み）している。また，電子決済やポイ活と言われるポイント付加など，ポイント経済圏の拡大にも注力している。

　CVS の業務拡大はマーケティングの発展史と同調している。それは，大量生産・大量消費で始まった形あるモノを手に入れる「モノ消費」を CVS が活性化させ，ATM サービスなど各種サービスを通じ「コト消費」を取り込んでいったことにあらわれている。そしてライブチケット販売などを通し，今しかできない体験を買う「トキ消費」へも対応し，募金活動を通し社会貢献できる「イミ消費」も CVS で可能とさせている。そして，ポイ活によるちょっとうれしい体験の「エモ消費」の扉を開け，新たなマーケティングの可能性を広げようとしている。

おわりに

　現代は「経営学化」「マーケティング化」する社会と言ってよいかもしれません。企業行動において経営学，マーケティングが活用されるだけではなく，消費者，従業員，市民である私たちの考え方や行動スタイルにまで深く浸透するようになっています。そのことで多くのことができるようになりうまくいくという肯定的な面もあります。現状を分析して目標を設定して用意可能な資源を活用してそれを達成する，相手を分析理解して相手の求めるものを提案するようにして「交換」を実現するというようなやり方を通じて，自分の意図，欲求を満たすことができるようになりました。他方，そのことでなにか強制圧迫されているように感じ「生きづらさ」をもつという否定的な面も進行しているのではないでしょうか。ちゃんと管理すること，相手に合わせて対応すること，をやらなくてはならない，やれて当たり前，という雰囲気が私たちの自由や主体性を脅かすのです。

　文化庁の2023年度の「国語に関する世論調査」の中で，1ヵ月に本を1冊も「読まない」とした人が，6割を超える，との発表がありました。本を読まない人に「SNSやインターネット上の記事などの情報を読む機会がどのくらいあるか」を聞いたところ，20代では8割以上が「ほぼ毎日ある」と回答しました。つまり，文字，テキストをまったく読んでいないわけではなく，それ自体は増えており，情報は以前より多く受け取っているのです。しかし，本文中でも触れたようにネットによる情報は「フィルターバブル」「エコーチェンバー」という性質を持っており，自分の好みや行動で選択された限られた情報，自分にとって都合の良い快適な情報にのみに接する環境に私たちは知らないうちに閉じ込められています。

　それと異なり，自分が知らない世界，自分を不機嫌にさせる現実，自分とは異なる「他者」と出会えるのが本であり，「読む」ということではないでしょうか。絵や映像なら全体を一瞬で見て全体把握が可能ですが，文字を読みすすめる場合は，部分を積み重ねて理解をすすめなくてはなりません（倉田 2012）。つまり，本を読むとは，一歩一歩，前に読んだことをふまえる，いま読んでいるところを読み取る，これからどう展開するか想定する，などというように思

考を前にすすめたり，後ろに戻したりしながら，著者の思考をたどっていくことなのです。

「本を読むということは，単一の静止した対象に向かい，切れ目なく注意を持続させねばならない。長い本を黙って読むには，長時間集中すること，すなわち『没頭する＝自分を失う』ことが要求される」（Carr 2010）

「読書とは没頭することすることなのだ。絶え間なく情報が流れる世界において，私たちは絶え間ない脅迫観念に取りつかれている。時流に遅れてはならない，情報の洪水のただ中で居場所を確保しなければならない，すべての情報やその意味を理解しなければならない，と。本を読むにはある種の静けさと雑音を遮断する能力が必要だ。何かと注意散漫になりがちなこの世界において，読書はひとつの抵抗行為なのだ。読書は早く終わらせるものではなく，時間をかけるものだ。それこそが読書の美しさであり，難しさでもある。世界からほんの少し離れ，その騒音や混乱から一歩退いてみることによって，世界そのものを取り戻し，他者の精神に映る自分の姿を発見する。そのとき，より広い対話に加わっている。その対話によって自分自身を超越し，より大きな自分を得るのだ」（Ulin 2012）

このような時間をもつことは特別なことになっているのかもしれません。膨大な情報を処理しなければならなくなってしまった現代人にとっては読書の時間をとることは特別なことなのです。

だからこそ，大学で教え学ぶ上であらためて教科書を提供し，「本を読む」という行為を強く推奨し，「没入する読書」，深い思考あるいは創造的思考を生み出すきっかけになればと強く願うものです。

謝辞として，まず，私たちもまた多くの研究者や本に教えられてきました。これらの先人と本に感謝します。特に若林にとっては，マーケティングという学問を探求することを教えていただいた恩師の近藤文男先生（京都大学名誉教授）にあらためて厚く感謝申し上げます。さらに，これまで研究者と議論し，学部学生，大学院生，社会人院生に教え学び，社会人と仕事をしてきたことを通じて，現代の課題に向き合う本書が執筆できたこと，感謝いたします。また，本書の草稿について岡本哲弥先生，加賀美太記先生，鎌田直美先生，下門直人先生，玉置了先生，山野薫先生にお読みいただきご意見をいただきましたこと，

ありがとうございました。最後に，本書の刊行をご支援いただいた株式会社中央経済社代表取締役の山本継社長，並びに同社学術書編集部の酒井隆副編集長に深く御礼申し上げます。おかげでこうやって教科書が刊行され大学で活用される機会を得ることができました。ありがとうございました。

参考文献

Ulin, D. L.（2012）井上里訳『それでも，読書をやめない理由』柏書房。

Carr, N. G.（2010）篠儀直子訳『ネット・バカ　インターネットがわたしたちの脳にしていること』青土社。

岡嶋祐史（2021）『思考からの逃走』日本経済新聞出版。

倉田敬子（2012）「読むという行為」『情報管理』（国立研究開発法人　科学技術振興機構）55（9），pp.681-683.

三宅果帆（2024）『なぜ働いていると本が読めなくなるのか』集英社新書。

参考文献

＜１章＞

Albert, S., & Whetten, D. A. (1985) Organizational identity., *Research in Organizational Behavior*, 7, pp.263-295.

Lauterborn, B. (1990) New Marketing Litany: Four P's Passe: C-Words Take Over. *Advertising Age*, 61(41), p.26.

井上善海・大杉泰代・森宗一（2015）『経営戦略入門』中央経済社。

エーベル著（2012）石井淳蔵訳『新訳　事業の定義』碩学舎／中央経済社。

コトラー＆ケラー著（2014）恩藏直人監修『コトラー＆ケラーのマーケティング・マネジメント基本編　第3版』丸善出版。

ドラッカー著（2012）マチャレロ編，上田惇生訳『経営の真髄（上)』ダイヤモンド社。

＜２章＞

Read, S., Dew, N., Sarasvathy, S. D., Song, M., & Wiltbank, R. (2009) Marketing under uncertainty: The logic of an effectual approach, *Journal of Marketing*, 73(3), pp.1-18.

安藤寿康（2023）『能力はどのように遺伝するのか　「生まれつき」と「努力」のあいだ』講談社ブルーバックス。

鎌田直美・若林靖永（2023）「建築家・山川智嗣の観光事業創造・展開プロセス──エフェクチュエーションの物語分析」『観光マネジメント・レビュー』3, pp.16-31.

倉成英俊・鳥須智行・中村直史（2024）『出島組織というやり方　はみ出して，新しい価値を生む』翔泳社。

サラスバシー著（2015）加護野忠男監訳，髙瀬進・吉田満梨訳『エフェクチュエーション』碩学舎／中央経済社。

吉田満梨（2022）「企業家活動の向こう側へ─エフェクチュエーション研究の現状と可能性」『VENTURE REVIEW』39, pp.15-30.

吉田満梨・中村龍太（2023）『エフェクチュエーション　優れた起業家が実践する「5つの原則」』ダイヤモンド社。

＜３章＞

オスターワルダー＆ピニュール著（2012）小山龍介訳『ビジネスモデル・ジェネレーション』翔泳社。

ドラッカー／スターン著（2000）田中弥生訳『非営利組織の成果重視マネジメント』ダイヤモンド社。

成毛眞（2018）『amazon 世界最先端の戦略がわかる』ダイヤモンド社。

根来龍之・富樫佳織・足代訓史（2020）『この一冊で全部わかるビジネスモデル』SB クリエイティブ。

プラハラード著（2010）スカイライトコンサルティング訳『ネクスト・マーケット（増補改訂版）─「貧困層」を「顧客」に変える次世代ビジネス戦略』英治出版。

175

＜4章＞

Chapman & Feit 著（2020）鳥居弘志訳『Rによる実践的マーケティング・リサーチと分析　原書　第2版』共立出版。

久保克行（2021）『経営学のための統計学・データ分析』東洋経済新報社。

酒井隆（2005）『マーケティングリサーチハンドブック』日本能率協会マネジメントセンター。

サトウタツヤ・春日秀朗・神崎真実編（2019）『質的研究法マッピング』新曜社。

ジェフリー著（2017）佐藤純・矢倉純之介・内田彩香共訳『データ・ドリブン・マーケティング』ダイヤモンド社。

ベルクほか著（2016）松井剛訳『消費者理解のための定性的マーケティング・リサーチ』碩学舎／中央経済社。

メロ著（2023）東伸一・横山斉理訳『質的比較分析（QCA）：リサーチ・デザインと実践』千倉書房。

ローゼンバウム著（2021）阿部貴行・岩崎学訳『統計的因果推論入門　観察研究とランダム化実験』共立出版。

＜5章＞

Petty, R. E., & Cacioppo, J. T. (1986), The Elaboration Likelihood Model of Persuasion, *Advances in Experimental Social Psychology*, Vol.19, December 1986, pp.123-205.

牛窪恵（2020）『若者たちのニューノーマル：Z世代，コロナ禍を生きる』日本経済新聞出版。

ゴッフマン著（2001）石黒毅訳『スティグマの社会学：烙印を押されたアイデンティティ改訂版』せりか書房。

ソロモン著（2015）松井剛ほか訳『消費者行動論』丸善出版。

田中洋（2008）『消費者行動論体系』中央経済社。

平野啓一郎（2012）『私とはなにか「個人」から「分人」へ』講談社現代新書。

舟津昌平（2024）『Z世代化する社会：お客さまになっていく若者たち』東洋経済新報社。

余田拓郎（2023）『新版　B2Bマーケティング』東洋経済新報社。

＜6章＞

Lush, R. F. & Vargo, S. L. (2018) "An overview of service-dominant logic," *The SAGE Handbook of Service-Dominant Logic*, Sage Publications.

石井淳蔵（1993）『マーケティングの神話』日本経済新聞社。

井上崇通編著（2021）『サービス・ドミナント・ロジックの核心』同文舘出版。

オスターワルダー著（2015）関美和訳『バリュー・プロポジション・デザイン』翔泳社。

クリステンセン／ホール／ディロン／ダンカン著（2017）依田光江訳『ジョブ理論』ハーパーコリンズ・ジャパン。

コトラー＆ケラー著（2014）恩藏直人監修『コトラー＆ケラーのマーケティング・マネジメント基本編　第3版』丸善出版。

藤川佳則・阿久津聡・小野譲司（2012）「文脈視点による価値共創経営：事後創発的ダイナミックプロセスモデルの構築に向けて」『組織科学』46(2), pp.38-52.

マズロー著（1971）小口忠彦訳『人間性の心理学：モチベーションとパーソナリティ　第2

版』産能大学出版部。

ラッシュ／バーゴ著（2016）井上崇通監訳，庄司真人・田口尚史訳『サービス・ドミナント・ロジックの発送と応用』同文舘出版。

レビット著（1971）土岐坤訳『マーケティング発想法』ダイヤモンド社，原著は1968年出版。

＜7章＞

Heskett, J. L., T. O. Jones, G. W. Loveman, W. E. Sasser, Jr., & Schlesinger, L. A. (1994), Putting the Service-Profit Chain to Work, *Harvard Business Review*.

Heskett, J. L., Schlesinger, L. A., & Earl, S. W. (1997) *The service profit chain*, New York: Free Press, p.131.

上田隆穂（2021）『利益を最大化する　価格設定戦略』明日香出版社。

カールソン著（1990）堤猶二訳『真実の瞬間』ダイヤモンド社。

川上智子（2017）「市場情報のマネジメント」安本美典・真鍋誠司編『オープン化戦略』有斐閣。

クーパー著（2012）浪江一公訳『ステージゲート法　製造業のためのイノベーション・マネジメント』英治出版。

グメソン著（2007）若林靖永・太田真司・崔容熏・藤岡章子訳『リレーションシップ・マーケティング　ビジネスの発想を変える30の関係性』中央経済社.

グルンルース著（2013）近藤宏一監訳，蒲生智哉訳『北欧型サービス志向のマネジメント―競争を生き抜くマーケティングの新潮流―』ミネルヴァ書房。

グルンルース著（2015）蒲生智哉訳『サービス・ロジックによる現代マーケティング理論　消費プロセスにおける価値共創へのノルディック学派アプローチ』白桃書房。

コトラー，ケラー著（2014）恩藏直人監修『コトラー＆ケラーのマーケティング・マネジメント基本編　第3版』丸善出版。

コトラー，ヘイズ，ブルーム著（2002）白井義男・平林祥訳『コトラーのプロフェッショナル・サービス・マーケティング』ピアソン・エデュケーション。

シュミット著（2000）嶋村和恵・広瀬盛一訳『経験価値マーケティング』ダイヤモンド社。

シュミット著（2004）嶋村和恵・広瀬盛一訳『経験価値マネジメント』ダイヤモンド社。

商品開発・管理学会編（2007）『商品開発・管理入門』中央経済社。

商品開発・管理学会編（2022）『商品開発・管理の新展開』中央経済社。

高野登（2005）『リッツ・カールトンが大切にするサービスを超える瞬間』かんき出版。

長沢伸也・若林靖永・冨田健司・岡本哲弥編著（2023）『商品開発・管理の挑戦』晃洋書房。

＜8章＞

Amaly, L., & Hudrasyah, H. (2012) Measuring effectiveness of marketing communication using AISAS ARCAS model, *Journal of business and management*, 1(5), pp.352-364.

Colley, R. H. (1961) *Defining advertising goals for measured advertising results*, New York: Association of National Advertisers.

Dietrich, G. (2014) *Spin sucks: Communication and reputation management in the digital age*, Que Publishing.

Leberecht, T. (2009) *Multimedia2.0: From paidmedia to earnedmedia to ownedmedia and back*, CNET NEWS.

飯髙悠太（2019）『僕らはSNSでモノを買う』ディスカヴァー・トゥエンティワン。

井徳正吾・松井陽通（2013）『マーケティングコミュニケーション：企業と消費者・流通を結び，ブランド価値を高める戦略』すばる舎。

伊吹勇亮（2018）「コーポレート・コミュニケーション論」『京都マネジメント・レビュー』32, pp.129-132.

岸志津江・田中洋・嶋村和恵（2000）『現代広告論　第3版』有斐閣アルマ。

コトラー，カルタマジャ，セティワン著（2017）恩藏直人監訳，藤井清美訳『コトラーのマーケティング4.0 スマートフォン時代の究極法則』朝日新聞出版。

下村直樹（2004）「マーケティング・コミュニケーション，コーポレート・コミュニケーション，そして，ブランド・コミュニケーション―3つのコミュニケーションの関係―」『愛知学院大学論叢』（愛知学院大学商学会編）45(1・2), pp.105-122.

水野由多加・妹尾俊之・伊吹勇亮編（2015）『広告コミュニケーション研究ハンドブック』有斐閣。

三宅隆之（2004）『現代マーケティング・コミュニケーション入門：はじめて学ぶ広告・広報戦略』慶應義塾大学出版会。

株式会社CINC（2019）「飯髙悠太氏に聞く「効果的なTwitter運用のコツと生き残るメディアの条件」」https://marketingnative.jp/marketing-innovator-yuta-iitaka/【2024年8月10日アクセス】

株式会社ビームス（2023）「BEAMSが4度目の出店！　世界最大のVRイベント「バーチャルマーケット2022 Summer」にメタバース店が出現します！」https://www.beams.co.jp/news/3128/【2023年11月25日アクセス】

＜9章＞

石井淳蔵（2012）『営業をマネジメントする』岩波書店。

ゴーベ著（2002）福山健一監訳『エモーショナルブランディング―こころに響くブランド戦略』宣伝会議。

柴田和子（2014）『柴田和子　終わりなきセールス』東洋経済新報社。

ドラッカー著（2006）上田惇生訳『現代の経営』ダイヤモンド社。

林文子（2005）『失礼ながら，その売り方ではモノは売れません』亜紀書房。

細井謙一（1994）「パーソナル・セリング研究の現状と課題　認知的アプローチの概要とその問題点」『消費者行動研究』2(1), pp.75-90.

細井謙一（1996）「提案型営業におけるマーケティング論的市場認識」『広島経済大学経済研究論集』19(1), pp.167-185.

本下真次・佐藤善信（2016）「日本における「営業」とMarketing & Salesとの関係」『ビジネス＆アカウンティングレビュー』17, pp.33-50.

村山和恵（2005）「現代マーケティングにおけるエモーショナルなアプローチ：広告コミュニケーションを例とした考察」『新潟青陵大学紀要』5(5), pp.279-289.

株式会社インプレス（2019）「BtoB SaaSの選定・購買は，6割以上が"感情的に"行っている【ジャストクリエイティブ調べ】」https://webtan.impress.co.jp/n/2019/07/22/33425【2023年12月15日アクセス】

ビルコム株式会社（2020）「片山悠【後編】エモーショナルなB2Bブランディングは有効か？」https://www.bil.jp/blog/details/102【2023年12月15日アクセス】

ワンマーケティング株式会社（2023）「リード獲得で終わらない，売上に貢献する「デマンドジェネレーション」の構築術と実践事例」https://www.onemarketing.jp/contents/demand-generation/【2023年12月15日アクセス】

＜10章＞

富岡耕（2017）「揺らぐピラミッド—ケイレツ変革のアメとムチ『週刊東洋経済　4/29-5/6合併号』東洋経済新報社。

中田善啓（2008）「プラットフォーム媒介ネットワークとビジネス・イノベーション」『甲南経営研究』49(1), pp.1-39.

ポーター著（1985）土岐坤・中辻萬治・小野寺武夫訳『競争優位の戦略—いかに高業績を持続させるか』ダイヤモンド社。

環境省（2020）『令和3年版　環境白書/循環型社会白書/生物多様性白書』「2章2節　循環経済への移行　1循環経済（サーキュラーエコノミー）に向けて」https://www.env.go.jp/policy/hakusyo/r03/html/hj21010202.html【2023年4月2日アクセス】

経済産業省（2019）『2019年版　ものづくり白書』「第2章 第2節　コラム　プラットフォーム型ビジネスについて」p.79
https://www.meti.go.jp/report/whitepaper/mono/2019/honbun_pdf/pdf/honbun_01_02_02.pdf【2023年11月20日アクセス】

＜11章＞

Kapferer, Jean-Noel (1992) *Strategic Brand Management*, Kogan Page Limited.

Keller, K. L. (2001) Building Customer-Based Brand Equity: A Blueprint for Creating Strong Brands, *Working Paper*, No. 01-107, Marketing Science Institute.

片平秀貴（1999）『パワー・ブランドの本質—企業とステークホルダーを結合させる「第五の経営資源」』ダイヤモンド社。

ケラー著（2000）恩藏直人・亀井昭宏訳『戦略的ブランドマネジメント』東急エージェンシー出版部。

コトラー，カルタマジャ，セティワン著（2010）恩藏直人監訳，藤井清美訳『コトラーのマーケティング3.0 ソーシャルメディア時代の新法則』朝日新聞出版。

コトラー，カルタマジャ，セティワン著（2017）恩藏直人監訳，藤井清美訳『コトラーのマーケティング4.0 スマートフォン時代の究極法則』朝日新聞出版。

コトラー，カルタマジャ，セティワン著（2022）恩藏直人監訳，藤井清美訳『コトラーのマーケティング5.0 デジタル・テクノロジー時代の革新戦略』朝日新聞出版。

田中洋（2017）『ブランド戦略論』有斐閣。

若林靖永（2007）「商品開発とブランド設定」商品開発・管理学会編『商品開発・管理入門』中央経済社。

EURIB（2002）「Het Brand Identity Prism model van Kapferer」https://www.eurib.net/brand-identity-prism-van-kapferer/【2024年8月16日アクセス】

＜12章＞

Channon, D. F., & Jalland, M.（1978）*Multinational strategic planning.*, Springer.

浦野寛子（2016）「「おもてなし」の海外移転に関する展望と課題：加賀屋の事例考察から」『立正経営論集』49(1), pp.55-72.

大石芳裕（2001）「国際マーケティング複合化の実証研究」『明治大学社会科学研究所紀要』40(1), pp.129-139.

河井孝仁（2016）『シティプロモーションでまちを変える』彩流社。

河井孝仁（2017）「シティプロモーション評価指標の提案：修正地域参画総量指標の活用手法」『東海大学紀要　文学部』108, pp.1-11.

国土交通省（2003）『平成15年度　国土交通白書』「第Ⅰ部第2章第2節　強み・個性の発揮（地域資源の発掘・選択）」

国土交通省／観光庁（2022）「観光地域づくり法人（DMO）による観光地域マーケティングガイドブック」。

近藤文男（2004）『日本企業の国際マーケティング：民生用電子機器産業にみる対米輸出戦略』有斐閣。

清水良郎（2007）「地域ブランド育成におけるマーケティングの実践」『名古屋学院大学論集　社会科学篇』44(1), pp.33-45.

総務省（2015）『情報通信白書』。

古川裕康（2021）『グローバル・マーケティング論』文眞堂。

三井情報開発株式会社総合研究所（2003）『いちから見直そう！　地域資源―資源の付加価値を高める地域づくり』ぎょうせい。

宮下幸一（2012）「旅館『加賀屋』のビジネスモデル："おもてなし"は世界のモデルになりえるか」『桜美林経営研究』2, pp.33-50.

文部科学省（2021）「地域資源の活用を通じたゆたかなくにづくりについて」。

山越伸子（2023）「日本の地方自治制度について」総務省。

若林靖永・加賀美太記（2018）「国際マーケティングの発展」斎藤雅通・佐久間英俊編著『グローバル競争と流通・マーケティング』ミネルヴァ書房。

＜13章＞

Elkington, J.（1997）*The triple bottom line for 21st century business.*, Capstone Publishing Ltd.

French, J.（2017）*Social marketing and public health: theory and practice 2nd edition*, Oxford; Oxford University Press.

PRI（2021）「責任投資原則」https://www.unpri.org/download?ac=14736【2024年8月12日アクセス】

瓜生原葉子（2020）「ソーシャルマーケティング：歴史，定義，クライテリアとプロセス」『同志社商学』72(3), pp.431-456.

経済産業省（2023）「サステナビリティ関連データの効率的な収集及び戦略的活用に関する報告書」。

経済同友会（2000）「21世紀宣言」。

経済同友会（2003）「日本企業のCSR：現状と課題―自己評価レポート2003」。

ドラッカー著（1995）田中弥生監訳『非営利組織の「自己評価手法」―参加型マネジメントへのワークブック』ダイヤモンド社。

ドラッカー＆スターン著（2000）田中弥生訳『非営利組織の成果重視マネジメント―NPO・行政・公益法人のための「自己評価手法」』ダイヤモンド社。

ナンシー＆コトラー著（2021）木原雅子・小林英雄・加治正行・木原正博訳『ソーシャルマーケティング：行動変容の科学とアート：健康，安全，環境保護，省資源分野等への応用の最前線』メディカル・サイエンス・インターナショナル。

藤井敏彦（2005）『ヨーロッパのCSRと日本のCSR―何が違い，何を学ぶのか。』日科技連出版社。

藤井敏彦・新谷大輔（2008）『アジアのCSRと日本のCSR　持続可能な成長のために何をすべきか』日科技連出版社。

吉田夏彦（2014）「CSR論の展開と課題」『憲法論叢』（関西法政治学研究会）20, pp.91-118。

若林靖永（1999）「非営利・協同組織のマーケティング」角瀬保雄・川口清史編『非営利・協同組織の経営』ミネルヴァ書房。

若林靖永・樋口恵子編著（2015）『2050年超高齢社会のコミュニティ構想』岩波書店。

キリンホールディングス（2023）「復興応援　キリン絆プロジェクト」https://www.kirinholdings.com/jp/impact/csv_management/social_contributions/kizuna/【2023年10月6日アクセス】

厚生労働省（2020）「新しい生活様式」の実践例。https://www.mhlw.go.jp/stf/seisakunitsuite/bunya/0000121431_newlifestyle.html【2023年10月6日アクセス】

こども宅食応援団（2019）https://hiromare-takushoku.jp/project/【2024年10月1日アクセス】

東京都文京区役所（2024）『子ども宅食プロジェクト』にご協力ください。～子どもたちに笑顔を届けよう～https://www.city.bunkyo.lg.jp/b022/p001476.html【2024年10月1日アクセス】

同志社大学ソーシャルマーケティング研究センター（2022）「ソーシャルマーケティングに関する公式サイト」https://o-socialmarketing.jp/【2024年10月7日アクセス】

特定非営利活動法人　TABLE FOR TWO International（2023）https://onigiri-action.com/【2023年10月18日アクセス】

特定非営利活動法人　TABLE FOR TWO International（2023）https://jp.tablefor2.org/【2023年10月18日アクセス】

日本マーケティング協会（2024）「マーケティングの定義」https://www.jma2-jp.org/jma/aboutjma/jmaorganization【2024年1月31日アクセス】

＜補章＞

Keith, R. J. (1960) "The marketing revolution", *The Journal of Marketing*, Vol24, 3, pp.35-38.

Philip, K., Hermawan, K., & Setiawan, I. (2024) *Marketing 6.0: The Future Is Immersive*, Wiley.

石原武政（2022）「歴史研究の社会性―なぜ自らを歴史家と言わないのか―」『マーケティング史研究』1(1), pp.36-41。

薄井和夫（1999）『アメリカ・マーケティング史研究―マーケティング管理論の形成基盤―』大月書店。

小原博（1987）『マーケティング生成史論』税務経理協会。

カー著（1962）清水幾太郎訳『歴史とは何か』岩波書店。

カー著（2022）近藤和彦訳『歴史とは何か』岩波書店。

鍛冶博之（2020）「日本におけるコンビニエンスストアの普及とその背景」『社会科学』（同志社大学人文科学研究所）49(4), pp.37-66.

片山富弘（2018）「マーケティングの変化：マーケティング4.0に対する考察をもとに」『流通科学研究』17(2), pp.21-30.

久野愛（2021）『視覚化する味覚―食を彩る資本主義』岩波新書。

黒田重雄（2016）「日本のマーケティングとマーケティング学について：近江商人と石田梅岩『都鄙問答』から考察する」『北海学園大学経営論集』14(1), pp.45-75.

黒田重雄（2017）「日本のマーケティングは中世期に始まっていた：とくに，室町時代の重商主義の世界を中心にして」『北海学園大学経営論集』15(1), pp.47-73.

コトラー著（2001）恩藏直人監修，月谷真紀訳『コトラーのマーケティング・マネジメント　ミレニアム版』ピアソン・エデュケーション。

コトラー＆ケラー著（2013）恩藏直人監修，月谷真紀訳，『コトラー＆ケラーのマーケティソグ・マネジメント　第12版』ピアソン・エデュケーション。

コトラー，カルタマジャ，セティワン著（2017）恩藏直人監訳・藤井清美訳『コトラーのマーケティング4.0 スマートフォン時代の究極法則』朝日新聞出版。

コトラー，カルタマジャ，セティワン著（2022）恩藏直人監訳・藤井清美訳『コトラーのマーケティング5.0 デジタル・テクノロジー時代の革新戦略』朝日新聞出版。

近藤文男（1988）『成立期マーケティングの研究』中央経済社。

白髭武（1978）『アメリカマーケティング発達史』実教出版。

瀧内洋（2015）「セブン-イレブンのビジネスモデルについて」『日本経大論集』45(1), pp.241-259.

テドロー著（1993）近藤文男監訳『マス・マーケティング史』ミネルヴァ書房。

野村秀和（1997）『イトーヨーカ堂　セブン-イレブン』大月書店（「第4章　創造的破壊のマーチャンダイジング」を若林靖永が分担執筆）。

橋本勲（1965）「マーケティング論成立の沿革」『経済論叢』（京都大学経済学会），95(5), pp.359-380.

ヘーゲル著（1994）長谷川宏訳『歴史哲学講義（上）』岩波文庫。

堀米庸三（1964）『歴史をみる眼』NHKブックス15，日本放送出版協会。

増谷博昭（2014）「初期マーケティング学説におけるマーケティング・コンセプトに関する考察—20世紀初頭のアメリカにおいて—」『商品開発・管理研究』11(1), pp.2-19.

増谷博昭（2015）「アメリカにおけるマス・マーケティング生成に関する考察　19世紀後半から20世紀初頭にかけて（若林靖永が一部監修・執筆）」『商品開発・管理研究』12(1), pp.2-26.

光澤滋朗（1990）『マーケティング論の源流』千倉書房。

南塚信吾・小谷汪之（2019）『歴史的に考えるとはどういうことか』ミネルヴァ書房。

若林靖永（2003）『顧客志向のマス・マーケティング』同文舘出版。
京都大学学術情報リポジトリ KURENAI 収録。
https://repository.kulib.kyoto-u.ac.jp/dspace/handle/2433/268251

用語説明＆索引

＜数字・英字＞

3C分析（さんしーぶんせき） ⇨10頁
「顧客（Customer）」「自社（Company）」
「競合他社（Competitor）」の3つを軸に
して市場環境を分析するフレームワークの
こと。主に以下のような問いを持つことが
重要。
顧客：市場と顧客のニーズはどのように変
化しているのか。
競合：競合他社は環境の変化に対して，ど
のように応じているのか。
自社：顧客と競合他社の動きをふまえ，自
社が成功できる要因はどこにあるか。

3D（three dimensions） ⇨86頁
3次元を意味する。物体構造などのモデ
リング，立体視などの用語に用いられる。

4C ⇨12頁

4Ps ⇨12頁

5A ⇨60頁，95頁

7Ps ⇨81頁

AI（Artificial Intelligence：人工知能）
⇨27頁
どこからがAIでどこからがAIでない
のか，の定義は難しい。人を見分けたり，
文章を他の言語に翻訳したりといった，人
間にしかできないと思われていた知的な推
論・判断をするコンピュータープログラム
のこと。
近年，コンピュータの能力の向上もあり，
画像や音声等を認識するもの，テキストや
画像等を生成するもの，状況に対応して判
断するもの，などが飛躍的に発展し，すで
に私たちの生活，産業において活用が広が
りはじめている。

AIチャットボット ⇨46頁
「チャット（Chat）」をする「ボット（bot）
＝ロボット」という意味。データやログを
基に自己学習したAIが質問に対して回答
するプログラムを指す。
ユーザーの質問や要望に対してリアルタ
イムで返答する機能を持つ。
近年，企業サイトやECサイトなどに導
入されている。顧客サポート，情報提供，
商品購入の支援など多岐にわたる用途に活
用されている。
たとえば，問い合わせ対応が効率化し，
顧客の待ち時間の短縮につながるなどのメ
リットがある，と言われている。

AIDMA（アイドマ）モデル ⇨92頁
消費者が購買決定に至るまでのプロセス
を説明するフレームワークで（Attention：
注 意⇒Interest：関 心⇒Desire：欲 求
⇒Memory：記憶⇒Action：行動）の頭
文字をとったもの。
1920年代にサミュエル・ローランド・
ホールが提唱したもので，広告をきっかけ
に小売店で購入するという古典的，標準的
な商品購入を説明するモデル。

AISAS（アイサス）モデル ⇨92頁
インターネット時代の消費者が購買決定
に至るまでの新しいプロセスを説明するフ
レームワークで（Attention：認知・注意
⇒Interest：興味を持つ⇒Search：検索
⇒Action：購買行動⇒Seare：共有）の頭
文字をとったもので，電通が提唱した。イ
ンターネット環境がナローバンドからブ
ロードバンド化した時代をとらえて開発さ
れたモデルである。

**BDR（Business Development
Representative）** ⇨107頁
新規開拓の役割を担うインサイドセール
ス手法。自社が主体となって新規顧客に積
極的なアプローチをする営業手法。電話や
メール，DM，手紙といった非対面の手法
（インサイドセールス）を活用して，これ
までまったく接点がない顧客の開拓を担う。

BOPモデル ⇨36頁

BtoB（Business to Business）
⇨58頁，89頁，107頁，122頁
企業（法人）が企業（法人）に対して商
品・サービスを提供する企業間取引のこと

183

を指す。生産財，産業財のビジネスのことである。B2B と略されることもある。

工業製品，電機製品，自動車等のメーカーに自動車製造に使用する部材・部品を提供する企業などが BtoB のビジネスに該当。なお，BtoB ビジネスと BtoC ビジネスの両方を行っている企業は，パナソニックなどの電機企業を含め多数ある。

BtoC（Business to Consumer）は，企業（法人）が一般消費者（個人）に対して行う取引形態・販売形態のことを指す。消費財のビジネスのことである。B2C と略されることもある。

百貨店，小売店といった店舗や一般消費者向けの EC サイトなどが BtoC のビジネスに該当。なお，BtoC ビジネスと BtoB ビジネスの両方を行っている企業は，銀行などの金融機関を含め多数ある。

CAGE 分析（けいじぶんせき） ⇨143頁

企業がグローバル展開する際，進出先を考えるにあたり，自国と進出先との間に横たわる「隔たり」に着目し，進出先では自社の活動にどのような制約が課されるかを分析する必要がある。この隔たりをCultural：文化的な隔たり（言語や価値観，気質の相違など），Administrative：政治的な隔たり（共通通貨の有無，政治的対立の有無など），Geographical：地理的な隔たり（物理的な距離，気候など），Economic：経済的な隔たり（貧富の差，インフラの質とそれらを得るための費用など）という4つの視点で分析する手法。

CRM（Customer Relationship Management） ⇨100頁，105頁，124頁

顧客に関する情報を中心としてシステム化された営業支援ツール。

重要なことは，ばらばらになっている顧客に関わる情報を，顧客データベースに一元化して整備し活用できるようにすることである。

他の商品やサービスの購入／契約履歴，顧客からの意見，苦情などの管理，顧客属性に適合したメール作成，配信，顧客満足度調査のアンケートやセミナーの管理機能

などを搭載。

CSR（Corporate Social Responsibility：企業の社会的責任）（きぎょうのしゃかいてきせきにん） ⇨87頁，147頁

企業は利益を追求することがその目的であるという考え方に対し，企業もまた社会的存在であり，社会にダメージを与えるようなことはしないで，社会をより良くすることが求められるという考え方である。

企業は自社の事業活動を通し，利潤を追求するだけでなく，組織活動が社会へ与える影響に責任をもち，あらゆるステークホルダーに対し，適切な意思決定を行う責任を指す。

CSR 活動は，企業経営の根幹において，企業の自発的活動として，企業自らの永続性を実現し，また，持続可能な未来を社会とともに築いていく活動。

CVC（Corporate Venture Capital） ⇨23頁

CX（Customer Experience：顧客体験）（こきゃくたいけん） ⇨108頁

狭義には，商品やサービスの利用における顧客視点での体験を指すが，広義には，商品やサービスの機能・性能・価格といった「合理的な価値」だけでなく，購入するまでの過程・使用する過程・購入後のフォローアップなどの過程における経験の「感情的な価値」の訴求を重視する考え方。

現代の消費者は問題がなんとか解決すればいいというのではなく，どれだけ楽に楽しくできるかという経験価値が重視されるようになっているため，製品使用体験，サービス体験からウェブやスマホアプリ使用体験まで，広く顧客体験のデザインが求められている。

DCF 法（Discounted Cash Flow：割引キャッシュ・フロー法）（わりびききゃっしゅ・ふろーほう） ⇨131頁

ブランドを含む資産が生み出すキャッシュ・フローの割引現在価値をもって，その理論価格とする方法。金融商品や不動産その他多様な投資プロジェクトの価値を算出する場合に用いられる。

割引現在価値とは，将来得られる価値を

用語説明＆索引

現在の価値に換算するもので，1年後100万円という将来価値，割引率10%であれば，現在価値は90.9万円となる。割引率は年利（利子率）などが参照される。

DE&I（Diversity, Equity & Inclusion）
⇨8頁

Diversity（ダイバーシティ／多様性）・Equity（エクイティ／公平性）・Inclusion（インクルージョン／包括性）の3つをあわせた言葉。多様な人材を尊重するという人権重視の経営であるとともに，そのことが企業にとってより高い価値を生み出すことにつながるとして注目されている。

ダイバーシティとは，人材の多様性を指す言葉。会社組織をはじめとする集団の中にはさまざまなレベルで違いを抱えた人々が所属しているため，ダイバーシティの観点が組織を運営する上で重要視されている。

エクイティとは，公平性・公正性と訳される言葉。組織にはさまざまな違いを抱えた人々が集まっている。そのため，特に企業においてはその違いが不均衡にならないよう，適切に配慮することが求められている。

インクルージョンとは，受容性・包括性との概念。社会において多様な人材が尊重されながら共存していくためには，それぞれのありのままの姿が受容されることが必要になる。企業では多様な価値観・背景を持つ個人が，ビジョンを共有して協働することが求められるため，インクルージョンはダイバーシティとともに重要視されている。

DMO
⇨140頁

Destination Management/Marketing Organization の略で，観光地域づくり法人を指す。地域の「稼ぐ力」を引き出すとともに地域への誇りと愛着を醸成する地域経営の視点に立った観光地域づくりの司令塔として，多様な関係者と協働しながら，明確なコンセプトにもとづいた観光地域づくりを実現するための戦略を策定するとともに，戦略を着実に実施するための調整機能を備えた法人。以下の3つがある。

「広域連携DMO」
地方ブロックレベルの区域を一体とした観光地域として，マネジメントやマーケティング等を行うことにより観光地域づくりを行う組織。

「地域連携DMO」
複数の地方公共団体にまたがる区域を一体とした観光地域として，マネジメントやマーケティング等を行うことにより観光地域づくりを行う組織。

「地域DMO」
原則として，基礎自治体である単独市町村の区域を一体とした観光地域として，マネジメントやマーケティング等を行うことにより観光地域づくりを行う組織。

なお，DMCは，Destination Management Company の略称で，海外の旅行会社から依頼を受け，ランドオペレーターとして，日本国内のホテル予約，ガイド手配，空港送迎などの交通機関手配，体験アクティビティなどの予約手配を行う会社のことを指す。

DX（Digital transformation）
⇨40頁，97頁，100頁，122頁

2004年にスウェーデンのウメオ大学のエリック・ストルターマン教授が，「デジタル・トランスフォーメーション」について「ICTの浸透が人々の生活をあらゆる面でより良い方向に変化させること」と定義した。

企業が外部エコシステム（顧客，市場）の劇的な変化に対応しつつ，内部エコシステム（組織，文化，従業員）の変革を牽引しながら，第3のプラットフォーム（クラウド，モビリティ，ビッグデータ／アナリティクス，ソーシャル技術）を利用して，新しい製品やサービス，新しいビジネスモデルを通して，ネットとリアルの両面での顧客エクスペリエンスの変革を図ることで価値を創出し，競争上の優位性を確立すること。

EV（Electric Vehicle）
⇨144頁

一般的には，「電気自動車」を指す。バッテリーに蓄えた電気エネルギーをモー

185

ターで動力に変換して走る自動車。

以下のような種類に分けられる。

・BEV

Battery Electric Vehicle（バッテリー式）電気自動車

・HEV

Hybrid Electric Vehicle　ハイブリッド自動車

・PHEV

Plug in Hybrid Electric Vehicle　プラグインハイブリッド自動車

・FCEV

Fuel Cell Electric Vehicle　燃料電池自動車

FC 契約（えふしーけいやく）　⇨168頁

フランチャイザー（本部事業者）が，フランチャイジー（加盟者）との間で，自己の商標，サービス・マークその他営業の象徴となる標識，経営ノウハウを用いて，商品の販売等の事業を行う権利を与え，他方で加盟者が，それに対する一定の対価を支払う，という継続的契約。

なお，FC 契約とは異なるボランタリー契約は，加盟店同士が自発的に集まり，チェーン本部を結成し，商品の共同仕入れや情報共有などを行う契約。

ICT（Information and Communications Technology：情報通信技術）　⇨124頁

コンピュータやスマホ等を単独で使うだけでなく，ネットワークを活用して情報や知識を共有し，コミュニケーションを活発化させる技術。

IoT（Internet of Things）　⇨118頁，165頁
IT（Information Technology）　⇨27頁，97頁

パソコンやスマートフォンなどのコンピュータネットワークを使った情報技術の総称。情報の入手，保存，伝達などを行う技術を指す。インターネットだけでなく，情報処理やセキュリティも含まれる。

LGBTQX（LGBTQ＋）　⇨57頁

Lesbian（レズビアン，女性同性愛者），Gay（ゲイ，男性同性愛者），Bisexual（バイセクシュアル，両性愛者），Transgender

（トランスジェンダー，出生時に法的・社会的に割り当てられた性別やその性別に期待されるあり方とは異なる性別で生きている人・生きたい人），Questioning（クエスチョニング，自らの性のあり方について特定の枠に属さない人，わからない人，決めたくない人。典型的な男性・女性ではないと感じる人。と，Queer（クィア，規範的な性のあり方以外のセクシュアリティ）の二重の意味。性的マイノリティを表す総称の1つ。

「X」や「＋」という文字は，「上記以外にもさまざまなセクシュアリティがある」ということを意味する。

性のあり方は LGBTQX（LGBTQ＋）とそれ以外の人でくっきり分かれているのではなく，グラデーションになっていることを表している。

M&A（Merger and Acquisitions）　⇨6頁，87頁，114頁

日本語では「企業合併・企業買収」との意味。合併は2つ以上の企業が1つに統合されること，買収はある企業が他の企業（経営権）を買うことを指す。

自社に不足している経営資源（ヒト，モノ，カネ，技術，情報等）を補うために，また，事業の再構築や後継者問題の解決のために，経営権や事業資産を譲り受けたり，譲り渡したりする。

MA（Marketing Automation）　⇨105頁，108頁

自社へのメール，自社ウェブサイトへの訪問者分析，リードスコアリング，リードナーチャリングキャンペーン，キャンペーン管理，レポート作成などの機能を1つに統合し，マーケティング部門と営業部門とのデータ共有を行うソフトウェア。

NB（National Brand）　⇨169頁

一般的に製造者（メーカー）が自社商品やサービスに付けたブランド。商品の企画，開発，製造までを製造者が責任を持って行い，市場へ流通させる。

ナショナルブランドの商品やサービスは日本全国の小売店などで販売され，広告活

動についてもメーカーが行う。そのため，ナショナルブランドの商品やサービスは日本全国の店舗や EC サイト，テレビ CM などで見かける機会が多く，知名度が高いのが特徴。

OEM（Original Equipment Manufacturer：相手先（委託者）ブランド名製造）⇨141頁

委託を受けて他社ブランドの製品を製造すること，あるいは委託を受けた企業そのものを指す。

自社の工場や人員を増強するのではなく，製造部分のみを外注することで，コストを抑えて生産を拡充することが可能。自社工場を持つリスクを抑えつつ，景気変動や市場ニーズに合わせて商品の生産をコントロールしたい企業の意向を反映した生産方式。

PB（Private Brand）⇨169頁

小売業者や卸売業者が主体的に開発したブランド。ナショナルブランドと異なり，プライベートブランドの場合，製造は委託先の製造者が行い，販売や在庫管理，宣伝などを小売業者，卸売業者が行うケースが多い。製造元と販売元が異なるのが，プライベートブランドの特徴。

一般的にプライベートブランドは，ナショナルブランドよりも流通過程にかかるコストをカットできることから価格を抑えて同種類の商品の製造や販売を実現している。ブランドを手がける小売店や卸売店，系列店のみで販売される。

セブン-イレブンの「セブンプレミアム」，イオンの「トップバリュ」などがある。

PESO モデル⇨90頁

PEST 分析（ぺすとぶんせき）⇨10頁，143頁

政治的（Political），経済的（Economic），社会文化的（Socio-cultural），技術的（Technological）の頭文字を取ったもので，経営戦略におけるマクロ環境要因のフレームワークのこと。

政治的要因（P）は，政府が経済にどのように介入するかに関係する。具体的には，税制，労働法，環境法，貿易制限，関税，政治的安定などの分野があり，教育制度やインフラ整備などへ影響を与える。

経済的要因（E）は，経済成長，為替レート，インフレ率，金利などが含まれる。これらの要因は，企業の経営方針や意思決定に影響を与える。たとえば，為替レートは企業の収益に大きな影響を与える。

社会文化的要因（S）は，文化的側面と健康意識，人口増加率，年齢分布，社会安全性が含まれる。社会的要因は，企業の製品開発や販売チャネル開拓などへ影響を与える。たとえば，少子高齢化はすべての産業へ影響を与える。

技術的要因（T）は，研究開発活動，自動化，技術的の変化の速度，イノベーションなどの技術的側面が含まれる。これらは，市場参入障壁，アウトソーシングなどの決定に影響を与える。

POS システム⇨168頁

どのような商品が売れたのかという情報を POS（Point of Sales／販売時点情報管理）レジで取得したデータを活用したシステム。

店舗の POS レジで商品のバーコードを読み取るなどして得られるデータを，本部を含めた POS システム全体で連携することで，リアルタイムなデータ管理ができ，それらデータを店舗などでの在庫管理や消費者の購買行動の把握に活用できる。

POS データには商品が購入された日時，商品が購入された個数，購入された商品名，購入された商品の価格，商品が購入された店舗名などの情報がわかるほか，ポイントカードを発行していたり，クレジットカード・QR 決済などのキャッシュレス決済に対応している場合には，商品の購入者の性別や年齢層なども把握できる。

これら POS データを企業全体で連携して共有すれば，商品別の売れ筋や消費者の購買行動を分析するために活用可能となる。

PR（Public Relations：パブリック・リレーションズ）⇨3頁

国際 PR 協会（IPRA：International Public Relations Association）による PR

187

の定義：パブリック・リレーションズは，信頼のおける，倫理的なコミュニケーション手法を通し，組織と組織をとりまくパブリックとの間に，関係と利益を築くため，意思決定の管理を実践すること。

アメリカPR協会（PRSA：Public Relations Society of America）によるPRの定義：パブリック・リレーションズとは，組織と組織をとりまくパブリックの間の，相互に利益のある関係を築く戦略的コミュニケーションのプロセス。

現実的なビジネスの世界では，企業や団体には，組織運営上，それぞれさまざまな課題，機会があり，組織における課題や機会を正確に客観的に把握し，組織内外との良好な関係を築きながら，組織が目標とする何らかの成果を実現するために行われる活動，となる。

なお，マーケティングにおいてもPR手法を活用して社会的認知等を変革していく活動を，マーケティングPRとも言う。

ROI（Return On Investment：投資収益率） ⇨31頁

投じた費用に対して，どれだけの利益を上げられたかを示す指標。投資収益率や投資利益率と訳される。ROIが高いほど「投資効率が高い」と判断できるため，事業投資を評価・管理する際の基準として重視される。

RT（ReTweet：リツイート） ⇨93頁

X（旧Twitter）などで他のユーザーが投稿したツイートを自分のフォロワーに向けて共有すること。

SaaS（Software as a Service） ⇨35頁，107頁

顧客に商品やサービスを一定期間提供し，利用期間に応じて利用料を支払ってもらうサブスクリプション形式（月単位または年単位で定期的に料金を支払い利用するコンテンツやサービス。商品を「所有」ではなく一定期間「利用」する）のサービス。

SDGs（Sustainable Development Goals：持続可能な開発目標） ⇨87頁，123頁，147頁

2001年に策定されたミレニアム開発目標（MDGs：Millennium Development Goals）の後継として，2015年9月の国連サミットで加盟国の全会一致で採択された「持続可能な開発のための2030アジェンダ」に記載された2030年までに持続可能でよりよい世界を目指す国際目標。17のゴール・169のターゲットから構成され，地球上の「誰一人取り残さない（leave no one behind）」ことを誓っている。

SDGsは発展途上国のみならず，先進国自身が取り組むユニバーサル（普遍的）なものであり，日本としても積極的に取り組んでいる。

SDR（Sales Development Representative） ⇨107頁

オフラインでの接点を通じて獲得したリード（見込み客）の情報を活用する「反響型」と呼ばれる営業手法。自社から積極的に営業をかけるのではなく，ウェブコンテンツからの問い合わせやオンラインでの資料請求，ならびに展示会，セミナーといったオフラインでの接点を通じて獲得したリードの情報を活用する。それらの情報を営業部門がマーケティング部門から引き継いで商談化をめざす。

SEO（Search Engine Optimization：サーチ・エンジン・オプティマイゼーション） ⇨101頁

インターネットでは検索して見つけてもらうことが重要である。そのために行われる，GoogleやYahoo!などの検索エンジンの最適化。SEOの目的として，主に①Webサイトを検索結果の上位に表示させること。②コンバージョン（企業によって目的は異なるが，会員登録数や予約申込数，問い合わせ数など）の達成につなげること。③検索エンジンに正しくクロール（検索ロボットに発見されること）され，インデックス（Google・Yahoo!・Bingなどの検索エンジンのデータベース）に登録されるこ

と。④特定のキーワードで検索したときに上位表示をめざし，集客を行うこと。⑤自社サイトが検索エンジンで上位に表示されるための施策等が挙げられる。

SFA（Sales Force Automation）
⇨100頁，124頁

営業担当者の活動管理とサポートを中心としてシステム化された営業支援ツール。営業日報作成，レポート管理，営業プロセス管理，予実（予算と実績）管理，見積書／請求書等の制作支援などの機能を搭載。

SOGIESC（ソジエスク）　　　　⇨57頁

SOGIESC とは，性的指向（Sexual Orientation），性自認（Gender Identity），性表現（Expression），性的特徴（Sexual Characteristics）の4つの要素で性を表現する。性的指向は好きになる相手の性，性自認は性別に対する自己認識，性表現は自分の性をどう表現するか，性的特徴は生まれもった身体の性などを指す。この4つの要素の組み合わせでセクシュアリティ（人間の性のあり方）の多様性を理解することができる。

SP（Sales Promotion：セールス・プロモーション）　　⇨3頁，12頁，88頁

マーケティングにおいて通常 SP は広告や広報とは区別される。広告の目的は，商品やサービス，ブランドについての認知や好感度の増大といった，「頭」に働きかけることを主眼としているのに対し，SP の目的は，認知してもらうだけでなく，その先にある購入（契約）を目的としていて，「行動」に働きかけることを主眼としている。

SP の主な手法としては以下のような方法がある。①イベントプロモーション：屋内外のさまざまなイベントに出展して消費者が直接商品を試す機会を設けることで購買につなげる方法。②キャンペーンプロモーション：期間限定のセールや割引の実施，特典の付与，会員募集といったキャンペーンを打ち出すことにより，店舗などへの来店のきっかけを作り購買意欲を高める方法。③インストア（店頭）プロモーション：デモンストレーション販売，店舗内 POP の掲示，ディスプレイの工夫，割引シール，増量パックなどの方法。④ダイレクトマーケティング：試供品配布，ダイレクトメール，ポスティング，チラシ配布，メール送信などの方法。

SPA（Specialty store retailer of Private label Apparel）　　　　⇨115頁

「製造小売業」と呼ばれる垂直統合型のサプライチェーンモデルを指す。もともとはアパレル業界発のビジネスモデルであり，アメリカの衣料品小売大手 GAP が1986年にはじめたとされている。ZARA，ファーストリテイリング社のユニクロなど，広くアパレル業界で採用されている。

SPA のメリットは，低コスト・短リードタイム・顧客ニーズの把握にある。SPAでは，原材料調達に際しても商社などを通さず直接仕入れる。流通過程でも卸などを経由せず自社直営で販売することで，結果としてコストを抑えられる。

STP（セグメンテーション，ターゲッティング，ポジショニング）　　⇨9頁

SWOT 分析（すうぉっとぶんせき）⇨7頁

ULSSAS モデル　　　　　　　⇨93頁

インターネット時代の消費者が購買決定に至るまでのプロセスを説明するフレームワーク で（U＝UGC：User Generated Contents：ユーザーが SNS に投稿するコンテンツ（画像や動画など）や口コミなど。L＝Like　S＝Search1（SNS）S＝Search2（Google，Yahoo!）A＝Action　S＝Spread）の頭文字をとったもの。

VR（Virtual Reality：バーチャル・リアリティ）　　　　　　　　　　⇨86頁

コンピュータグラフィックスなどを利用し，創り出された仮想的な空間などを現実であるかのように疑似体験できる仕組み。

専用の VR ゴーグルを装着することで，仮想現実を360度の視野で見渡し，体験するというもの。VR ゴーグルが高価であることもあり，普及はまだまだであるが，航空機パイロットや外科手術の医師の訓練，幻肢痛や PTSD などでの治療，音楽ライ

ブやスポーツ観戦などでの活用がすすめら
れている。

＜ア行＞

アウトバウンド ⇨101頁

　営業分野におけるアウトバウンドとは，
企業側から顧客へアプローチするスタイル
の営業活動。訪問営業やテレアポといった
以前から行われている営業活動。顧客側の
都合に合わせるというより，売手の押しつ
けによるもの。

アジェンダ ⇨148頁

　会議で話し合うべき事柄，協議事項，会
議の議題。会議を成功させるためには，な
んのために会議を開くのか，会議の目的・
目標はなんなのか，にもとづいて，アジェ
ンダを整理し，必要な資料等を準備してお
くことが重要である。

**アフィリエイト広告（あふぃりえいとこう
こく）** ⇨152頁

　インターネット時代に普及しているもの
で，広告経由で発生した成果に対し，紹介
したユーザーに報酬が発生する広告形態。
成果報酬型広告ともいわれる。

アライアンス ⇨115頁

　「企業連携」「戦略提携」などとも呼ばれ
る。市場がグローバル化してきたことから
単独の企業で業務を行っていくことが世界
規模では通用しなくなってきたことを背景
に，企業同士が協力し合って事業を行う経
営手法。M&Aは経営権を移転するのに対
し，アライアンスは経営権が移転せず協業
関係にある。企業間連携（アライアンス）
は一般的には以下に示す4つがある。

・業務提携
2社または複数の企業が技術や人材などの
経営資源を提供し合い，協力して事業を行
う体制を作ること。共同開発や共同販売と
いった形で，売上を拡大し成長するために
足りない部分を補完したり，技術やノウハ
ウを共有して高め合うことで，市場シェア
の拡大や売上アップにつなげる。

・資本提携
資金面で協力をするケース。たとえば，株
式を持ち合うか，一方が提携先の株式を取
得するかのどちらかによって，資金面で協
力関係を築く。

・技術提携
必要な技術やノウハウを持ち寄り，技術提
供を受けたりする共同研究開発契約等，技
術面に特化した提携。

・産学連携
大学等教育・研究機関と企業が連携する取
り組み。教育・研究機関が培ってきた技術
や知見などを企業が活用し，実用化や産業
化へと結びつける。

**イノベーターのジレンマ（クリステンセ
ン）** ⇨26頁

　クレイトン・クリステンセンが，業界
トップの企業が業界トップだからこそ新興
企業がすすめるイノベーションに対応でき
ないというメカニズムを明らかにしたもの。
新興企業は新機軸の破壊的な技術の製品を
開発提供するが，当初は既存製品よりも品
質・性能が低いため，ローエンドの，市場
規模の小さい市場に製品を提供する。業界
トップは市場規模の大きい市場に製品を提
供しており，既存顧客の意見を尊重し，品
質の劣る，革新的な技術，新機軸の製品を
採用せず，既存製品を改良し，高品質の製
品開発をすすめる。しかし，新興企業がす
すめる新基軸の製品はしだいに高い品質・
性能となって市場の支持が得られるように
なり，業界トップは市場を奪われ，市場の
リーダーシップを失ってしまう。

イミ消費（いみしょうひ） ⇨170頁
　モノ消費参照。

**因果関係ロジック（いんがかんけいロジッ
ク）** ⇨17頁

　因果関係とは要素同士が原因と結果の関
係にあり，ある要素が原因である要素に影
響を与えていることを指す。

　なお，相関関係とは，ある要素とある要
素が互いに関係し合っていることを指す。

　相関関係と因果関係を混同すると，情報
を間違った形で解釈し誤解を招いてしまう

用語説明＆索引

可能性がある。

インサイト（insight） ⇨100頁

マーケティングの分野においては「消費者の隠れた心理」を表す。顧客インサイトや消費者インサイトと呼ばれることもあり，顧客自身も気づいていない動機や本音を表す言葉。

インサイトとよく似た言葉に，ニーズがある。ニーズは「欲求」「需要」などを意味する言葉で，顕在化しているもの。インタビューやヒアリングなどで比較的見つけやすい。一方，インサイトは顧客本人も気づいていないものであるため，簡単には見つけられない。

インターナル・マーケティング ⇨81頁

自社の従業員に向けたマーケティングのことを指す。一般的にマーケティングは，商品やブランドの価値を市場で高め，顧客満足度を高めるなど，社外へ向けた活動のことを指すが，インターナル・マーケティングは組織内の全員が自社のマーケティング・コンセプトとマーケティング目標を信じ，顧客価値の選択，提供，伝達へ積極的に関与するよう仕向けることを指す。また，自社の従業員（社員やパート，派遣社員などを含む）の満足度を上げるために実施される。

インテリジェンス ⇨116頁

インテリジェンスとは，主に国家安全や軍事関連の議論で使用されることが多い。インテリジェンスの定義は国や組織によって異なるが「政策決定者が国家（組織）安全保障上の問題に関して判断を行うために，政策決定者に提供される，情報から分析・加工された知識のプロダクト，あるいはそうしたプロダクトを生産するプロセス」ということになる。

ビジネス・インテリジェンスに関して言えば「PEST分析，3C分析などをベースに，競合や提携組織などとの地理的関係，所有インフラ，指導者の影響力などの情報から組織の戦略行動の判断を下す思想体系であり，組織の持続的な競争優位を確保する活動」と言える。

インバウンド対応（いんばうんどたいおう） ⇨101頁

営業分野におけるインバウンドとは，顧客から企業に問い合わせや訪問をしてもらう形の営業活動。コーポレートサイトの構築，オウンドメディア（企業が独自に運用するメディア）の利用，SNSの活用，メールマーケティングやホワイトペーパー（主にBtoB企業がターゲットとするユーザーに提供する有益なデータやコンテンツを盛り込んだ資料）等を用いる。

企業側から一方的に押しつけるアプローチではなく，顧客自身が，顧客が気になるときにアプローチするというものである。

インフルエンサー（influencer） ⇨153頁

世間に与える影響力が大きい行動をビジネスとして行う人物のこと。インフルエンサーの発信する情報を企業が活用して宣伝することを「インフルエンサー・マーケティング」と呼ぶ。ステルスマーケティングも参照。

ウェルビーイング ⇨31頁

心身と社会的な健康を意味する概念。満足した生活を送ることができている状態，幸福な状態，充実した状態などの多面的な幸せを表す言葉。

瞬間的な幸せを表す英語「Happiness」とは異なり，「持続的な」幸せを意味する。厚生労働省は「個人の権利や自己実現が保障され，身体的，精神的，社会的に良好な状態にあることを意味する概念」としている。

ウォンツ（欲求）（よっきゅう）
⇨65頁，87頁

エコーチェンバー ⇨171頁

フィルターバブル参照。

エスノグラフィー（ethnography） ⇨42頁

エフェクチュエーション
⇨13頁，15頁，16頁，17頁，18頁，22頁，23頁

エモ消費（えもしょうひ） ⇨170頁

モノ消費参照。

エモーショナルブランディング ⇨98頁

人々の心に訴えかけ，人々とブランドが

191

中長期でつながるブランド戦略のこと。ただし、エモーショナルブランディングは、消費者の感情や心の弱さに関わる部分に重点を置いているため、世界は良くも悪くも感情によって動いており、人間は常に感情を利用している、とも言われる。

したがって、企業などが「他人の感情をマネージしようとする」場合、十分な議論をしておく必要がある、との指摘もある。

炎上（えんじょう）　⇨91頁

ネット上のコメント欄などで、根拠のない批判や誹謗中傷などを含む投稿が集中することを指す。なお、応援などの肯定的な投稿だけが殺到するものは炎上とは呼ばず、対義語として「バズる」が用いられることが多い。

横断的データ（クロス・セクションデータ）（おうだんてきでーた／くろす・せくしょんでーた）　⇨41頁

ある時点における個人、組織、国など、複数の対象にわたって単一の時点で収集されたデータのこと。同一時点での複数項目間の分析が可能。何らかの意思決定や政策策定に役立つデータとなっている。

分析するデータが時間軸に左右されないため、複数の項目ごとに相関関係を明確にできる。国や自治体が作成している統計データの多くは、クロス・セクションデータ。

例1：令和○年△月時点のA県の世帯数、人口、事業所数。

例2：□□　○○さんの英語、数学、国語の期末試験の点数。

オケージョン（Occasion）　⇨10頁

消費者のライフスタイルや生活嗜好を表す言葉。「TPO」と呼ばれる用語があり、時間（Time）・場所（Place）・場合（Occasion）の頭文字を取った略語で、服装を選ぶ際によく使用される。

入学式、入社式などのオフィシャルな場面、ふだんの会社や学校での場面、友だちと遊びに行くときの場面など、そのときどきの機会に応じて、求められる、ふさわしい服装やバッグ、靴などは異なる。このような状況による違いに注目することがマーケティングにおいて重要である。

推し活（おしかつ）　⇨50頁

オープン価格（おーぷんかかく）　⇨84頁

おもてなし　⇨74頁，134頁

＜カ行＞

解釈レベル理論（かいしゃくれべるりろん）　⇨54頁

消費者行動において、対象などについて感じる心理的距離の遠近によって、情報処理、意思決定のモデルが変わるという理論。心理的な距離が遠い場合には、人はより理性的、機能的に「なぜそれをするのか」というところを吟味するが、他方、心理的な距離が近い場合には、「どうやってそれをするのか」というように手段や方法について考えるようになる。

心理的距離にはいろいろなものがあるが、時間的な距離で言えば、短期的な、いまどうするかという問題として感じているか、あるいは長期的な、将来どうするかという問題として感じるか、がある。ほかにも空間的な距離、社会的な、身近であると感じるかどうかという社会的距離、などがある。

カスタマイズ　⇨26頁

既存の商品・サービスなどに手を加え、好みのものに作り替えること。画一的な大量生産の製品、サービスで良質で安価を実現してきたのに対し、現代では個別対応で顧客それぞれに合わせたものを提供するということが、差別化要因、競争力となっている。

カスタマージャーニー（マップ）　⇨59頁，95頁

価値提案キャンバス（VPC：Value Proposition Canvas）（かちていあんきゃんばす）　⇨63頁

ガバナンス（governance）⇨115頁，148頁

コーポレートガバナンスを参照。

用語説明＆索引

川上統合（前方統合）と川下統合（後方統合）（かわかみとうごう／ぜんぽうとうごう・かわしもとうごう／こうほうとうごう） ⇨114頁

垂直統合には川上統合（前方統合）と川下統合（後方統合）の２種類が存在し，原材料の生産から製品の販売までの流れにおいて，原材料の生産に近い工程を担う会社の統合を川上統合（前方統合），販売に近い工程を担う会社の統合を川下統合（後方統合）と呼ぶ。

かんばん方式（かんばんほうしき）⇨168頁

機械学習（きかいがくしゅう） ⇨41頁

機械学習は「ML（Machine Learning）」とも呼ばれる，AIを支える技術の１つ。コンピュータに大量のデータを読み込ませ，データ内に潜むパターンを学習させることで，未知のデータを判断するためのルールを獲得することを可能にするデータ解析技術。

機械学習には，学習データを使用し，コンピュータがテストデータや最終的には現実社会で利用されるデータを分類するために使用できるモデルの構築が必要となる。従来型の機械学習にはこのモデル構築のステップにおいて，モデルの精度を高める特徴量（生データから抽出したメトリクス：評価指標）を人間の手で開発することが求められてきた。

一方，ディープラーニングは，機械学習で必要とされる，特徴量をマニュアルで開発する手順を必要としない。人間の手を必要としない代わりに，データはディープラーニングアルゴリズムに入力され，AIが自動的にデータの出力を決定するために有用な特徴量を学習していく。

機関投資家（きかんとうしか） ⇨149頁

個人投資家らの拠出した巨額の資金を有価証券（株式・債券）等で運用・管理する保険会社，投資信託，信託銀行，投資顧問会社，年金基金などの社団や法人。

企業の社会的責任（きぎょうのしゃかいてきせきにん）（CSR：Corporate Social Responsibility） ⇨147頁，164頁

企業は自社の事業活動を通し，利潤を追求するだけでなく，組織活動が社会へ与える影響に責任をもち，あらゆるステークホルダーに対し，適切な意思決定を行う責任を指す。CSR活動は，企業経営の根幹において，企業の自発的活動として，企業自らの永続性を実現し，また，持続可能な未来を社会とともに築いていく活動。

記述的リサーチ（きじゅつてきりさーち） ⇨39頁

量的な性質と，結論を引き出しやすいという特長から，よく実施されるのがアンケート。

探索型リサーチとは異なり，記述型調査では，事前に計画した，構造化（半構造化なども含む）されたアンケートを使い，選択回答形式の質問をすることが多い。

記述型リサーチは，アンケートの構造や質問が既存の理論や調査分野にしたがって事前に決められているという点で演繹的である。収集したデータは，仮説や推論の検定に使われる。

技術ブランド（ぎじゅつぶらんど）⇨122頁

規模の経済性（きぼのけいざいせい） ⇨114頁

生産規模を拡大していけば生産量の拡大に伴って製品１単位あたりの平均生産コストが低下していくことを指す。

同じ製品を大量に生産すると１製品あたりにかかる固定費が下がり，結果的に生産効率が高まることを意味する。一般的には「スケール・メリット」と呼ばれることも多いが，大規模生産の利益，規模の利益ともいわれる。

クラウドファンディング ⇨143頁

群衆（crowd）と資金調達（funding）を組み合わせた造語。多数の人による少額の資金が他の人々や組織に財源の提供や協力などを行うことを意味する。ソーシャルファンディングとも呼ばれる。寄付募集型，商品購入型，投資型などがある。

グリーンウォッシング（green washing）
／グリーンハッシング（green hushing）
⇨150頁

　グリーンウォッシングは，環境配慮をしているように装いごまかすこと，上辺だけの欺瞞（ぎまん）的な環境訴求を表す。たとえば，統合報告書などに環境と関係の無い樹木や海，青空の写真を使うなど，エコなイメージを流布する行為を揶揄した言葉。偽る方法としておおよそ下記のような手法があると指摘されている。

1：意図的な情報の隠蔽（危険物質を含む「省エネ」家電）
2：無関係（CFC／クロロフルオロカーボンの使用禁止が遥か以前に決定しているにもかかわらず，CFC 未使用を謳う）
3：あいまいさ（100％天然を打ち出しているが，自然に存在する砒素などの定量的な評価がない）
4：証拠がない
5：空言
6：より悪いものとの比較

　一方，グリーンハッシングは企業が，自身の環境への取り組みについて公表することを控えること。
　理由はさまざあるが，

1．新たな批判を避ける
　環境に配慮した取り組みをアピールすることで，逆に配慮できていない点に注目が集まる可能性がある。
2．基準が厳しい
　監視機関等が厳しい基準を設けているため，実質的なエビデンスなしに環境に配慮したと主張をすることはむずかしくなっている。
3．グリーンウォッシングの非難をかわす
　環境に関する主張に対する懐疑的な見方が強まる中，疑惑を避けるために脚光を浴びないことを好む企業もある。
4．戦略的ポジショニング
　グリーン戦略が完全にビジネスモデルに組み込まれた段階で，より大規模な取り組みを公開する計画を立てている

可能性もある。
5．真の謙虚さ
　企業によっては，喝采を浴びることを必要とせず，良い変化をもたらすことを純粋に信じている場合もある。

経営（けいえい）　　　　　　⇨1頁，3頁
現金割引（げんきんわりびき）　　　⇨84頁
現象学的方法（げんしょうがくてきほうほう）　　　　　　　　　　　　　⇨69頁

　フッサールが提起した哲学的方法で，外界が実在するかしないかの判断を停止（エポケー）して，あくまでも内観にあらわれる現象，先入観や思い込みを廃して自分の直接体験として得られるものをもって考察するという方法。他人からみて，つまり客観的にみてどうかという見方ではなく，その人の，当事者の内面，とらえ方，感じ方にのみ注目する。

コアコンピタンス（Core competence）
⇨115頁

　企業の活動分野において，競合他社を圧倒的に上まわるレベルの能力，競合他社に真似できない核となる能力を指す。企業が長期的に競争する際には，そのときどきの戦略レベルではなく，企業組織そのものが持っている，他の企業とは異なるユニークな能力に大きく左右されることになる。

広告モデル（こうこくもでる）　　⇨34頁
顧客価値ヒエラルキー（こきゃくかちひえらるきー）　　　　　　　　　⇨75頁
国連責任投資原則（こくれんせきにんとうしげんそく）（PRI：Principle for Responsible Investment）　　　　　　　　　⇨149頁

　機関投資家の投資の意思決定プロセスや株式の保有方針の決定に環境（Environment），社会（Social），企業統治（Corporate Governance）の課題に関する視点を反映させるための考え方を示す原則として，2006年4月に国連が公表した6つの原則のこと。

＜国連責任投資原則＞
1：投資分析と意思決定のプロセスにESGの視点を組み入れる。
2：株式の所有方針と所有監修にESGの

用語説明&索引

視点を組み入れる。

3：投資対象に対し、ESG に関する情報開示を求める。

4：資産運用業界において本原則が広まるよう、働きかけを行う。

5：本原則の実施効果を高めるために協働する。

6：本原則に関する活動状況や進捗状況を報告する。

コーゼーション
⇨15頁，16頁，17頁，18頁，20頁，21頁，22頁，23頁

コト消費（ことしょうひ）　　　⇨170頁
　モノ消費参照。

コーポレートガバナンス（Corporate Governance）　　　⇨115頁
　「企業統治」のこと。「会社は経営者のものではなく、資本を投下している株主のもの」という考え方のもと、企業経営を監視する仕組みを指す。会社側は企業価値の向上に努め、株主に対して最大限の利益の還元を目的とすべきという考え方が根本にある。具体的な取り組みとしては、取締役と執行役の分離、社外取締役の設置、社内ルールの明確化等があげられる。

コーポレート・コミュニケーション⇨87頁

コミット／コミットメント　　　⇨16頁
　責任の伴った約束をすること、目的に対し積極的に関わること。大事なのは、ただ約束をしたり、関わることを意思表示するわけではなく責任が伴っていること。

コレクティブインパクト　　　⇨155頁

混合研究法（こんごうけんきゅうほう）
⇨41頁

コンシューマリズム（consumerism：消費者主義）　　　⇨152頁
　経済的弱者である消費者の力を強め、社会経済の中に消費者主権を確立しようとする主張や運動。1960年代以降、アメリカで発展し日本にも波及した。
　背景には、欠陥商品、不当表示、不正な価格引き上げ等、あるいは誇大広告などによる組織の消費者操作や企業と消費者間にある情報のギャップ、公害等の環境問題が

あげられる。

コンフリクト（conflict）　　　⇨105頁
　意見・感情・利害の衝突。争い、論争、対立。

＜サ行＞

サイコグラフィックス　　　⇨10頁

サステナビリティ（sustainability：持続可能性）　　　⇨ 8頁，149頁
　自然環境や社会、健康、経済などが将来にわたって、現在の価値を失うことなく続くことをめざす考え方。

サステナブルツーリズム　　　⇨139頁
　経済、社会、環境問題あるいは地域コミュニティへの配慮に加え、観光客の体験の向上など、幅広い内容をカバーする概念。

サービス・ドミナント・ロジック　⇨68頁

サブスクリプションモデル⇨35頁，107頁

サプライチェーン　⇨110頁，114頁，143頁

サーベイ　　　⇨43頁
　全体像を把握するために行う調査。全体像を把握することで、問題点や課題を発見、改善に取り組むために活用される。
　なお、リサーチは、調査したい目的や内容が明確であり、より細かい調査を行うために実施される。
　リサーチは主に文献や情報を活用して行われ、マーケティング分野で用いられることが多い。具体的には消費者のニーズを調べたり、競合他社の動向を調べたりする際に実施される。リサーチ対象は、特定の条件にあてはまる人や組織など、誰でもよいわけではない。たとえば、サーベイで組織の全体像を把握した後、より深く理解するためにリサーチが実施される。アンケートは、多くの人に質問をして回答を求める調査方法を指す。

事業戦略（じぎょうせんりゃく）　⇨ 6頁

シーズ　　　⇨144頁
　種（＝seeds）のことで、企業が持つ技術力やノウハウ、アイデアを意味する。消費者の持つ欲求「ニーズ」に対する言葉として使われることが多い。

195

質的データ（しつてきでーた）
⇨40頁，92頁

質的比較分析法（QCA）　⇨41頁

質的比較分析（qualitative comparative analysis: QCA）は，Ragin によって提唱された分析手法であり，事例を複数の特性の組み合わせとしてとらえ，事例間の類似と差異を検討することで，少数事例から因果関係等を推論することを可能にする手法である。事例に含まれる原因条件と結果となる現象の組み合わせを一覧表として整理し，真理表（truth table）を作成する。これにより，社会現象の多様性を明らかにし，因果推論を行う。

シナリオ・プランニング　⇨9頁

計画策定手法の1つ。今後起こりうる環境変化の可能性を複数の未来シナリオとして描き出す。企業の戦略策定に活用することで，今後の不確実性に対応するための戦略を策定することを目的としている。

シナリオ・プランニングは，策定したシナリオだけでなく，シナリオを検討する過程で，未来に対する洞察力を高め，不確実性の下での組織的な意思決定力を高めることにも寄与する。

社会的責任マーケティング（しゃかいてきせきにんまーけてぃんぐ）（CSRマーケティング）　⇨163頁

企業が社会貢献活動を通じてステークホルダーから信頼され，ブランディングを図る方法。企業が自社の利益や顧客だけを考えずに，社会全体の利益や福祉向上を意識して活動するという考え方。

準拠集団（じゅんきょしゅうだん）　⇨57頁
ジョハリの窓（じょはりのまど）　⇨55頁
真実の瞬間（しんじつのしゅんかん）
⇨81頁

スカンジナビア航空の元CEOヤン・カールソンによって提唱された概念で，「お客様が企業を評価する瞬間（お客様がサービススタッフとかかわる最初の接点での15秒間）」のこと。カールソンは，サービスそのものとサービスを担当する最前線の従業員こそが，成功への鍵だと説いている。

「真実の瞬間」は，経営学のコンセプトであるが，主に，顧客と接する機会の多いサービス産業で使われる。

なお，真実の瞬間の後に，以下のような考え方も提唱されている。

第0の瞬間（Zero Moment of Truth：ZMOT）：ネットの普及により，消費者が何か商品やサービスを購入したいと思う時，事前にその情報をネットで検索するようになり，ZMOT＝オンラインで事前に情報収集し，購入するかどうか決める瞬間を指す。

第1の瞬間：顧客が店頭の商品を目にして，数秒の間に購入するかどうかを決める瞬間。

第2の瞬間：購入後，顧客が商品またはサービスを使用し，自分の期待を満たしているかどうかを感じ取る瞬間（そして再度購入するかどうかを検討する）。

第3の瞬間：定期的にその商品・サービスを購入している一部の顧客が口コミなどを通じて，積極的なブランド支持者になる瞬間。

垂直統合（すいちょくとうごう）　⇨114頁

ある企業（あるいは企業グループ）が，自社の製品やサービスを市場に供給するためのサプライチェーンに沿って，付加価値の源泉となる工程を企業グループ内で連携して，時にはM&Aなどを通じて経営資源を補いながら特定事業ドメインの上流から下流までを統合して競争力を強めるビジネスモデル。

水平分業（水平統合）（すいへいぶんぎょう／すいへいとうごう）　⇨114頁

サプライチェーンの同じ部分で商品またはサービスの生産を増やす企業のプロセス。たとえば，製造業を営む場合は別の製造業者，卸売業を営む場合は別の卸売業者，小売業を営む場合は別の小売業者と統合するのが，水平統合の具体例。

水平分業は，ある製品のサプライチェーンにおいて，複数の企業がそれぞれの得意分野を担当し，製品を供給するビジネスモ

用語説明＆索引

デル。

数量割引（ボリュームディスカウント）
（すうりょうわりびき／ぼりゅーむでぃす
かうんと） ⇨84頁

スキーマ（Schema） ⇨51頁

　心理学の用語として，外部からの情報を
整理し，解釈するための精神的モデル，内
面的な枠組みのことをスキーマという。過
去の経験等によって人は自らの中にスキー
マをつくっていて，ある情報や状況に直面
すると，そのスキーマにもとづいて情報を
処理して適切な対応をしようとする。逆に
スキーマのために，偏見や誤った対応をし
てしまうということもある。

スタートアップ ⇨144頁

　革新的なアイデアや独自性で新たな価値
を生み出し，社会にインパクトを与える企
業。短時間のうちに急激な成長とイグジッ
ト（出資者である投資会社や創業者が株式
を売却して，投資した資金の回収や利益を
得ること）をねらう。

　なお，ベンチャー企業は，既存ビジネス
をさらにスケール化したり中長期的に課題
解決に取り組む企業を指し，イグジット
（出口戦略）への固執はあまりない。

ステークホルダー ⇨87頁，139頁，147頁

　主に企業が経営をする上で，直接的また
は間接的に影響を受ける利害関係者。顧客，
従業員，株主，地域社会，行政機関，金融
機関，各種団体，政府，債権者などを指す。
なお，ストックホルダーは株を保有してい
る株主を指す。

ステージゲート法（すてーじげーとほう）
⇨76頁

ステルスマーケティング（stealth
marketing） ⇨152頁

　消費者に広告であると明記せずに隠した
販促・宣伝行為。非営利の好評価の口コミ
を装うなどすることで，消費者を欺く行為。
「ステマ」の略語で知られる。やらせやサ
クラなどもこの一例に分類される。

　事業者自らが第三者のフリをする「なり
すまし型」と宣伝対価の利益供与が秘匿さ
れている「利益提供秘匿型」の２種がある。

2023年10月１日からステルスマーケティ
ングは景品表示法違反となった。

製造業のサービス化（サービタイゼーショ
ン）（せいぞうぎょうのさーびすか／さー
びたいぜーしょん） ⇨34頁

　製造業において，単に製品を販売するだ
けでなく，製品とサービスのセットとして
顧客に提供し，利益を得るビジネスモデル。

　背景として，製品の提供だけでなく，付
加価値のあるサービスを提供することで，
顧客のニーズに合った製品を提供すること
が求められている。

　IoT や AI 技術を活用することで，顧客
に関するデータ収集が可能となり，顧客の
ニーズに合った製品を提供する可能性が広
がる。また，IoT や AI 技術を用いた生産
管理システムを活用することで，データを
リアルタイムに一元管理することができ，
サービタイゼーションの実現に役立つ。

精緻化見込みモデル（せいちかみこみもで
る） ⇨54頁

接続性の時代（せつぞくせいのじだい）
⇨94頁

　24時間，地球上のどこにいても，PC や
モバイル端末等によってインターネットに
アクセスし，さまざまな人々と情報を共有
しながら，コミュニティの中で購買決定を
行うことが可能となった時代。

全社戦略（ぜんしゃせんりゃく） ⇨ 6 頁

組織文化，組織アイデンティティ，組織風
土（そしきぶんか，そしきあいでんてぃ
てぃ，そしきふうど） ⇨ 5 頁

　組織文化は，組織内メンバーの思考や行
動のもとになる信念や価値観のこと。

　組織アイデンティティには，さまざまな
考え方があるが，Albert and Whetten
(1985) を参考にすれば，「我々はどのよう
な存在であるか」「我々はどのようなビジ
ネスを行っているか」「我々は何になりた
いか」といった３つの問いへの答えであり，
そのコアとなる，独自性や差別性，そして
継続性があるものであるとされている。

　組織風土とは，組織内での共通の価値観
や認識，ルール，考え方など部署や従業員

197

の間で当たり前ととらえられているもの全般のことを指す。

ソーシャル・メディア　⇨**90頁, 165頁**

　個人や企業が情報を発信・共有・拡散することによって形成される, インターネットを通じた情報交流サービスの総称。双方向のコミュニケーションができることが特徴。SNS (Social Networking Service), 電子掲示板, ブログ, 投稿サイト, 情報共有サイトなどがある。ECサイトのレビューや口コミもその一部。

ソリューション（solution）
　　　　　　　　⇨**58頁, 89頁, 100頁**

　ビジネスシーンでは「企業が抱える課題・問題をシステムやノウハウ, 知見, 人材などのさまざまな方法で解決する」という意味で使われる。たとえば, IT業界では, 顧客の抱える問題・課題を解決したり, 要望・要求を満たすことができる製品やサービス, あるいはそれらの組み合わせを指す。

＜タ行＞

ダイナミックプライシング　⇨**79頁**
ターゲットリターン価格設定（たーげっとりたーんかかくせってい）　⇨**83頁**

　企業が目標とする投資収益率（ROI）を生むように価格を設定する方法。

　ターゲットリターン価格は「単位コスト＋｛(期待収益×投下資本)÷販売台数｝」という式から算出される。

　たとえば仮に, 単位コストが2,000円で, 推定販売台数を50,000台と見積もっているメーカーがある場合, メーカーが事業に100,000,000円を投資して, 20％のROIを生むように価格を設定したい, とした場合, ターゲットリターン価格は「2,000円＋｛(0.20×100,000,000円)÷50,000｝」から, 2,400円となる。

タッチポイント　⇨**60頁, 81頁, 94頁**

　タッチポイントとは顧客接点のことで, 企業が顧客と接する機会を指す。商品購入や契約時の商談シーンだけではなく, 購買

前後に触れる広告やWebサイト等, 顧客が自社に関する情報に触れる機会すべてがタッチポイントに含まれる。

　デジタル系タッチポイント：自社ホームページ, ブログ, ECサイト, Web広告, SNS, レビューサイト

　アナログ系タッチポイント：営業担当者の商談シーン, 店舗での接客, セミナー, 展示会, ポスターやパンフレットなどの紙媒体

探索的リサーチ（たんさくてきりさーち）
　　　　　　　　　　　　　　⇨**39頁**

　仮説を検証することを主目的とするのではなく, 新しいマーケティング機会を探り, 仮説を構築するヒントを得ることを目的とするリサーチを指す。

　探索型リサーチは, 新しい仮説を生み出すためのアプローチであるが, リサーチである以上, 事前にある程度の初期仮説を持っておくことは必要となる。

　探索型リサーチでは, 統計処理なども行うが, それと並行して, 深層心理にまで迫るような対面インタビューを行い, リサーチ対象者である顧客自体も明確に意識していない潜在的ニーズを把握しようとすることが多い。

単品管理（たんぴんかんり）　⇨**168頁**

　小売業において, 多品目の商品を個別に管理するのは非常に煩雑な作業であった。コンピュータが普及する以前は, 部門管理が多く行われていた。

　たとえば, 「調味料」や「乾麺」といった部門単位で管理を行ってきた。個々の商品の補充は在庫状況をみて仕入れるのだが, 財務・経理的な意味での管理（棚卸・利益計算）は部門ごとに行われていた。それを個々の商品ごとにコンピュータで管理するようにしたもの。

チェーンストア　⇨**163頁**

　大資本によってブランド, 経営方針, サービスの内容, 外観などに統一性を持たせ, 多数の店の運営や管理を行う経営形態のこと。

　これにより, 大規模小売企業が生まれ,

用語説明＆索引

メーカーや卸売業者との交渉力が強まり，商品調達力が高められたり，標準化された店舗開発・店舗運営をすすめてコスト削減を追求したり，全国展開などでブランド力を高めるなど，収益性，競争力を高めている。

知覚マップ（パーセプションマップ）　⇨11頁

知覚マップとは，顧客や見込み顧客が特定の製品やブランドをどのように知覚しているかということを図解したものである。価格や機能など，複数の軸を設定して，顧客の脳内でのイメージを見える化する。ポジショニングマップとは異なり，顧客の認識を明らかにする。

定性データ（ていせいでーた）　⇨41頁
定量データ（ていりょうでーた）　⇨41頁
適合化（てきごうか）　⇨142頁

グローバル・マーケティングにおいて，商品やサービスを，国境を越えて展開する際，現地の文化や習慣に合わせた商品やサービスを提供すること。

テキストマイニング　⇨41頁，44頁

「テキスト：文章」＋「マイニング：採鉱」との合成語で，何らかの文章の中から有用な情報を抽出する手法を指す。

定型化されていない文章の集合からなるテキストデータをフレーズや単語に分解して詳細に解析し，有用な情報を抽出する分析手法。

X（旧Twitter）やFacebookなどのSNSの文章をはじめ，顧客からのアンケート回答，コールセンターに寄せられる意見や質問など，さまざまな場所に，いわゆる「ビッグデータ」として大量のテキストが存在している。

これらのテキストから価値のある情報を抽出することは，ビジネスをはじめ，学問や政策立案などさまざまな場面において有効な手法となる。

テキストマイニングの手法としては，センチメント分析（文章に込められた顧客や消費者の感情を分析する手法），対応分析（アンケートやリサーチ結果をクロス集計

表で示す際，目で見てわかりやすくするために散布図を用いて提示する分析手法），主成分分析（データを解釈しやすくするために，できる限り変数を少なくし，データを要約して提示する分析手法）などがあげられる。

データ・サイエンス　⇨45頁
デマンドジェネレーションモデル　⇨106頁
デモグラフィックス　⇨10頁
テレアポ　⇨101頁

テレフォンアポインターの略で，リスト化した見込み顧客に電話をかけ，顧客が抱える課題のヒアリングや自社商品やサービスの紹介を行い，アポイントを獲得する一連の流れ。

統合型マーケティング（インテグレーテッドマーケティング）（とうごうがたまーけてぃんぐ／いんてぐれーてっどまーけてぃんぐ）　⇨163頁

IMC：integrated marketing communicationsとも言われ，すべてのコミュニケーションチャネルとメッセージを統合し，一貫性のあるブランドメッセージを伝えるマーケティング戦略。

トキ消費（ときしょうひ）　⇨170頁

モノ消費参照。

ドミナント・エリア戦略（どみなんと・えりあせんりゃく）　⇨135頁

スーパーマーケット，ドラッグストア等のチェーンストアが限定された地域内に集中して出店し，その地域での高いシェアを狙う戦略。以下のようなメリットがある。

• 地域内でのブランド認知度を高められる
• 1店舗あたりにかかるコストを削減できる
• 経営資源を有効活用しやすい
• 地域に合わせて最適化したマーケティングができる
• 競合他社に対する参入障壁を構築できる
• 物流システムを整えやすい

トレードオフ　⇨142頁

一方を求めればもう一方を失ってしまうという両立できない関係のこと。

199

＜ナ行＞

ナローバンド（narrow band）　⇨92頁

狭帯域を指し，一般的に，幅が数メガヘルツ以下と定義される。広帯域と比較して，狭帯域電波は干渉を受けにくく，より安定した通信が可能。しかし，データの転送速度が遅く，大量のデータを送信するには適さない。

ニーズ（必要性）（にーず／ひつようせい）
⇨2頁，4頁，10頁，30頁，42頁，56頁，
61頁，65頁

ネットワークの経済性（＝ネットワーク外部性，ネットワーク効果）（ねっとわーくのけいざいせい，ねっとわーくこうか）
⇨119頁

SNSや電子メール，電話などネットワーク型のサービスにおいて，利用者が増えれば増えるほど，個々の利用者の利便性が増し，顧客獲得コストやサービス提供コストが低減する現象を指す。ネットワーク外部性やネットワーク効果とも呼ばれる。

ノルマ（ロシア語：Норма）　⇨99頁

労働者に課せられる標準作業量。たとえば，会社の売上を一定以上確保する，特定の日までに一定量を製造・生産する，競合他社との競争に勝つ，などといった目的の達成水準。

＜ハ行＞

ビジネスモデル　⇨25頁，31頁，71頁
ビッグデータ　⇨40頁，46頁

簡単に言えば，「日々生成される多種多様なデータ群」のこと。人間では全体を把握することが困難な巨大なデータ群のことを指す。

一般的にはVolume（量），Variety（多様性），Velocity（速度あるいは頻度）の「3つのV」を高いレベルで備えていることが特徴とされる。

また近年では，これにVeracity（正確性）とValue（価値）を加えた「5つのV」をビッグデータの特徴とするとも言わ

れている。

たとえば，コンビニやスーパーなどのPOSデータ（販売情報）や顧客データ（氏名・住所・クレジットカード情報・その他属性など），監視カメラの動画データ，GPSなどで収集される位置情報などがビッグデータの例として挙げられる。

標準化（ひょうじゅんか）　⇨79頁，142頁

グローバル・マーケティングにおいて，商品やサービスを，国境を越えて展開する際，製品や広告などの要素を画一化すること。

フィルターバブルとエコーチェンバー
⇨171頁

総務省の情報通信白書（2023）などを参考にすると，人は「自らの見たいもの，信じたいものを信じる」という心理的特性を有しており，これは「確証バイアス（Confirmation bias）」と呼ばれる。

大手ネット事業者は，ユーザー履歴など収集したデータを分析し，レコメンデーションやターゲティング広告などユーザーが関心を持ちそうな情報を優先的に配信している。

このようなネット事業者が行うアルゴリズム操作（特定の問題を解く方法や目標を達成する方法を示した一連の手順・計算方法，やり方）によって，ユーザーは，ネット上の膨大な情報・データの中から自身が求める情報を得ることができる。

一方，アルゴリズム操作で配信された情報を受け取り続けることにより，ユーザーは，自身の興味のある情報だけにしか触れなくなり，あたかも情報の膜につつまれたかのようなフィルターバブルと呼ばれる状態となる。このバブルの内側では，自身と似た考え・意見が多く集まり，反対意見などは排除され，その存在そのものに気づきにくい，と言われている。

また，SNS等の場でのコミュニケーションは，自分が発信した意見に似た意見が返ってきて，特定の意見や思想が増幅していく状態をエコーチェンバーという。何度も同じような意見を聞くことで，それが正

しく，間違いのないものであると，より強く信じ込んでしまう傾向にある，と指摘されている。

フィルターバブルは，YouTube や Instagram などの SNS やニュースサイトの推薦システムで採用されている。

たとえば，YouTube では，ユーザーがよく視聴するジャンルの動画を優先的に表示するアルゴリズムを採用していて，フィルターバブル現象が発生する。

これにより，ユーザーは自分の興味関心のある動画を素早く見つけられる一方，新しいジャンルを知る機会が少なくなる。

さらに，ニュースアプリでも同様に，ユーザーの過去の閲覧履歴などを基に，関心のある記事が優先的に表示されるため，フィルターバブル現象が発生する。

フィルターバブルとエコーチェンバーは，選挙活動でも起こるとされており，近年の SNS を活用した国内外の選挙でも起きていて，すでに，政治，経済，社会へさまざまな影響が出てくるのではないか，とも言われている。

フォーカスグループインタビュー ⇨42頁
複合化（ふくごうか） ⇨142頁

グローバル・マーケティングにおいて，商品やサービスを，国境を越えて展開する際，標準化と適合化のバランスを取りながら，現地のニーズに応える商品やサービスを提供すること。

プランB ⇨ 9頁

当初の計画（プランA）が上手くいかなかった場合に打つあらかじめ用意された2つめの計画のこと。

ブランド・アイデンティティ
⇨129頁，142頁

ブランドを識別し差別化するのに有効で商標登録可能な手段であり，企業や商材やサービスが何を表しているかを示すブランドのイメージ。ブランド・アイデンティティは，企業などの組織が創造し維持しようとするブランド連想の集合であり，消費者に与える約束や価値を意味する。

ブランド・エクイティ ⇨129頁

ブランドが持つ資産価値のこと。ブランドという形のないものを資産として評価し，その価値を高めるために育成や投資をする際に必要となる考え方。ブランド・エクイティは，ブランドの名前やシンボルと結びついたブランドの資産（または負債）の集合であり，製品やサービスの価値を増大させる。ブランド・エクイティを高めることができれば競争優位性を獲得でき，売上や顧客ロイヤルティの向上に繋げられる。ブランド・エクイティの構成要素には，「ブランド・ロイヤルティ」「ブランド認知」「ブランド連想」「知覚品質」「その他のブランド資産」がある。

フリーミアム・モデル ⇨34頁

フリーミアム・モデルは，広く顧客を集めるために，基本的なサービスや機能を無料で提供し，追加のプレミアム機能やコンテンツに対して一部の顧客に有料でサービスを提供するモデル。

プロシューマー（prosumer） ⇨66頁
プロスペクティング（prospecting）
⇨103頁

潜在顧客に対し営業活動の段階ごとに有望性の評価・選別を行い，自社製品の購入に至る可能性のある見込み客へと絞り込んでいくプロセス。

ブロードバンド（Broad band） ⇨92頁

大容量のデータを高速で通信できるインターネット回線全般を指す。データの通る道幅が広いことから広帯域を表す。

プロモーション
⇨12頁，84頁，87頁，132頁

プロモーションは，広義と狭義の2つの意味がある。広義のプロモーションとは，企業と消費者との間で交わされるコミュニケーション全般のこと。消費者の購買意欲をかき立てる直接的な手法だけでなく，ブランド・イメージを醸成したり，認知度をアップしたりする間接的な手法も含む。おおよそ下記のような活動を指す。

Advertising（広告）：広告や CM など消費者の認知度を向上させる活動

Public Relations（パブリック・リレーションズ）：顧客と関係を築くための活動
Sales Promotion（販促）：購入意欲を促進する活動
Personal Selling（人的販売）：人が携わり販売を促進する活動

　狭義のプロモーションとは，ダイレクトに消費者の購入意欲を促す「セールス・プロモーション」のことを指す場合が多い。

　広義のプロモーションは購買を促進する一連の流れを指すのに対し，狭義のプロモーションは入会特典や割引クーポン，ポイントサービスなど，消費者に直接購買を促す活動を指す。

プロモーション・アロウワンス　⇨84頁

　アロウワンスとは，小売業者や卸売業者に対し，メーカーや仕入れ先が提供する販売促進のための割引や手当のことを指す。これにより，小売業者は商品をより安価に仕入れることができ，消費者に対して魅力的な価格で提供できる。

　広告・アロウワンスやディスプレイ・アロウワンス等がある。

分人主義（ぶんじんしゅぎ）　⇨57頁

　平野啓一郎（小説家）によって提唱された概念で「分人 dividual」とは，「個人 individual」に代わる新しい人間のモデルを指す。

　「個人」は，分割することのできない一人の人間であり，その中心には，たった1つの「本当の自分」が存在し，さまざまな仮面（ペルソナ）を使い分けて，社会生活を営むものと考えられる。

　これに対し「分人」は，対人関係ごと，環境ごとに分化した，異なる人格のこと。中心に1つだけ「本当の自分」を認めるのではなく，それら複数の人格すべてを「本当の自分」だととらえる。この考え方を「分人主義」と呼ぶ。

　職場や学校，家庭でそれぞれの人間関係があり，ソーシャル・メディアのアカウントを持ち，背景の異なるさまざまな人に触れ，国内外を移動する私たちは，今日，幾つもの「分人」を生きている。自分自身を，

さらには自分と他者との関係を「分人主義」という観点から見つめ直すことで，自分を全肯定するむずかしさ，全否定してしまう苦しさから解放され，複雑化する先行き不透明な社会を生きるための具体的な足場を築くことができる，と説明されている。

ペルソナ　⇨32頁，59頁，94頁

　マーケティング用語としては，商品やサービスを購入・利用する具体的な人物像を指す。マーケティングにおける「ペルソナ分析」は，自社が制作や開発を行う商品や提供サービスのターゲットとなる顧客を細かく設定すること。

ベンチマーク　⇨149頁

　一般的には何かを評価する際の比較基準。分野ごとにベンチマークの詳細な意味や使い方は異なる。

ベンチャー（venture business）　⇨144頁

　新しい技術やアイデアを使って，消費者や他の事業者にサービスを提供したり商品を販売したりする企業。

ポイント経済圏（ぽいんとけいざいけん）　⇨170頁

　提携する複数の企業やサービスを横断して使える特典ポイントを消費者に付与することで提携企業サービスへのさらなる消費行動を促し，多くの消費者を同じ「商圏」に囲い込む。

　現行の企業の中で，ポイント経済圏を形成しているといわれているのは楽天，PayPay，au，ドコモ，イオンで「5大ポイント経済圏」と呼ばれている。

ポジショニングマップ　⇨11頁

　特定の製品やブランドを顧客のマインドの中でどのような位置をとるかということを企業側の視点で図解したものである。知覚マップとは異なり，企業の目線，意図でつくられる。したがって，知覚マップでの検討をしないと，企業側の設定が適切かどうかわからない。

ホスピタリティ　⇨74頁，134頁

　接客・接遇の場面だけで発揮されるものではなく，人と人，人とモノ，人と社会，人と自然などの関わりにおいて具現化され

用語説明＆索引

るもの。

狭義の定義では，人が人に対して行ういわゆる「もてなし」の行動や考え方について触れていて，これは接客・接遇の場面でも使われるホスピタリティのこと。主人と客人の間でホスピタリティが行き交うが，それは一方通行のものではなく，主人が客人のために行う行動に対して，それを受ける客人も感謝の気持ちを持ち，客人が喜びを感じていることが主人に伝わることで，共に喜びを共有するという関係が成立することが必要。すなわち，ホスピタリティは両者の間に「相互満足」があってこそ成立する。

広義の定義では，ホスピタリティが主人と客人の二者間の話にとどまらないこと。社会全体に対して，その構成員である人々が，ホスピタリティの精神を発揮することで，相互に満足感を得たり，助け合ったり，共に何かを創りあげることができ，それによって社会が豊かになっていくという大きな意味でもホスピタリティは重要。

ボーン・グローバル（戦略）（ぼーん・ぐろーばるせんりゃく）　⇨143頁

＜マ行＞

マインド・シェア　⇨127頁

マークアップ価格設定（まーくあっぷかかくせってい）　⇨83頁

商品などの仕入原価に，一定のマークアップ（上乗せ）を行って価格を算出する方法で，主に流通業で用いられている。コストプラス価格設定の一種でもある。一般的にマークアップ方式は，売り手となる企業側にコストダウンが意識されにくいという問題点があり，通常，本方式は需要に対して供給が不足する売り手市場の場合か市場での競争が激しくない場合に有効な方式と言われる。

マーケティング近視眼（マーケティング・マイオピア）（まーけてぃんぐきんしがん／まーけてぃんぐ・まいおぴあ）　⇨62頁，70頁

マーケティング・コンセプト　⇨163頁

マーケティングファネル　⇨106頁

ユーザーが商品を認知してから購買するまでのプロセスを段階的に分析する考え方。ユーザーの数が購買の段階に近づくにつれて減っていくため，形が「ファネル＝漏斗（じょうご）」に似ているということでマーケティングファネルと言われる。

マージン　⇨114頁

一般的に「もうけ」「利益」を指す。ただし，業界によっては少し意味が変わり，不動産業界では「手数料」，投資企業の業界では，投資家が「保証として証券会社や金融機関に預けておく一定額のお金≒証拠金」としての意味となる。

マス広告（ますこうこく）　⇨87頁，123頁

Mass advertising の略で，Mass（マス）は集団・大衆・民衆などの意味がある。

マス広告は，広告主が大規模な視聴者や聴衆に向けて展開する広告手法で，マスメディアであるテレビ，ラジオ，新聞，雑誌などを利用した広告を指す。

インターネットやソーシャル・メディア（SNS）を利用した，デジタル広告やオンライン広告などと対比されることもある。

マズローの欲求5段階説（まずろーのよっきゅうごだんかいせつ）　⇨63頁，64頁

マルチステイクホルダー　⇨8頁

複数の利害関係者を意味する言葉。企業の場合，株主，消費者，従業員，取引先，行政，地域社会といった多くのステークホルダーが存在している。

企業の目的は株主利益の追求であるという考えから，今日では企業はマルチステイクホルダーとの調和のとれた関係をつくっていくという役割が期待されている。

ミッション，ビジョン，バリュー　⇨5頁

メーカー希望小売価格（めーかーきぼうこうりかかく）　⇨84頁

メタバース　⇨86頁

ネット上のサーバーに構築する3次元グラフィックの仮想空間（社会）のこと。利用者はアバター（化身）を操作することで，

203

仮想空間内の社会生活を送ることができる。

メタバースの例としては，フォートナイトというゲーム空間が有名で，そこでは多人数が共同でゲームできるだけではなく，メタバース空間での音楽ライブ鑑賞や，セミナー，集会なども行われている。

モノ消費・コト消費・トキ消費・イミ消費・エモ消費（ものしょうひ・ことしょうひ・ときしょうひ・いみしょうひ・えもしょうひ） ⇨170頁

マーケティングの歴史を考えた際，その生成はマス・マーケティングであり，マス・マーケティングは「中心的な主体として消費財製造企業が組織力（経営資源の効率的有効活用）をもってして，大量に生産するいくつかの製品・ブランドを，広範囲かつ多様な流通網を用い，大量プロモーションすることによって，消費者市場の開拓・拡大を行う戦略・戦術」ととらえることができる。

これを消費者側から見た場合，たとえば，マーケティングのきっかけは，石けん等のモノの購買・消費からスタートするが，消費者は，石けんそのモノの購入を目的としているのではない。石けんを使用するコトで衛生的な生活を過ごせたり，健康維持につながったりするコトを目的として石けんを購入している。

また，たとえば，企業が製品戦略として，石けんにバラの花の香り付けを行った場合，消費者はバスルームで，心身ともにおだやかで，エモーショナルなトキを過ごすことに，イミを見出したりするかもしれない。

企業側は単に製品やサービスを提供するだけでなく，消費者が自社製品や自社サービスを使用するコトで，どのような体験をし，どのようなトキを，どのような感情（エモーショナル）やイミを持って過ごすことが可能なのかを考え，その提案をマーケティング戦略として実施することが必要となっている。

こうした傾向は，自動車や遊園地，ホテルなどさまざまな商品やサービスの開発，SNS の投稿などにも影響を与えている。

＜ラ行＞

リコメンデーション ⇨26頁

EC サイトなどにおいて，ユーザーの購買履歴や閲覧などの行動履歴をもとに，興味や関心の高い商品やコンテンツをおすすめすること。

EC サイトにリコメンデーションの概念を取り入れたのは，アマゾンが先駆けだとされている。

それまでの EC サイトは，ユーザーの検索キーワードのみで商品を探さざるを得ず，ユーザーが本当に欲しい商品にたどり着けないことが多かった。

アマゾンは，リコメンデーションシステムを導入し，それまでの受動的なおすすめ機能ではなく，顧客の嗜好にもとづいた能動的なリコメンデーションが可能となり，アマゾンはオンライン市場の地位を大きく向上させることに成功した，と言われる。フィルターバブルとエコーチェンバーも参照。

リード ⇨107頁

リード（Lead）とは見込み顧客のこと。リードは以下の 4 つに分類できる。

・MQL（Marketing Qualified Lead）：マーケティング活動により創出されたリード。

・TQL（Teleprospecting Qualified Leads）：電話やメールを担当する部門が対応するリード。

・SAL（Sales Accepted Lead）：マーケティング活動により創出されたリードで，営業担当者が承認し対応するリード。

・SQL（Sales Qualified Lead）：SAL の中でも商品やサービスの購入につながりやすいリード。

リードジェネレーション（Lead Generation） ⇨103頁

将来のお客様となるリード（Lead＝見込み顧客）を獲得するための取り組み。具体的には，Web サイトや SNS の運営，広告出稿，展示会出展，セミナー開催といった手法を用いて，自社の顧客となりうる見

用語説明＆索引

込み顧客獲得をめざす。

リードタイム（Lead time） ⇨143頁

製品の発注から納品までの期間。調達期間。手配期間。

リードナーチャリング（Lead Nurturing）
⇨107頁

獲得した見込み顧客（リード）の購入意欲を高め、将来的な受注につなげていくマーケティング方法。

見込み顧客とのやりとりの中で、見込み顧客に情報提供して顧客の学習をすすめたり、顧客が直面する問題がなにかを理解し、顧客にふさわしいソリューションを用意していくなど、クロージング（成約）につながるように、見込み顧客を「育成」「選別」することなどが行われる。

特に、購入プロセスにおける検討期間が長いB2B、B2Cの中でも不動産や金融商品など検討に時間をかける商材において、有効な方法とされている。

リレーションシップ ⇨104頁

顧客との関係性をリレーションシップという。サービスマーケティングでは、顧客との直接の接点で提供されるサービスの質が顧客満足に大きく影響を与える。

B2B（産業財）マーケティングでは、顧客企業との間でともにビジネスをすすめる上での信頼関係が重要になる。ネットサービスでは、サブスクリプションモデルなどで、顧客との長期継続的な関係性がめざされている。

顧客との信頼関係を築くことによって、売上や利益確保などのビジネス成果を上げること。また、リレーションシップは、単なる取引関係ではなく、長期的な協力関係を築くことを目的としている。

リレーションシップ・マーケティングは、顧客と長期的に良好な関係を構築して商品・サービスの満足度を上げることで、企業利益の最大化をめざすマーケティング手法。

レスポンシブルツーリズム（Responsible Tourism） ⇨139頁，140頁

「責任ある観光」とも訳される。観光客

もツーリズムを構成する要素ととらえ、観光客が旅行先の地域コミュニティや環境に与える影響に責任をもち、旅行先に配慮する考え方。近年、急増する国際観光客によるオーバーツーリズム（観光客の増大等が観光地の生活や環境などに悪影響を与えること）への対応として重要視されている。

ロイヤルティ ⇨10頁，79頁，132頁

顧客が特定のブランドや製品に対して持つ「忠誠心」や「愛着」。行動の次元でのロイヤルティは反復購買の程度による。態度の次元でのロイヤルティは、「好き」の程度であり、人に強く推奨するかどうかなどである。ロイヤルティを高めるマーケティングは、反復購買、他人への推奨度を高めることで、高収益で持続的に成長するビジネスを実現することにつながる。

ローカル・マーケティング
⇨133頁，135頁

ログ解析（ろぐかいせき） ⇨92頁

ネットワーク機器やOS（Operating System：コンピュータの操作・運用・運転を司るシステムソフトウェア）、ログ（操作履歴）等を集計し、分析する作業。蓄積したログを参照することでさまざまな情報が得られ、業務改善やユーザーが使いやすいサイト作成につなげることを目的としている。ログとは「操作履歴」や「通信履歴」など各種データの動きを指す。

ローコスト・オペレーション ⇨169頁

コストの無駄を省いた店舗運営を指す経営学用語。消費者ニーズや消費行動の変化、あるいは競争の激化といった状況にさらされても確実に収益を上げていく仕組み。

ロックイン効果（ろっくいんこうか）
⇨36頁

ロングテール ⇨26頁

ロングテールは、ニッチな商品群の売上合計額がメイン商品の売上を上回る現象を指す。実店舗よりも、ECサイト商品ごとの売上をグラフ化すると、ニッチな商品群のグラフは低い横並びとなる。長く伸びたグラフが恐竜の尻尾（Long Tail）のように見えるため、ロングテールと命名された。

205

一般的に，経済現象や社会現象では，上位の少数の要素が全体の数量の大半を占める法則や経験則がさまざまな分野や対象で見られ，べき乗則「パレートの法則」「80：20の法則」（売上の80％は上位20％の顧客／商品がもたらす）などの形で古くから知られていた。

　このような傾向自体はインターネット上での経済活動でも見られるが，現実の店舗などが売場面積や人員などの物理的な制約から，ある程度上位の「売れ筋」に集中せざるを得ない。一方，オンラインショップなどでは制約が小さいため，従来は「死に筋」と見られていた下位の商品も低コストで取り扱うことができ，合算すると大きな収益を生む場合がある。

　この傾向はECサイトの売上構成比だけでなく，ネット上のさまざまな経済・社会現象で観察される。たとえば，Webサイトを構成する各ページの閲覧回数，検索エンジンにおける各検索語の検索頻度など。また，個別の事業やサービスなどの中だけでなく，市場全体にもこのような傾向が見られ，ある市場のロングテール部分に特化した事業を展開するビジネスなどもある。

＜著者紹介＞

若林　靖永（わかばやし　やすなが）

佛教大学社会学部公共政策学科教授，京都大学客員教授，京都大学名誉教授。京都大学経済学部卒業，同大学院経済学研究科修士課程修了，同博士後期課程単位取得退学，博士（経済学）。京都産業大学経営学部専任講師を経て，京都大学経済学部助教授，2003年より京都大学大学院経済学研究科教授，2006年より京都大学経営管理大学院教授（併任）を経て，2022年より現職。その間，京都大学経営管理大学院長，京都大学経営管理大学院経営研究センター長などを歴任。

専門：マーケティング，中小企業，観光，商業，起業，批判的思考教育

商品開発・管理学会　元会長，CIEC（コンピュータ利用教育学会）前会長理事，日本商業学会監事，日本マーケティング学会監事，京都府消費生活審議会委員，京都市観光マネジメント会議委員長，京都市伝統産業活性化推進審議会会長，京都市商業アドバイザリー会議議長，特定非営利活動法人　教育のための TOC 日本支部理事長，くらしと協同の研究所理事長など。

主な著作：『顧客志向のマス・マーケティング』（同文舘出版，2003年）など多数。

増谷　博昭（ますたに　ひろあき）

京都橘大学経営学部経営学科教授。京都大学大学院経済学研究科博士後期課程修了，博士（経済学）。経営管理学修士（MBA）。愛知工業大学非常勤講師，京都女子大学非常勤講師，立命館大学非常勤講師など歴任。2021年より現職。その間，広告会社でクリエイティブディレクター，イベントプロデューサーなどを経て，2011年オフィス・スマート設立，代表。企業コンサルティングなどに従事。TOCFE 国際認定プログラムのラーニング・コネクション　ファシリテーター。

専門：マーケティング，経営戦略，ブランド，論理的思考，デザイン思考，アート思考，ワークショップ。

所属学会：商品開発・管理学会（理事），日本商業学会，日本流通学会，日本広報学会，日本マーケティング学会。

主な著作：『商品開発・管理の挑戦（共編・執筆分担）』（晃洋書房，2023年）。

主な講演等：ケーススタディ─半導体関連企業の成長戦略─（2023），中小企業の経営課題と経営支援のあり方〜経営支援を行う主体毎のアプローチに着目して〜（2023）。

＜購入特典＞

中央経済社ECサイト「ビジネス専門書Online」の本書紹介ページより，デジタル・テンプレートを無料でダウンロード頂けます。

圧縮ファイルとなっていますので，下記のパスワードを入力して，圧縮ファイルを展開の上，ご活用下さい。

◆URL：https://www.biz-book.jp/isbn/978-4-502-53671-7
◆パスワード：253671

エッセンシャル
マーケティング

2025年4月25日　第1版第1刷発行

著　者　若　林　靖　永
　　　　増　谷　博　昭
発行者　山　本　　　継
発行所　㈱中央経済社
発売元　㈱中央経済グループ
　　　　パブリッシング

〒101-0051　東京都千代田区神田神保町1-35
電話　03(3293)3371(編集代表)
03(3293)3381(営業代表)
https://www.chuokeizai.co.jp
印刷／東光整版印刷㈱
製本／㈲井上製本所

©2025
Printed in Japan

＊頁の「欠落」や「順序違い」などがありましたらお取り替えいた
しますので発売元までご送付ください。(送料小社負担)

ISBN978-4-502-53671-7 C3034

JCOPY〈出版者著作権管理機構委託出版物〉本書を無断で複写複製（コピー）することは，
著作権法上の例外を除き，禁じられています。本書をコピーされる場合は事前に出版者
著作権管理機構（JCOPY）の許諾を受けてください。
JCOPY〈https://www.jcopy.or.jp　eメール：info@jcopy.or.jp〉

本書とともにお薦めします

新版 経済学辞典

辻　正次・竹内　信仁・柳原　光芳〔編著〕　四六判・544頁

本辞典の特色

- 経済学を学ぶうえで，また，現実の経済事象を理解するうえで必要とされる基本用語約1,600語について，平易で簡明な解説を加えています。

- 用語に対する解説に加えて，その用語と他の用語との関連についても示しています。それにより，体系的に用語の理解を深めることができます。

- 巻末の索引・欧語索引だけでなく，巻頭にも体系目次を掲載しています。そのため，用語の検索を分野・トピックスからも行うことができます。

中央経済社